LA PSYCHANALYSE,
SCIENCE DE L'HOMME

PSYCHOLOGIE ET SCIENCES HUMAINES

Winfrid Huber,
Herman Piron
et Antoine Vergote

la psychanalyse, science de l'homme

3e édition

CHARLES DESSART, EDITEUR
2, GALERIE DES PRINCES, BRUXELLES

D/1970/0024/3

INTRODUCTION
par H. PIRON

> *« Aussi haut que l'on puisse remonter, la valeur gastronomique prime la valeur alimentaire, et c'est dans la joie que l'homme a trouvé son esprit. La conquête du superflu donne une excitation spirituelle plus grande que la conquête du nécessaire. L'homme est une création du désir, non pas une création du besoin.*
>
> (Gaston Bachelard : *La psychanalyse du feu.* Editions Gallimard; pag. 39)

1. PLAN ET INTENTION DE L'OUVRAGE

Paraissant parmi tant d'introductions consacrées ces dernières années à la psychanalyse, le présent ouvrage répond à une double intention : scientifique dans toute l'acception du terme quant à la rigueur de l'information et de la réflexion, il entend mettre celles-ci à la portée d'un public qui, sans être spécialisé en ce domaine, est néanmoins préparé à cette rencontre par l'ambiance d'une culture de plus en plus imprégnée, souvent à son insu, par la pensée psychanalytique.

À l'heure actuelle en effet, un XXᵉ siècle sans Sigmund Freud n'est plus pensable. Ce petit bourgeois de Vienne, père de famille nombreuse et travailleur infatigable, consacrant ses veillées, après dix heures de travail journalier auprès de ses malades, à la publication régulière de ses travaux scientifiques qui finiraient par couvrir les dix-sept volumes de ses œuvres complètes, — ce petit bourgeois apparaîtra en fait comme la personnalité qui aura le plus profondément bouleversé la conception que l'homme se faisait de lui-même au début de ce siècle.

« Je mettrai l'Achéron en émoi », avait-il écrit en citant Virgile — *Acheronta movebo* —, en exergue à l'*Interprétation du Rêve;* et la déesse Raison à laquelle s'identifiait une humanité insensible à la voix prophétique de Nietzsche, tombait du haut de sa suffisance et de son narcissisme. Et cette chute était scandée du bruit des explosions de deux guerres mondiales.

Lors d'un voyage en Amérique, où il était invité pour une série de conférences à la Clark University, Freud disait aussi à Jung, qui, à ce moment, était encore son compagnon de lutte : « Je leur apporte la peste ». Et depuis lors, la peste de l'inquiétude nous ronge; nous avons été acculés à reconnaître que derrière les plus beaux arguments et les gestes les plus nobles s'agitent les sombres démons de l'inconscient, — et non seulement l'Eros, cette force céleste, comme l'appelle Freud, mais tout aussi bien la pulsion de Mort, sa partenaire et son ennemie jurée, dont la présence subreptice s'insinue partout, à la faveur de déguisements subtils et d'éternel silence.

A la façon de ces soldats que chante Brassens sur un poème d'Aragon, — « ces soldats sans armes, habillés pour un autre destin — qui se retrouvent au soir désarmés, incertains », — l'homme du XXᵉ siècle, placé en face de tant d'absurdité, s'interroge et consulte fiévreusement son destin, ses origines, sa nature profonde, son histoire, — sa raison d'être.

L'interrogation psychanalytique, à laquelle cet ouvrage espère contribuer, est en passe de devenir partie intégrante de notre civilisation, comme le laisse prévoir en

particulier l'invasion croissante de la terminologie psychanalytique, le jargon de l'école. De plus en plus, on
parle d'inconscient, de refoulement et de défoulement, de
complexe et de transfert. Nous pouvons en tirer deux conclusions. Tout d'abord, l'intégration du vocabulaire psychanalytique à la langue écrite et parlée témoigne d'une
évolution de la mentalité de l'individu et de la société.
Quand le grand historien qu'est Thucydide veut décrire le
profond désarroi que la guerre du Péloponèse fait régner
sur les mœurs antiques, il se contente de montrer comment
les mots perdent insensiblement leur signification première
pour en venir à désigner tout autre chose. La dégradation
de la langue exprimait directement celle des mœurs.
De la même façon, on peut penser que l'intégration de la
terminologie freudienne à la langue courante traduit l'assimilation de la pensée freudienne par l'individu et par la
société. Mais se rend-on bien compte, en général, de la
portée exacte de ces termes nouveaux ? N'y a-t-il pas, le
plus souvent, à déplorer un manque de clarté dans leur
usage, et sait-on bien de quoi l'on parle ?

L'objet du présent ouvrage est de combler cette lacune
et d'élucider une terminologie qui d'ores et déjà appartient à notre bagage culturel. En outre, il constitue un
essai d'information, et plus particulièrement, sur quelques
points très précis.

Le premier chapitre présente un exposé historique, à
travers lequel on peut suivre pas à pas l'évolution de la
méthode thérapeutique qui fut en même temps la méthode
heuristique de Freud. Ce chapitre introduit à la notion,
capitale en psychanalyse, d'interprétation. En suivant
ainsi le développement de la technique analytique chez
Freud, on verra se dégager progressivement ses concepts
de base, en découvrant la façon dont ils sont nés et
dont ils ont grandi. Le lecteur mesurera de la sorte à
quel point le vocabulaire et la théorie psychanalytiques
procèdent de l'expérience et s'y fondent.

Le deuxième chapitre définit les rapports entre psychanalyse et psychiatrie classique quant à leur image de l'homme. Il consacre en outre quelques pages à établir l'utilité de la psychanalyse et ce qui la distingue des méthodes psychothérapiques.

Le troisième chapitre aborde la question des rapports entre psychanalyse et anthropologie philosophique. A l'encontre de la tendance régnante, en Amérique surtout, selon laquelle les facteurs culturels seraient seuls en mesure de rendre compte des données analytiques, la réflexion qui se poursuit ici développe une thèse opposée, et très authentiquement freudienne. En effet, les concepts freudiens procèdent du travail analytique. A l'aide de ces concepts, Freud a tenté d'éclairer la question du totémisme, le phénomène du tabou, et par la suite encore, d'autres structures de civilisation. Par-là également, il a contribué à approfondir la connaissance que nous en avons, connaissance qui à son tour a permis de mettre davantage en lumière la position de l'individu dans la civilisation. Ce qu'on trouvera ici, ce ne sont donc pas des descriptions pittoresques de la vie des sociétés primitives, mais une réflexion exigée par la psychanalyse elle-même concernant la nature du seul être vivant qui dépasse le stade de la société en constituant la civilisation tout aussi bien qu'il est constitué par elle.

Enfin, le quatrième chapitre étudie de près les rapports entre psychanalyse et psychologie générale et expérimentale. On y souligne, à l'encontre de certaines thèses assez regrettables, que la psychanalyse est bien autre chose qu'une branche de la psychologie qui devrait obéir à ses lois et se soumettre à toutes ses exigences.

Nous croyons donc que l'originalité de notre travail tient à la façon d'aborder le sujet. Dans les introductions à la psychanalyse, on trouve d'habitude l'explication de la théorie considérée comme un tout achevé, dont on complète parfois l'exposé par une argumentation ethnologique ou culturaliste soucieuse de justifier la psychana-

lyse, comme s'il en était besoin. En revanche, on étudie
rarement l'histoire de la technique freudienne, la genèse
de ses concepts de base et le développement de la notion
d'interprétation. Quand on examine l'incidence anthropologique de la psychanalyse et ses rapports avec la
religion, on le fait généralement d'un point de vue
psychologique, en négligeant les dimensions proprement
psychanalytique et philosophique de la question (qu'il
faut d'ailleurs bien se garder de confondre l'une avec
l'autre). Les compléments portant sur la psychologie et sur
la psychiatrie prolongent et confirment notre intention
de présenter la psychanalyse comme une science humaine
originale, et de mettre en valeur, sur la base de sa
spécificité clairement affirmée, la fécondité de ses rapports
avec d'autres types de sciences humaines.

2. DIFFICULTES SPECIFIQUES

L'exercice de la psychanalyse apparaît aux yeux du
non-initié comme une pratique assez mystérieuse. Le psy-
chanalysé même le plus compréhensif et le plus intelligent
se demande parfois ce qu'il est venu faire dans cette
galère, où l'on se contente de parler et de se taire. Que
l'on considère la psychanalyse comme science ou comme
mouvement, les dissidences qui jalonnent son histoire
témoignent du doute qui, à ses heures, gagne jusqu'au
psychanalyste lui-même.

Si la psychanalyse constitue pour ce dernier l'essence
de son action, elle demeure énigmatique aux yeux du
grand public, au point de prêter aux constructions les
plus imaginaires. On en arrive alors à ce paradoxe que,
pour rendre compte de l'action psychanalytique, il faille
d'abord la définir par ce qu'elle n'est pas. Loin d'augurer
l'avènement de théories occultes, voire magiques, cette
définition négative trahit d'une part la difficulté que l'on

éprouve à situer exactement l'existence de l'homme par rapport à son être dans la perspective du désir; et d'autre part, elle répond par une fin de non-recevoir aux sollicitations implicites des projections imaginaires qui dénaturent le sens de l'action psychanalytique avant même d'avoir cherché à la comprendre.

Ne faut-il pas alors reconnaître que l'on se trouve dans une impasse, et renoncer à une entreprise que l'on pourrait croire vouée d'avance à un échec certain ? Freud nous a prévenus que toute tentative de compréhension de la psychanalyse se heurte aux mêmes résistances et au même pouvoir d'aveuglement que la cure psychanalytique proprement dite[1]. L'esprit est-il donc en l'homme à ce point dépendant du désir ?

Pour contourner l'obstacle, reconnaissons d'abord que rien n'est aussi peu conforme à nos habitudes et que rien ne diffère autant des vues courantes que la réalité même de l'objet sur lequel nous nous penchons. Dès que nous cherchons à le rejoindre, nous devons garder sans cesse présente à l'esprit l'idée que dès l'abord, la psychanalyse apparaît comme une réalité à proprement parler inconcevable. Disons qu'on ne peut la concevoir qu'en allant à l'encontre de ce que l'on voudrait croire, et pour autant que l'on parvienne à reconnaître dans les croyances scientifiques que l'on professe en ce domaine le produit imaginaire de ses espoirs les plus secrets. Pour bien comprendre l'action psychanalytique, comme d'ailleurs sa théorie, il faut se livrer à un double travail.

En premier lieu, comme n'importe quel travail scientifique, ce travail consiste à acquérir une somme de connaissances étroitement articulées entre elles et relevant d'un domaine bien défini des sciences humaines. Inutile d'ajouter que sa spécificité se définit entre autres par des méthodes d'investigation qui lui sont propres, et que le savoir psychanalytique est inséparable de l'exercice de sa technique. D'autre part, méthodes d'investigation et technique ne suffisent pas à définir d'une façon exhaustive le terrain où cette science s'exerce. Elles interfèrent au contraire avec le domaine qu'elle finira par se fixer, — toute science s'engageant en fin de compte sur une intuition spécifique à partir de laquelle ses moyens d'investigation et ses limites trouvent à se préciser.

En second lieu, à chaque étape de l'étude de la psychanalyse, on va se heurter à une double difficulté, ou plus exactement, à une difficulté qui se dédouble par le dedans. Pour que les sciences dans leur ensemble et pour que l'esprit scientifique puissent se développer, il a fallu que l'esprit humain se dégage systématiquement d'une série de croyances naïves, dont Bachelard a admirablement décrit les étapes et l'efflorescence poétique[2].

Arrêtons-nous un moment ici pour mesurer le chemin déjà parcouru. A chaque moment de notre exposé, nous avons dû affronter un même type d'obstacle, que nous allons chercher à préciser. Il s'agit d'une tendance fondamentale à méconnaître la réalité des faits. Notons qu'il ne s'agit pas encore de leur interprétation. La démarche à l'intérieur de laquelle s'exerce cette méconnaissance concerne essentiellement l'exacte observation des données empiriques, c'est-à-dire cette tranche de l'expérience qui n'a cessé d'être accessible à chacun. L'histoire du savoir humain nous confirme que ce n'est pas les données exactes qui font défaut; il suffisait de regarder. Mais c'est précisément cela qui a coûté un tel effort à l'humanité. Ne faut-il pas conclure, dès lors, à l'existence d'un principe qui nous empêche de regarder en face le monde et les hommes, et nous mettre en quête de ce qui le caractérise ?

Un siècle s'est écoulé entre la classification de l'ensemble des espèces vivantes jusqu'à l'homme par Linné, et la publication de *l'Origine des Espèces*, l'œuvre désormais classique de Darwin. Un siècle encore a passé, et nous voici habitués à la théorie de l'évolution au point de trouver absurde qu'on ne l'ait pas formulée plus tôt, et qu'il ait fallu plus de cent ans pour que l'on passe de la classification des espèces à l'idée de leur évolution. D'innombrables exemples pourraient illustrer ce phénomène de résistance au développement du savoir humain, et amener à la conclusion paradoxale que ce qui étonne, ce n'est pas le fait de ce développement, mais bien plutôt la lenteur de sa gestation. Nous rejoignons ainsi le paradoxe que nous évoquions tout à l'heure à propos de l'explication que l'on cherche à donner de l'action psychanalytique.

Nous parlions aussi d'une difficulté qui se dédouble par le dedans. Qu'est-ce à dire ? En parlant de la sorte, nous voulions indiquer tout à la fois le lieu du redoublement et sa qualité d'être essentiellement caché et invisible. En d'autres termes, l'apprentissage de la psychanalyse se heurte à des résistances inconscientes. Et voilà le grand mot prononcé.

Le lecteur remarquera qu'en raison de sa logique interne, notre science ne peut nous dispenser de recourir à sa terminologie propre. De par sa nature même, la science de l'inconscient requiert une prise de position subjective. On peut se désintéresser absolument de la question de savoir si la planète Vénus est habitée; mais il n'en va pas de même d'une question qui concerne de la façon la plus directe l'être même de l'homme. Dans un ouvrage de psychanalyse, il est aussi question de vous, mon cher lecteur ! On y parle de l'homme, et de ce qui l'intéresse si profondément qu'il peut en perdre la raison. Il y est question de ses désirs, de ses pulsions, de ses angoisses. Comment l'homme ne se sentirait-il pas directement concerné par ces propos ?

On assiste alors à un phénomène hautement significatif: La psychanalyse suscite tout à la fois un intérêt universel et un concert, ou plus exactement une cacophonie de critiques. Chacun se croit autorisé à en parler comme s'il en disposait à la façon d'un objet familier, et chacun a, bien entendu, ses propres réserves à formuler. A cet égard, aucune science ne supporte la comparaison avec la psychanalyse. Il suffit d'être confronté avec la psychologie des profondeurs pour adopter aussitôt, spontanément et infailliblement, une attitude ambivalente, et ce n'est point là un phénomène gratuit, mais l'effet de l'état d'esprit très complexe du sujet vis-à-vis de sa propre vérité, de sa propre vérité subjective. Un état complexe, c'est-à-dire que, se trouvant confronté aux conceptions et aux méthodes freudiennes, le sujet réagit le plus souvent comme s'il était personnellement pris à partie. Mais n'est-ce pas dans ses illusions qu'il se trouve ainsi mis en question, comme c'en fut le cas pour la société du début de ce siècle, lorsque parurent les *Trois essais sur la théorie de la sexualité* et *le cas Dora, fragment d'une analyse d'une malade hystérique*[3].

A présent, l'orage s'est apaisé. Mais l'ambivalence fondamentale demeure, de par la nature même des choses. Il faut se reporter en esprit à la belle époque, avant la première guerre mondiale, pour mesurer à quel point l'analyse peut susciter l'agressivité. En ce bon vieux temps, l'aversion de la psychiatrie officielle à l'égard du freudisme avait pris en Allemagne des proportions invraisemblables. On boycotta ouvertement les cliniques psychiatriques dirigées par des médecins partisans de la psychanalyse. Les membres les plus illustres de la Société de Psychiatrie s'entendirent pour s'en prendre chacun à un freudien de choix[4]. La guerre devait mettre fin à bien des préjugés, et l'absurde querelle s'apaisa, jusqu'au jour où l'instauration du nazisme donna le branle au départ de la plupart des psychanalystes allemands et autrichiens pour l'étranger. Aujourd'hui plus éduquée, l'animosité ne se manifeste plus que sous la forme de critiques grotesques; c'est ainsi que l'on reproche à la psychanalyse de n'être pas capable de guérir toutes les maladies mentales, ou de durer trop longtemps, ou d'être dangereuse, etc., etc.

Il fut un temps où l'on considérait le freudisme comme un système obscène, ou tout au moins indécent. On a plutôt tendance aujourd'hui à le ridiculiser, en engageant de la sorte tout ce que le mot d'esprit peut contenir d'hostilité inconsciente. Le texte du *Mot d'esprit et ses rapports avec l'inconscient*[5] ne laisse aucun doute à ce sujet. Cette hostilité résulte du fait qu'en le révélant en un sens au plus intime de lui-même, la psychanalyse prend pour l'homme le sens d'un dévoilement, ce qui déclenche chez lui tout un mécanisme de défense et d'agressivité. C'est précisément à ce niveau de l'expérience que l'on peut parler d'un redoublement et d'une sorte de doublure subjective des embûches que la sagesse humaine rencontre sur son chemin. Introduire quelqu'un à la connaissance de la pratique psychanalytique, c'est l'introduire à ce qui lui apparaît d'ores et déjà sujet à caution. Les attitudes de défense qui se traduisent au plan de l'intelligence par des réactions telles que le refus, l'oubli, l'incompréhension, le doute, l'interprétation erronée, etc., trouvent une correspondance dans la résistance apparente que la psychanalyse oppose à la compréhension. On se sent visé, on se défendra donc, et ce sentiment n'est pas fondé sur une erreur. Bien entendu, on peut se demander ce qui est effectivement visé, et pourquoi on éprouve le besoin de se défendre. Mais à cela on répondra que l'intelligence humaine et toutes ses fonctions propres peuvent juger de haut les basses contingences de la pulsion et du désir, et que l'esprit jouit d'une puissance autonome qui transcende les limites de la condition humaine. Roseau pensant, l'homme peut croire qu'en se courbant sous l'orage que l'Achéron de son inconscient fait déferler sur sa tête, sa pensée peut poursuivre imperturbablement sa marche souveraine.

On aurait tôt fait de démontrer qu'une illusion de ce genre relève de l'aversion que l'on entretient à l'égard de secteurs de son existence que l'on n'estime pas suffisamment spirituels, et que, mû par cette aversion, on se réfugie dans une attitude d'identification narcissique avec l'image d'un pur esprit. C'est d'ailleurs chez les sujets obsédés par l'idée de pureté que cette réaction se rencontre

sous sa forme la plus typique. Inutile du reste d'en appeler
« ad hominem » pour illustrer notre propos. Une simple
conversation avec un malade souffrant d'une névrose
obsessionnelle légère et presque imperceptible suffit à
établir la parfaite inconsistance de la prétendue souveraineté des fonctions intellectuelles.

De là à déclarer qu'une confrontation avec la pratique
psychanalytique est déroutante, qu'il faut des nerfs solides pour supporter ses révélations et que les meilleures
intentions ne trouvent pas à s'y garantir contre la lassi-
tude, l'incompréhension, voire même l'aversion ou la
répulsion, il n'y a qu'un pas à franchir. Franchissons-le,
mais en gardant présente à l'esprit une remarque de
Bachelard dans son ouvrage sur *La formation de l'esprit
scientifique* : « Quand on cherche les conditions psychologiques des progrès de la science, on arrive bientôt à cette
conviction que c'est en termes d'obstacle qu'il faut poser
le problème de la connaissance scientifique, et il ne s'agit
pas de considérer des obstacles externes comme la complexité et la fugacité des phénomènes, ni d'incriminer la
faiblesse des sens et de l'esprit humain. C'est dans l'acte
même de connaître intimement qu'apparaissent par une
sorte de nécessité fonctionnelle, des lenteurs et des troubles. La science, dans son besoin d'achèvement comme
dans son principe, s'oppose absolument à l'opinion »[6].
Cela vaut plus spécialement encore pour la psychanalyse
qui, entre autres, se fixe pour objet de mettre en question
les origines mêmes du phénomène de l'opinion.

---

* G.W. renvoie aux *Gesammelte Werke* de S. Freud, XVII vol.,
Imago Publ., London, 1947.

L'EXERCICE DE LA PSYCHANALYSE CHEZ FREUD ET LA DECOUVERTE DES CONCEPTS PSYCHANALYTIQUES

par H. PIRON et A. VERGOTE*

1. Du début jusqu'au complexe d'Œdipe.

> MERCURE : « Quel est ton sort ? Dis-moi. »
> SOSIE : « D'être homme et de parler. »
> (MOLIÈRE, *Amphytrion*, acte I, scène 2).

En 1895, Freud publie avec Breuer les *Etudes sur l'Hystérie*. Ce travail contient plusieurs textes de Freud, dont le dernier s'intitule *Vers une psychothérapie de l'hystérie*. C'est le premier de ses articles « techniques ». Après avoir rappelé les principes de la psychothérapie hypnotique, dont en 1893, avec la collaboration de Breuer, il avait présenté une première formulation sous le titre *Vorläufige Mitteilung*, il passe directement à la

---

* Cette partie a été rédigée par H. Piron à l'exception des chapitres sur le narcissisme et sur le réel, l'imaginaire et le symbolique, rédigés par A. Vergote.

description d'une psychothérapie qui contient déjà tous les éléments de la technique psychanalytique. Freud précise qu'il ne renie pas pour autant les idées héritées de la technique hypnotique. Il caractérise sa méthode en quelques phrases d'une importance capitale : « Nous fûmes d'abord extrêmement surpris de constater que les divers symptômes hystériques disparaissaient sans retour dès que nous réussissions à évoquer et à mettre en lumière le souvenir des incidents qui les avaient provoqués, ainsi que l'affect concomitant. Il fallait aussi que le malade décrivît cet incident de la façon la plus circonstanciée possible, et qu'il donnât à l'affect le moyen de se traduire verbalement. Nous cherchâmes ensuite à rendre compte de l'efficacité de notre procédé thérapeutique. En réalité, il supprimait l'action de la représentation primitive dépourvue d'abréaction en permettant à l'affect correspondant de se liquider en se disant. A l'aide d'une légère hypnose, nous restituions la représentation à la conscience normale en lui faisant subir une correction associative, ou bien nous la supprimions par suggestion médicale, comme on le fait pour l'amnésie dans le somnambulisme[1]. »

Notons tout de suite qu'il ne s'agit pas simplement de réveiller le souvenir de l'incident et de l'état affectif correspondant, mais que le malade doit également décrire l'incident de la façon la plus exhaustive possible et donner la parole à son état affectif (« *dem Affekte Worte gibt* »). La traduction littérale que nous donnons ici nous semble la plus apte à rendre la pensée de Freud. Car il aurait pu dire : « *und den Affekt (in Worte) ausdrückt* » — ce qui dans ce cas devrait se traduire : il exprime verbalement l'état affectif. Mais il n'en est rien, et le texte est formel : il s'agit bien de donner la parole — des paroles — à un état affectif, ce qui revient précisément à le nommer, à lui rendre le nom qu'il avait oublié et qui avait entraîné dans sa perte la reconnaissance même de l'état affectif. Ce qui n'était plus exprimé ne pouvait plus exister au même titre que ce qui était repérable; il ne suffisait pas de réveiller un souvenir ou de faire revivre une émotion, et cela ne pouvait pas avoir le même effet que l'identification par la parole. Il ne fallait pas seulement faire revivre le souvenir; il fallait avoir le moyen de l'appeler, de le nommer, de l'identifier, en sorte que le souvenir oublié de l'incident et de l'état affectif retrouve le chemin du récit, du discours et rentre dans le réseau du langage. La représentation (pathogène) perdait tout effet : le vecteur affectif correspondant qui jusque-là avait été étouffé (« *eingeklemt* »), trouvait à se défouler par le moyen de la parole. Le texte original porte : « *durch die Rede* », ce qu'il faudrait plutôt traduire : par le discours. C'est ce discours qui rend accessible à la raison ce qui demeurait jusque-là insaisissable parce que non formulé et étranger à la conscience. Et d'un autre côté, l'articulation du discours remet la représentation pathogène à sa juste place par voie d'association.

La méthode de Freud et de Breuer consistait en ceci : Sous l'influence d'une légère hypnose, on faisait remonter à la conscience les souvenirs oubliés. Il s'agissait de ranimer le souvenir vécu des circonstances entourant l'éclosion des symptômes. Par la suite, Freud devait abandonner cette méthode; en effet, les sujets présentant des symptômes hystériques n'étaient pas tous hypnotisables, et de son côté, la méthode hypnotique n'était pas en mesure de renseigner suffisamment sur la nature de l'hystérie. Bien que conçue pour l'hystérie et considérée comme la clé de ses mystères, la méthode dite « cathartique » paraissait inapplicable à de nombreux cas d'hystérie, mais extrêmement efficace en revanche pour d'autres formes de névrose. Ces recherches devaient aboutir à un double résultat. D'une part, elles permettaient à Freud de situer l'étiologie des névroses acquises dans le domaine sexuel, et d'autre part, elles lui donnaient le moyen de faire émerger la névrose obsessionnelle et la névrose d'angoisse du chaos des névroses en général[2].

Ainsi donc, on constate que, dès ses débuts, la psychanalyse s'est radicalement distinguée de tous les procédés de rééducation de type émotionnel ou de réadaptation à la réalité environnante. La cause de la maladie réside précisément dans le fait que le sujet recèle en lui quelque chose qui ne parvient pas à se dire. Et pourtant, le traitement ne semblait pas remonter jusqu'à la cause; tout appréciables qu'ils fussent, ses résultats se limitaient encore au plan des symptômes. Mais Freud insiste déjà sur l'importance des rapports entre médecin et malade. Le médecin doit porter le plus grand intérêt aux événements psychologiques; il est censé participer aux préoccupations du malade. Pour Freud, il est inconcevable qu'un médecin accepte en traitement un malade qui lui serait antipathique. Mais celui-ci également a des obligations : il doit être pleinement consentant, attentif et confiant; en outre, il lui est indispensable d'atteindre un certain quotient intellectuel. Une bonne partie des malades abandonnaient le traitement à partir du moment où ils commençaient à se rendre compte de la direction dans laquelle il les engageait. Pour certains d'entre eux, le médecin restait un étranger; et pour d'autres, il était presque inévitable que leur relation personnelle avec lui occupe pendant tout un temps l'avant-plan de leurs préoccupations. Mais pour Freud, toutes ces difficultés ressortissaient précisément aux conditions propres de la névrose elle-même[3].

Et voilà le trait de génie qui va lui permettre de renverser la situation et de convertir les obstacles rencontrés par la méthode cathartique en fondement de la technique psychanalytique qu'il élaborera progressivement. Un autre aurait sans doute capitulé. Mais Freud a l'intuition que tout ce qui entrave le développement naturel du traitement est justement représentatif de la structure névrotique : tout le développement ultérieur de la technique se trouve là en germe. Sous l'impossibilité qu'il éprouve à hypnotiser certains sujets, il devine d'emblée une résistance de leur part, refus ou non-vouloir éventuellement inconscient, et indépendant des déclarations du malade. Il renonce dès lors à l'hypnose et il la remplace par une méthode d'associations. Celle-ci gardera d'ailleurs pendant quelque temps encore la trace de ses origines : Freud continue à poser la main sur le front du malade ou à lui prendre la tête entre les mains chaque fois que celui-ci ne trouve plus rien à dire. Bien entendu, Freud était loin d'ignorer la nature et les effets de cette technique de suggestion.

L'étude approfondie de l'hystérie, ou plutôt, de ce que l'on appelait ainsi à la fin du siècle passé, aboutit aux conclusions suivantes. Le facteur pathogène que relève l'étiologie de l'hystérie consiste en un souvenir oublié. S'il n'est plus accessible à la conscience claire et distincte, il n'en est pas moins obscurément présent en une zone cachée de la conscience, où il doit être possible de le repérer. Cette zone émerge par exemple dans la conscience hypnotique; mais pour l'en dégager, il faut pouvoir l'appeler par son nom. Comment expliquer alors que ce souvenir ait été ainsi relégué dans la conscience seconde ?

Lorsqu'un événement suscite une forte réaction émotionnelle, le souvenir ne risque pas d'en devenir pathogène, et il finit par s'user si le sujet trouve à se décharger d'une façon ou d'une autre, par les larmes, par exemple, ou par un acte de violence[4]. Au contraire, les souvenirs pathogènes se rapportent à des événements traumatiques qui n'ont pu susciter pareille réaction. On le voit, cette réflexion théorique sur l'origine de l'hystérie prépare la voie à la notion d'inconscient en passant par le relais de la conscience hypnotique. Elle n'explique pas le pourquoi de la transformation d'un événement quelconque en événement traumatique, mais seulement son comment. Des modifications d'ordre technique introduiront par la suite aux notions de résistance et de transfert. Mais avant de les aborder, nous devons nous arrêter à ce qui constitue d'ores et déjà l'apport typique de la pensée freudienne, et dont toutes les caractéristiques s'affirment dès les débuts.

La pensée de Freud chemine sur deux lignes parallèles. La première s'inspire directement des données issues de ses recherches; c'est elle qui décidera en fin de compte de son action et de l'évolution ultérieure de sa pensée; c'est elle encore qui lui permettra de pénétrer toujours plus avant dans les mystères de son sujet, dont il traite alors en un langage que nous qualifierons aujourd'hui de phénoménologique. Et d'autre part, imbu de la mentalité chosiste et déterministe des sciences physico-chimiques du temps, Freud ne cesse d'élaborer des théories et des synthèses de type mécaniciste. Certains des opposants de la psychanalyse le lui reprochent comme s'il fallait y voir l'essentiel de son intention scientifique. Il nous semble bien au contraire que cet état de choses doit s'interpréter dans la perspective d'un dégagement progressif de la mentalité qui régnait à l'époque. L'œuvre immense réalisée par Freud représente une incessante reconquête par l'esprit du terrain sur lequel dominaient alors sans conteste la pensée scientiste et les dogmes des idées reçues. Le travail de Freud eût été voué à la stagnation s'il avait été vraiment persuadé de la réalité de certaines de ses formulations théoriques, comme celle qui lui faisait déclarer que la psychanalyse finirait dans une biochimie raffinée. La comparaison de la conscience avec un réservoir « dans lequel » une chose peut se trouver ou ne pas se trouver, et la représentation analogue de l'inconscient conçu lui aussi comme un réservoir dans lequel les souvenirs se trouveraient emprisonnés avec leur composante affective, ne jouent aucun rôle effectif dans le développement de la pensée freudienne et dans la mise au point progressive de sa technique. Reprocher ce côté mécaniciste à la théorie psychanalytique et se limiter à cette critique, c'est tout simplement témoigner qu'on n'y a rien compris. S'il fut jamais démarche à se fonder sur les relations interpersonnelles, sur l'historicité de l'existence individuelle et sur l'apanage le plus essentiel de l'homme, la parole, — c'est bien la démarche psychanalytique. Rien, du reste, ne justifie mieux l'attribution à Freud du titre de phénoménologue avant la lettre que sa découverte de la résistance et de la défense. C'est ce que nous allons examiner à présent.

La technique de l'hypnose avait permis la reviviscence de souvenirs pathogènes oubliés. En quoi consistait-elle ? On invitait le malade à s'étendre sur un divan et à fermer les yeux, en lui affirmant que très certainement, une chose ou l'autre lui viendrait à l'esprit, concernant le début de ses troubles. Quand le malade s'arrêtait de parler, Freud se faisait plus persuasif et pressait *(drängen)* le malade de poursuivre. Du fait que le procédé requérait un effort, Freud conclut que son travail de persuasion et de pression avait à vaincre chez le malade une force psychique qui résistait à la remémoration du souvenir oublié. Il franchit un pas de plus le jour où l'idée lui vint que cette force psychique serait peut-être la même que celle qui avait coopéré à la naissance du symptôme hystérique et qui avait empêché la représentation pathogène d'accéder à la conscience[5].

De quelle force s'agissait-il, et quels en étaient les ressorts ? L'expérience avait appris à Freud que les représentations oubliées étaient de nature contrariante, et sujettes à provoquer la honte, le reproche, la douleur psychique ou un sentiment de frustration, — bref, qu'elles étaient toutes de la catégorie des sentiments que l'on eût préféré n'avoir jamais vécus, et que l'on ne demande qu'à oublier le plus vite possible[6]. Une idée de défense se dégageait spontanément de tout cela. Visant à le protéger de l'émergence du souvenir, une force émanant du Moi du malade lui faisait repousser les représentations qui lui étaient insupportables. Quand cette force de défense avait atteint son but, la représentation pathogène était chassée de la conscience et de la mémoire, sans y laisser de traces apparentes. Il fallait cependant en retrouver la piste. Mais lorsqu'il s'essayait à attirer l'attention du malade en ce sens, il retrouvait chez lui sous forme de résistance à la reviviscence du souvenir la même force qui s'était déjà manifestée sous forme de répulsion, lors de la genèse du symptôme.

Certains mots sont lestés d'un poids qui les fait entrer dans l'histoire. Ainsi en va-t-il du mot « *drängen* », qui revient à diverses reprises sous la plume de Freud, de la page 268 à la page 270 du premier volume de ses *Gesammelte Werke*. Comme il le constate lui-même, Freud se voyait contraint de recourir à cette répétition. Il faut lire ces pages pour percevoir comment dans l'exercice de sa propre pression *(drängen)* sur le malade, le psychanalyste reconnaît chez celui-ci l'existence d'une *Verdrängung* correspondante. Qu'est-ce à dire, sinon que là où s'exerce un *drängen* doit également se situer une *Verdrängung*, et qu'à la limite, il n'y a de résistances que celles du psychanalyste[7]. Déjà sous le mot de « *drängen* » de Freud se fait jour ce qu'on appellera la « *Verdrängung* » du malade. La relation sémantique témoigne de manière tout objective de l'authenticité de cette correspondance. Le « *drängen* » qui se manifeste dans les affirmations « pressantes » comme par la pression sur le front *(Druck auf seine Stirne)*, traduit donc l'existence du refoulement* *(Verdrängung)*. Cela nous permet une première définition du refoulement. Le refoulement, c'est ce qui contraignait Freud à fournir un effort spécial pour aider le malade à poursuivre son propre effort de remémoration; et il était bien normal que l'on désignât du nom de résistance l'instance que l'effort devait vaincre pour atteindre son objet. La résistance étant responsable de l'oubli, celui-ci de son côté joue dans la constitution des symptômes un rôle défensif. Ce rôle est finalement tenu par le moi du malade; mais si l'on

---

* ou « répression ».

considère que le moi est le malade en tant qu'il désire
guérir, c'est-à-dire, en l'occurrence, se souvenir, on reconn-
naîtra le paradoxe de ce moi qui, en même temps,
s'efforce de tout son pouvoir de ne pas se souvenir, et
donc de ne pas guérir. On comprend dès lors que le Moi
soit d'emblée compris comme une fonction de méconnaissance[8].

Mais les représentations qui émergent peu à peu de la
description que le malade donne de ses expériences, ne
sont pas toutes nécessairement pathogènes, ou en rapport
direct avec l'origine immédiate des symptômes. Des pensées peuvent surgir qui n'ont qu'un rapport éloigné avec
les représentations refoulées, mais qui forment autant de
chaînons dans la série qui y conduit. Le discours de
l'analysé se présente donc sous la forme d'une chaîne
d'associations, et Freud recommande avec insistance à
son malade de ne pas se préoccuper de l'apparente inco-
hérence des pensées qui surgissent : elles vont peu à peu
s'ordonner et converger dans le sens d'une structure significative. Le sens qui s'en dégage finalement est parfois
si manifeste qu'il ferait croire à l'existence d'une intelligence supérieure et seconde, tout à la fois sous-jacente
et extérieure à la conscience[9]. Mais Freud ajoute aussitôt
que l'existence de cette intelligence inconsciente n'est
probablement qu'une apparence. Une autre surprise
l'attendait. Nous avons vu comment une chaîne signifiante se constituait sous l'action conjuguée de la méthode
associative et de la pression exercée par le médecin en
vue de neutraliser l'action du refoulement. Mais il appa-
raissait à présent que cette chaîne n'était pas nécessairement faite d'idées; elle pouvait aussi bien être faite
d'images qui, une fois reconnues, acheminaient aux premières ébauches de l'interprétation verbale. C'est la
découverte de la dimension imaginaire du discours; c'est
également celle de sa résorption par le moyen d'une
interprétation qui débouche sur le symbole, au niveau
spécifique du langage. A partir de ce moment, le rôle de

l'interprétation ne cessera de grandir à l'intérieur de la technique psychanalytique, au point que finalement, association libre et interprétation finiront par apparaître comme les deux termes complémentaires qui suffisent à définir la démarche psychanalytique.

Examinons concrètement sur un exemple la façon dont les choses se passent à ce stade du développement. Le procédé d'association déclenche chez une malade un déferlement d'images évoquant le sanscrit et des emblèmes de publications occultistes, dont Freud peut discerner la nature symbolique et en partie allégorique. A un moment donné, le sujet en question voit surgir une croix et l'image se représente à diverses reprises. Interrogée sur la signification d'une telle manifestation, la malade répond qu'elle signifie probablement la douleur, celle sans doute qui l'avait décidée à entreprendre son traitement. Il faut dire que *Kreuz*, croix, signifie également en allemand le bas du dos, et la malade se plaignait de douleurs au bas du dos. Freud lui répond que par *croix*, on désigne généralement un poids, ou un fardeau d'ordre moral *(eine moralische Last)*. Puis, comme il ajoute : « Qu'est-ce qui se cache derrière la douleur ? », les associations suivantes débouchent en effet sur le souvenir d'un conflit d'ordre moral[10]. Et voilà un premier type d'interprétation. La neutralisation du refoulement n'est pas l'effet d'une pression de la part du médecin, mais celui d'un jeu de mots : la douleur était la croix de la malade; la croix joue le rôle d'une image associative qui symbolise en même temps des conflits d'ordre moral. Freud a pris le mot dans son sens littéral, au pied de la lettre; il le prend au sérieux, et cela lui permet de déceler dans l'image de la croix le point précis où se rencontrent plusieures chaînes signifiantes distinctes : les emblèmes occultistes traduisant les préoccupations de la malade, ses symptômes organiques et ses conflits de conscience confluaient sous la forme d'une torture qu'elle s'infligeait à elle-même. L'apparition de l'image de la croix est donc surdéterminée comme celle du symptôme hystérique.

Lorsque l'inconscient émerge à la conscience, c'est toujours selon un même mode d'expression. L'interprétation que Freud en donne dans ce cas-ci s'est dégagée en deux temps. Dans un premier temps, il suggère que le mot *croix* dit plus que la simple douleur corporelle, et donc que l'image évoque encore autre chose, mais d'une façon détournée. Puisque la croix nous cache son secret, la douleur qu'elle signifie doit aussi nous en cacher un. En un second temps, Freud pose donc la question : qu'est-ce qui se cache derrière la douleur ? La question recouvre la coïncidence structurelle de l'image et du symptôme. Il s'agit là d'une structure symbolique et surdéterminée, qui constitue la structure propre au langage par lequel l'inconscient cherche à s'exprimer. L'interprétation consiste alors à dire en clair ce que l'inconscient n'a pu dire qu'à sa façon en un langage chiffré, par le moyen du déplacement et de la condensation. L'image de la croix a condensé en un les termes des différentes chaînes significatives, en même temps qu'elle a permis le glissement de la torture morale vers la torture physique. Ce glissement s'opère en vertu de la portée symbolique du mot *croix*. En l'interprétant, Freud le replace dans son contexte original, et peu importe qu'en l'occurrence, il n'emploie pas encore le terme d'interprétation et se contente de parler de correction associative de la représentation *(assoziative Korrektur)*. Les chaînes d'associations restituent à la représentation pathogène et au symptôme névrotique la multiplicité de leurs déterminations significatives, de même qu'en un certain sens, elles dénouent la condensation et corrigent le déplacement en le nommant[11].

Dans le cas précis que nous venons de décrire, il a fallu que l'interprétation intervienne pour briser le cercle magique par le moyen d'un déplacement à rebours qui, réinsérant le mot *croix* dans la chaîne refoulée, le restituait à sa signification véritable. L'effet de résistance s'est aussitôt manifesté : la malade ne sait plus que répondre à la question du médecin, et il faut une série de détours pour que l'investigation associative d'autres chaînes de signifiants fasse enfin jaillir la réponse, dont la vérité pourra libérer la malade de ses symptômes de conversion. « En réalité, une série de vestiges figés d'expériences affectives et de représentations conceptuelles antérieures conduisent d'une façon ininterrompue jusqu'aux symptômes hystériques qui en sont les souvenirs symboliques »[12].

L'exemple évoqué montre clairement que dès 1895, Freud avait élaboré les notions de résistance et de défense, qu'il en avait d'emblée reconnu le rôle spécifique dans la genèse de la névrose et dans la technique thérapeutique, tout comme il dégageait les notions d'enchaînement associatif, de surdétermination, et reconnaissait la nécessité d'un labeur lent et difficile. Mais ces textes nous montrent surtout que Freud s'engageait intuitivement dans une voie de technique interprétative et qu'il en saisissait les implications. Il faut d'ailleurs aller plus loin. Dans la théorie définitive de la structure psychique (et spécialement en fonction de la distinction qu'elle fait entre l'inconscient et le préconscient[18]), le rôle de la parole peut être mis en rapport avec l'importance accordée dès le début à la description verbale de l'événement oublié. Mais Freud semble avoir déjà découvert qu'à côté de son effet curatif, le langage joue un rôle dans la genèse du symptôme. Ce rôle se discerne très nettement dans le cas d'Elisabeth von R..., le dernier que relatent les études sur l'hystérie. Freud en parle en termes de symbolisation, — symbolisation par laquelle la malade hystérique confère à sa représentation affective une expression somatique[14]. Il avait pensé tout d'abord que la relation établie entre l'expression verbale « recevoir un coup en pleine figure » et le symptôme d'une sensation de douleur faciale devait être due à une même origine qui demeure la source commune et toujours actuelle de la langue et de la symptomatologie hystérique, — à savoir l'expression des mouvements émotionnels. Cette thèse ne lui paraît cependant pas suffisante pour expliquer le phénomène, puisqu'il ajoute en note qu'on peut trouver des symbolisations plus prononcées du langage[15]. Au cours d'un traitement par exemple, une malade se plaint d'hallucinations visuelles; elle voyait Freud et son collègue Breuer tous deux pendus à des arbres, l'un à côté de l'autre. L'analyse montra qu'elle leur en voulait également à tous deux et pour la même raison, et qu'elle estimait que l'un était le « pendant » de l'autre. Dans le rébus du rêve, la structure de la langue pratiquée par la malade avait ici déterminé le choix du signifiant, (c'est-à-dire du mot) par le symptôme[16]. On peut également évoquer à titre d'exemple l'incidence du nom de Dick dans les tentatives d'amaigrissement de l'« homme au rat » (autre cas célèbre dans la littérature psychanalytique) : celui-ci se punissait de ses désirs d'agression à l'endroit de son rival amoureux, dont le nom de Richard se disait Dick en anglais, en se condamnant à une cure d'amaigrissement (*dünn,* maigre étant le contraire de *dick,* gros). Cet exemple prouve du reste que Freud est toujours demeuré convaincu de la valeur de la thèse[17].

Freud commence alors à distinguer diverses formes de résistances. Il en donne la description suivante. Un malade oublie régulièrement sa promesse de dire tout ce qui lui passe par la tête quand Freud y applique la main; ou bien, il trouve que l'idée ne valait pas la peine d'être exprimée, ou il espère que l'objet auquel il pense ne conviendra pas, tantôt il est distrait, ou se dit gêné par les bruits de la maison; tantôt il introduit le souvenir pathogène en déclarant que ce qu'il va dire n'a sûrement pas la moindre importance.

Une résistance peut également se traduire par un refus d'admettre l'idée qui se présente. On la considérera par exemple comme suggérée par le médecin; ou bien on prétendra que ce dernier assurément s'y attendait, mais qu'en réalité, on a pensé tout autre chose, etc. Très manifestement, le malade ne peut pas s'empêcher de résister[18].

Il faut encore signaler une autre étrangeté. Les images que le malade voit apparaître se désintègrent au fur et à mesure qu'il les décrit. Il les fait disparaître dans leur transposition verbale[19]. Comment comprendre ce curieux phénomène ? Il semble bien que les images n'existent que pour autant qu'elles n'ont pas trouvé à s'inscrire dans le réseau du langage parlé. L'imaginaire fond en quelque sorte au contact de la parole par laquelle l'image peut accéder à un autre niveau symbolique. On remarquera l'analogie entre l'effet thérapeutique de l'interprétation et l'effet thérapeutique de l'association. Les remarques de Freud au sujet de cet effet thérapeutique de l'interprétation se répètent d'une façon presque identique au niveau de l'association libre. Nous pensons qu'il faut reconnaître dans cette observation de Freud une autre explication de l'effet thérapeutique de la parole. Nous avons déjà vu comment la méthode cathartique, en se métamorphosant, tendait à libérer le vecteur affectif prisonnier de la représentation pathogène, bloquée elle aussi. Dans la période de la thérapeutique hypnotique, il suffisait de faire revivre et de décrire les souvenirs oubliés. Et voilà que la qualité curative de la parole se différencie de plus en plus. Paroles du malade ou paroles du médecin ne visent plus à libérer tel ou tel affect de ses entraves psychiques; elles se livrent à un travail de reconstruction, ou, plus exactement peut-être, de mise en place de chaînes associatives signifiantes par lesquelles le sujet se situe dans son historicité, récupérant un passé refoulé, se projetant dans un discours qui s'ouvre au-delà de lui-même. On a trop fréquemment méconnu cette fameuse *catharsis* en la comparant d'une certaine façon à une entreprise de libération des tensions du réservoir psychique. La méthode associative, telle qu'elle s'est pratiquée dès les débuts de la psychanalyse, est bien autre chose; d'emblée, elle tend à établir la subjectivité au niveau du langage, dans lequel elle reconnaît la médiation par excellence des rapports humains, le lieu où la vérité apprend à s'articuler. Ce passage de l'image à la parole fait disparaître l'image, et quand une image a pu livrer tout ce qu'elle recelait d'important, elle se dissout, « tout comme un fantôme libéré retourne à son repos » *(Wie ein erlöster Geist zur Ruhe eingeht)*[20]. La *catharsis* est donc bien autre chose qu'une simple « purge de l'âme ».

Nous avons vu que la méthode de pression dont la pratique avait révélé à Freud le phénomène de la résistance, était dérivée de la méthode hypnotique. Freud y adoptait un comportement actif, il y jouait un rôle et vraisemblablement plusieurs rôles simultanés. Les *Etudes sur l'hystérie* définissent bien les relations qui doivent s'instaurer entre malade et médecin pour que la méthode de persuasion puisse porter ses fruits. Le médecin doit pouvoir influencer la psychologie du malade. Comme le dit Freud, « nous agissons autant que possible en instructeur qui dissipe l'ignorance là où elle serait cause de crainte, en professeur qui représente une conception du monde libre, élevée et mûrement réfléchie, en confesseur enfin qui puisse en quelque sorte donner l'absolution, l'aveu une fois gagné par l'effet de l'estime et de la sympathie que nous n'avons cessé de témoigner. Selon le degré d'intérêt que suscitent en nous le cas en question et notre propre personnalité, nous cherchons à venir humainement en aide à notre malade »[21]. Le lecteur n'aura qu'à se reporter au texte original que nous reproduisons à la fin de cette étude, pour se rendre compte de toute la richesse du texte de Freud lui-même.

Freud dit autre part qu'il faut essayer de dévaloriser les motifs de la défense, ou qu'il faut au contraire leur en substituer de plus solides. Le rôle du psychothérapeute était, dans ces conditions, extrêmement suggestif et actif. En fin de compte, il devait s'imposer comme le critère de la vérité, de la morale et de la santé mentale, et inciter indirectement le malade à s'identifier à lui. On ne s'étonne pas d'apprendre alors toute l'importance qui s'attache au prestige personnel du médecin, ni que, dans bien des cas, ce prestige s'avère seul capable de lever la résistance. Il fallait pourtant s'attendre à des complications en ce domaine, et effectivement, Freud y revient à la fin de son essai. Il y introduit un thème qui servira plus tard de fondement à sa théorie du transfert. Il présente trois situations dans lesquelles le « *drängen* » demeure sans résultat. Que faut-il en penser ? De trois choses l'une : ou bien, il n'y a plus rien à trouver à l'endroit où l'on cherche, ou bien on se heurte à une nouvelle résistance qui barre l'accès à une nouvelle couche et qui s'avère momentanément insurmontable, ou enfin quelque chose vient troubler la relation du malade et du médecin. Ce dernier cas représente l'obstacle le plus grave auquel on puisse se heurter, en dépit du fait qu'il soit extérieur à l'analyse. Mais il n'est pas d'analyse sérieuse qui n'y donne prise à un moment donné[22]. Ce trouble qui affecte les rapports entre le malade et le médecin risque d'autant plus de compromettre la réussite du traitement que jusque là, on considérait l'entretien de rapports confiants comme la condition essentielle de la victoire à remporter sur la résistance. Affronté à cette nouvelle difficulté, Freud témoigna une fois de plus de la maîtrise géniale dont il avait déjà fait preuve lorsqu'il s'était agi de résoudre le phénomène de la résistance. A présent, ces rapports commençaient à agir à leur tour dans le sens d'une résistance. A voir les choses en face, on pouvait se croire acculé à l'impasse. Mais il n'y a d'impasse que lorsque l'analyse des résistances est réduite à un effet de suggestion, et qu'on a négligé les méthodes d'association et d'interprétation. Examinons donc avec Freud ce qui peut bien troubler les rapports du malade et du médecin. Il distingue trois possibilités[23]. Il y a d'abord le cas, plutôt rare, où le malade a appris des choses désobligeantes concernant le médecin ou sa méthode, ou que celui-ci lui donne l'impression d'une opposition ou d'un manque d'estime de sa part. Il n'est pas difficile de triompher de cet obstacle si le malade le reconnaît et qu'on peut l'informer de son erreur. Vient ensuite le cas où le malade craint de se familiariser avec son médecin, au point de perdre son indépendance à son égard, et de finir par dépendre de lui sexuellement. Cette situation présente déjà plus de retentissement analytique mais n'est pas encore reconnue par Freud comme une forme de transfert. Enfin, troisième cas, le malade peut s'inquiéter de transférer *(übertragen)* sur le médecin les représentations éprouvantes que son analyse met en lumière. Ce dernier cas se rencontre en de nombreuses analyses. Le transfert sur le médecin s'opère alors par un enchaînement faux[24]. Comment résoudre la difficulté ? Il importe d'en faire prendre conscience au malade et de le persuader de communiquer au médecin toutes les représentations susceptibles de le concerner, même si sa personne s'y confond avec celle d'un tiers.

En face d'un problème nouveau, Freud commence toujours par le soumettre à une série de questions afin de pouvoir en dégager toute la signification; il peut alors exposer et faire mûrir sa conception de l'homme à la lumière de ces nouvelles données[25]. Pour la première fois, nous voyons ici apparaître chez Freud la notion de transfert. Celui-ci se présente tout d'abord comme une nouvelle forme de résistance; très vite, on le désigne comme symptôme[26], on le décrit selon le schéma habituel des symptômes, et on le traite comme tel, par association et interprétation. Et en effet, il suffit que le malade trouve à l'intégrer à son discours pour que le symptôme en question, la résistance transférentielle, disparaisse. Le phénomène du transfert est dès lors reconnu comme une loi de l'analyse. Et voilà comment, une fois encore, Freud est sorti de l'impasse; voilà aussi comment il vient à bout des obstacles rencontrés dans l'analyse en les convertissant en sources de connaissance et en facteurs de la méthode thérapeutique. Après cela, nous ne tardons pas à apprendre que le transfert s'enracine dans l'histoire du malade, qu'il exprime un désir ancien dans une perspective nouvelle, que le médecin y tient le rôle qu'un tiers avait joué autrefois; le médecin n'est-il pas déjà, dès ce moment, un vrai psychanalyste ? On serait tenté de le croire.

Freud a raconté comment il a fait cette découverte. Une de ses malades présente une symptomatologie hystérique; elle est travaillée par le désir inconscient d'être soudain embrassée par son interlocuteur. Ce désir se trahit un jour à la fin d'une séance d'analyse, et la malade en est bouleversée. L'analyse se poursuit, et la première représentation pathogène à se présenter ensuite est le souvenir du désir originel, ce qui confirme l'enchaînement des phénomènes prévus par la théorie freudienne : l'interprétation a pour effet de situer le désir à l'endroit exact qui l'avait vu naître dans l'histoire du sujet. La formulation verbale a dissipé l'illusion d'optique qui avait été à l'origine de la formation du symptôme en neutralisant le déplacement *(die falsche Verknüpfung)* et en replaçant le désir dans son contexte original. À partir de ce moment, rien n'empêchait plus la vérité de se manifester[27].

Pour terminer ces considérations sur l'*Essai* en question, parcourons rapidement les pages consacrées à la structure de l'inconscient; nous verrons comment Freud la conçoit sur la base même de l'expérience qu'il vient d'en faire. Ce qu'il appelle l'inconscient n'est au fond rien d'autre que ce dont l'élaboration progressive de la technique analytique lui avait peu à peu révélé l'émergence, — à savoir l'incidence des structures linguistiques sur l'existence humaine. L'inconscient, c'est ce qui, dans l'existence, parle à la dérobée sous le chiffre de la condensation et du déplacement. « Les symptômes hystériques, précise Freud, prennent la place d'une action psychique qui, en l'occurrence, est celle du discours du malade »[28]; et ailleurs :

« Souvent, le symptôme se met à parler au cours de l'analyse »[29]. Freud imagine l'inconscient comme un système organisant trois types de structures autour d'un ou de plusieurs noyaux de représentations pathogènes. Le premier de ces types structurels est constitué par un système linéaire et chronologique. Le second rassemble en thèmes des groupes de souvenirs analogues, reliés par une certaine affinité; ces différents thèmes s'organisent eux-mêmes en couches concentriques autour du noyau pathogène, offrant à l'analyse une résistance d'autant plus considérable qu'ils se rapprochent davantage du noyau. Mais en plus de ces deux types, de structure morphologique, il en existe un troisième, dynamique celui-là et le plus important des trois. Il s'organise en fonction des rapports logiques qui, reliant entre eux les contenus des pensées et des thèmes, plongent jusqu'au cœur de l'inconscient. Ce système présente donc un réseau de lignes enchevêtrées, ramifiées, zigzaguant en tous sens, autour d'un certain nombre de nœuds où les fils se croisent, se regroupent ou se séparent. C'est ainsi que plusieurs fils peuvent parcourir un seul symptôme; en d'autres termes, cela rend compte du phénomène bien fréquent de la surdétermination du symptôme[30]. La notion de surdétermination que Freud introduit ici ne signifie certes pas qu'elle doive englober toutes les interprétations possibles et imaginables; mais elle ne se réduit pas non plus à la notion de double détermination, contrairement à ce que Jean Laplanche donnerait à penser dans l'étude, d'ailleurs brillante, qu'il a consacrée à l'inconscient en collaboration avec S. Leclair et dans laquelle l'introduction du concept de transfert est retardée de quelques années[31]. Notons d'autre part que cette description que Freud donne de l'inconscient reproduit en termes de structures ce que la démarche analytique déploie dans le temps. Enfin, nous avons déjà eu l'occasion de le montrer, le symptôme névrotique, la représentation associative, la résistance et le transfert sont des phénomènes présentant des caractéristiques communes : tous, ils s'insèrent dans cette structure qui est celle du langage et que Freud appelle l'inconscient. On pressent déjà la définition de Lacan : « L'inconscient est cette partie du discours concret en tant que transindividuel, qui fait défaut à la disposition du sujet pour établir la continuité de son discours conscient »[32].

Pour résumer l'acquit de ces premiers écrits techniques de Freud, constatons qu'on y trouve déjà l'essentiel de la méthode analytique. Comme vestige de la période de la collaboration avec Breuer et de la technique hypnotique, elle garde encore un élément de suggestion. Mais la pratique de suggestion a permis de progresser dans l'intelligence de la névrose par l'analyse des difficultés qu'elle levait sur sa route : l'attitude défensive et, corrélativement, la résistance, puis le transfert. On a reconnu la fonction normative de la parole dans l'association et dans l'interprétation, même si on ne l'a pas toujours explicitée. Freud a fourni une première approximation de l'inconscient, décrit comme ce qui, dans l'homme, parle un langage propre, à travers lequel le désir refoulé s'exprime. A ce moment de l'évolution de la pensée freudienne, ce désir est compris comme désir sexuel. Le langage de l'inconscient renvoie à une historicité, elle-même constituée par une histoire chronologique et par une histoire thématique. Il renvoie en outre à tout un système de connexions comparable à un modèle linguistique. On voit donc comment, issue d'une technique de suggestion dont elle garde encore quelques traces, la méthode thérapeutique de Freud évolue vers une forme qui finalement n'aura plus rien de commun avec ses origines hypnotiques. Déjà, Freud fait remarquer que le médecin n'a d'autre fonction que de résoudre les résistances. Là s'arrête sa tâche; le reste viendra naturellement, tout comme si, l'intervention thérapeutique n'ayant d'autre raison d'être que d'ouvrir une porte, il suffisait d'attendre dès lors que paraisse ce qu'on avait refoulé.

Nous venons de présenter un commentaire succinct de l'article — *Vers une psychothérapie de l'hystérie* — où Freud établit la base de départ de sa pratique psychanalytique. Il nous faut définir à présent les modifications qu'il va y apporter, et montrer comment de nouvelles applications de la méthode en confirment et en illustrent les thèmes principaux. Freud apporte tout d'abord quelques précisions au sujet de la fonction étiologique de la sexualité dans les névroses. Les « *Weitere Bemerkungen über die Abwehrneuropsychosen* », qui datent de 1896[33], définissent clairement la nature des expériences traumatiques que l'on présume être à l'origine de l'hystérie. Ces expériences doivent être cherchées dans l'enfance, avant la crise de puberté; elles ont dû consister dans une irritation réelle des organes génitaux et pour le sujet, elles représentent des événements comparables aux rapports sexuels de l'adulte. Pour Freud, il s'agit là d'une condition spécifique de l'hystérie, et ces expériences portent la marque de la passivité sexuelle de la période prépubère. Il prétendait les retrouver dans tous les cas d'hystérie qu'il avait analysés. Les souvenirs de ces expériences étaient refoulés, présentant ainsi toutes les conditions caractéristiques de la névrose. Vingt-huit ans plus tard, Freud devait signaler dans une note marginale que tout ce chapitre est entaché d'une erreur que depuis lors il avait eu maintes fois l'occasion de confesser et de rectifier. N'ayant pas suffisamment distingué entre souvenirs réels et fantasmes des sujets analysés concernant leur enfance, il avait confondu la réalité historique et la réalité de l'histoire du désir. Et pourtant, les scènes de séduction évoquées par les malades tiraient leur signification étiologique non pas de traumatismes réels, mais, d'une façon bien différente, des manifestations imaginaires de leur désir. Voilà de quoi inspirer la plus grande circonspection au psychanalyste en herbe qui se lance dans l'interprétation « historique », avec l'intention de reconstituer le passé effectif de son malade. En réalité, celui-ci n'est pas censé raconter son histoire réelle, et d'autant moins qu'on lui demande seulement de dire ce qui lui passe par la tête. D'ailleurs, en éclairant la pathologie de la mémoire, la pratique analytique a suffisamment contribué à dénoncer ce genre d'erreur qui guette la technique. L'histoire de l'élaboration de la méthode freudienne à ce moment décisif de son évolution devrait nous mettre tout spécialement en garde contre un tel danger.

Cette première systématisation amena Freud à réfléchir sur la particularité qu'offre le refoulement d'avoir toujours trait à la sexualité. Il l'explique par référence à la longue latence sexuelle de l'homme, et à l'éveil tardif de sa puberté : un événement sexuel peut être vécu par le sujet avant que celui-ci soit capable de réactions émotionnelles correspondantes. Dans ce cas, le souvenir de l'événement peut agir au moment de la puberté ou par la suite d'une façon beaucoup plus intense que l'événement lui-même, pour la simple raison que la sensibilité et la puissance de réaction du système génital se sont considérablement accrues. Pour Freud, il semble bien que ce rapport de proportionnalité inverse entre l'événement et son souvenir suffit à rendre compte du refoulement.

L'étiologie de la névrose obsessionnelle pourrait s'expliquer d'une façon analogue dans une perspective d'expériences sexuelles actives et agressives, ce qui expliquerait sa prédominance dans le sexe masculin. Ultérieurement, Freud substituera à l'explication du refoulement par la maturation tardive de la génitalité humaine l'explication par l'*Urverdrängung** qu'il élaborera après avoir défini le complexe d'Œdipe. Abstraction faite de la théorie de la réalité historique du traumatisme sexuel, on trouve dans l'essai que nous analysons une explication de la formation obsessionnelle qui n'a rien perdu de son actualité. Les symptômes obsessionnels, y lit-on, sont

---

* le refoulement originaire.

constitués par la réapparition du refoulé et par la série de mesures de protection dont le Moi s'entoure successivement à son endroit. Le refoulé réapparaît tantôt sous forme de souvenir de l'expérience antérieure, et tantôt sous forme de reproches que l'on se fait à son propos. Le Moi s'en défend de diverses façons, et les symptômes résultent des formations de compromis entre ces deux séries de causes[34]. Sur une deuxième ligne de défense, le Moi peut alors établir ses rituels obsessionnels.

Dans une autre publication datant de 1898, « *Die Sexualität in der Aetiologie der Neurosen* », Freud tente une explication de l'étiologie de la neurasthénie et de la névrose d'angoisse : il décrit la première comme une affection qui est comparable à bien des égards aux différentes espèces de la dépression endogène. On peut en effet la réduire, dit Freud, à un état d'épuisement du système nerveux résultant d'un excès de masturbation ou d'un débordement de pollutions nocturnes spontanées, phénomène correspondant étroitement à l'idée délirante classique de la dépression. Au contraire, la névrose d'angoisse présente des inférences sexuelles caractérisées par l'abstinence ou par la satisfaction incomplète. L'angoisse est une libido détournée de son objectif naturel[35].

Les temps héroïques de la psychanalyse seront bientôt passés. Présentées sous les formes que nous venons de rappeler, les théories de l'étiologie sexuelle sont inexactes et irrecevables. Le rappel de la pensée de Freud à cette époque n'a d'ailleurs qu'un intérêt historique, et la fin du siècle marquera bientôt un tournant dans la théorie et dans la pratique, avec la publication de *L'interprétation des rêves*, du *Mot d'esprit* et des *Trois essais sur la théorie de la sexualité*. Plus tard, Freud ne s'intéressera plus qu'exceptionnellement aux questions de nosologie. Nous avons l'impression que le progrès dans la science de l'inconscient se traduisait indirectement chez lui par un désintéressement progressif à l'endroit des distinctions cliniques et de leur cloisonnement artificiel dans le domaine de la psychopathologie.

Il faut encore faire mention de deux petites études, en raison des deux notions capitales qu'elles introduisent. Avec *Zum psychischen Mechanismus der Vergesslichkeit*, nous voyons apparaître l'insistance phonématique dans les formations de l'inconscient. Il s'agit du cas fameux de l'oubli du mot « *Signorelli* », nom d'un peintre que Freud essayait de se rappeler. Jusque là, Freud n'avait encore reconnu aux mots que leur pouvoir de signification voulue, telle que la définissait leur acception courante. Le refoulement, et éventuellement l'interprétation, étaient envisagés uniquement dans cette perspective de signification, — celle du mot compris dans son intégralité, abstraction faite de la signification éventuelle de sa configuration phonématique. Mais ici pour la première fois, Freud introduit la notion d'indépendance relative des phénomènes et de leurs avatars. Une histoire dont il avait refoulé le souvenir emporte avec elle dans l'oubli le « *Signor* » de *Signorelli*, ne laissant subsister que le « *elli* »; l'oubli doit se comprendre en fonction de la correspondance de *Signor* avec *Herr*, sa traduction allemande, mot par lequel commence la phrase capitale de l'histoire refoulée. Le retour du souvenir refoulé s'opère par le truchement du mot *Trafoi*, nom du lieu où Freud avait appris une autre histoire, qui, également refoulée, avait d'abord rendu méconnaissable la résonnance de *Trafoi* lui-même. La première partie du nom *Signorelli* avait été refoulée sans que la signification du mot complet, nom du peintre d'une fresque célèbre de la cathédrale d'Orvieto, y fût pour grand-chose. Sans doute, la fresque représente-t-elle la fin du monde et le jugement dernier, mais le souvenir en était demeuré conscient, puisque Freud venait de l'évoquer. L'objet réel du refoulement était le mot *Herr* qui, dans une autre phrase, évoquait le thème de la mort et de la sexualité. Il faut en conclure que l'inconscient se livre à des jeux de mots, tels que les pratiquent les adultes aussi bien que les enfants. Freud précise à ce propos que les jeux de mots ont une signification exemplaire pour les processus morbides qui aboutissent à la formation des symptômes de psychonévroses[36]. Dans cette perspective, on peut comparer l'effet de l'interprétation thérapeutique en psychanalyse à l'effet que produit la communication d'un nom à quelqu'un qui tente vainement de se le rappeler.

Dans *Ueber Deckerinnerungen*, paru en 1899, Freud décrit magistralement l'analyse de ce qu'il appelle un « souvenir-écran » *(Deckerinnerung)*. Il le définit comme un souvenir qui tire ses possibilités de remémoration non pas de son propre contenu, mais de son rapport avec un autre terme qui demeure refoulé[37]. Ce rapport est de type verbal (cfr. l'exemple donné par Freud, et en particulier les rapports établis entre les termes *pain* et *fleurs;* cfr. aussi *Gesammelte Werke*, p. 550 : « *... da der sprachliche Ausdruck wahrscheinlich die Verbindung vermittelt »).* Cette fois encore, c'est de mots qu'il s'agit, dans le domaine de la mémoire et dans sa dynamique. Les deux essais insistent sur l'insignifiance de la question de l'objectivité de la mémoire, considérée comme fonction de reproduction des expériences passées ou des connaissances acquises. La mémoire y apparaît plutôt comme instrument livré au bon plaisir du désir humain qui utilise à ses fins tous les effets linguistiques qu'il lui est possible d'en tirer. Il est évident que, fort de tout ce qu'il a déjà appris, et sachant notamment que, mise au service du désir, la mémoire ne peut en être le témoin objectif, Freud a dû mettre en question dès ce moment ses déclarations antérieures au sujet de l'étiologie sexuelle des névroses. Nous verrons plus loin l'aboutissement de son évolution.

Mais les deux essais ont encore une autre conséquence pour la théorie de l'inconscient. Lorsqu'il élaborait son modèle de l'inconscient, Freud supposait les contenus des représentations liés entre eux par des rapports logiques.

Les descriptions que nous présentent les deux essais semblent contredire cette théorie et indiquer l'existence de rapports plutôt linguistiques. Freud mentionne également des rapports symboliques ou des rapports analogues[38], mais les qualités symboliques en question relèvent de la parole. Dans les œuvres maîtresses qui vont suivre, on verra se confirmer cette notion de l'inconscient, et comment l'interprétation des rêves ou des actes manqués modifie les rapports véritables par des effets de langage, par la parole[39]. C'est d'abord à l'analyse du rêve que Freud a consacré systématiquement l'art de l'interprétation, et à l'en croire lui-même, il faut considérer son ouvrage sur l'*Interprétation des rêves* comme le précurseur d'une introduction à la technique analytique[40]. Ailleurs, il appelle le rêve la voie royale vers l'inconscient. L'art de l'interprétation dans l'application thérapeutique de l'analyse est mentionné pour la première fois explicitement en 1904 dans *Die Freudsche psychoanalytische Methode*[41]. On peut dire que le développement de la technique psychanalytique entre dès lors dans sa phase définitive. Tâchons d'en faire le point jusqu'à ce moment. La psychanalyse est issue du traitement hypnotique que Breuer avait d'abord imaginé dans le but de faire revivre par une malade les incidents traumatisants qu'elle avait oubliés. Breuer et Freud constatèrent que la description détaillée de ces expériences faisait disparaître les symptômes hystériques. L'application répétée de ce procédé par Freud avait confirmé sa valeur thérapeutique, mais également ses limites. Frappé du nombre des malades récalcitrants à l'hypnose, Freud substitua à la technique hypnotique la technique associative et partiellement suggestive que nous avons décrite. Pratiquement il remplaçait un procédé de suggestion par un autre équivalent, mais qui pouvait s'appliquer à n'importe qui. Désormais, il faisait appel à la raison du malade et au pouvoir qu'il avait de se comprendre psychologiquement lui-même. Tout comme la précédente, la nouvelle technique visait à remémorer la représentation pathogène oubliée. Dès ce stade, on voit intervenir un début de technique interprétative. Mais l'attitude suggestive pratiquée par Freud se heurte à deux obstacles majeurs : la résistance et le transfert. La première est assez vite reconnue comme l'expression d'un élément constitutif de la névrose, à savoir cette défense contre l'émergence des représentations pathogènes qu'on désigne du terme de refoulement. Celui-ci agit surtout par déplacement et par condensation. Le symptôme procède de la réapparition de l'élément refoulé. Le but du traitement est de réduire les défenses qui s'opposent à sa reconnaissance, ce qui revient à réduire les résistances pour permettre aux représentations pathogènes de se frayer un chemin à la conscience. Dans un troisième temps, la technique se libérera de tout artifice suggestif (geste par lequel on pose les mains sur la tête du malade en l'assurant qu'une association va lui venir à l'esprit); elle ne cherchera plus spécialement à déverrouiller les systèmes de défense, mais elle devient un art de l'interprétation qui s'inspire de l'analyse interprétative du rêve. Pour reprendre les comparaisons par lesquelles Freud illustre ce tournant dans la technique psychanalytique, disons qu'il s'agit non plus d'ouvrir une porte pour attendre l'arrivée de ce qui avait été refoulé, mais d'extraire de la matière première des associations involontaires la partie de pur métal que sont en l'occurrence les pensées refoulées. Précisons que l'objet de ce travail d'interprétation n'est plus seulement constitué par les associations du malade, mais aussi par ses rêves, par ses actes involontaires (actes symptomatiques) et par les erreurs qui jalonnent son comportement journalier, à savoir ses actes manqués[42], pour autant que celles-ci soient exprimées au cours de l'association libre.

Freud reproche à la technique hypnotique de rendre la résistance imperceptible, et de soustraire par conséquent le jeu des forces psychiques à l'intelligence et à l'interprétation. Comme elle ne résout pas la résistance, elle ne peut donner que des résultats passagers. Freud exprime de trois façons différentes, mais foncièrement équivalentes, la tâche qui incombe à la psychanalyse : elle doit guérir les amnésies, elle doit redresser tous les refoulements, et enfin, — c'est la formule la plus radicale, — elle doit rendre l'inconscient accessible à la conscience. Mais Freud ajoute que l'état idéal n'existe pas, et qu'en principe, il n'y a pas de vraie séparation entre l'état normal et l'état pathologique. Dans le même essai, Freud insiste sur les conditions de réussite de la psychanalyse. Il rappelle qu'elle a ses indications cliniques propres.

La personnalité du malade doit répondre à certaines exigences. Pour la première fois, il fait mention des qualités requises du candidat psychanalyste. Celui-ci doit avoir maîtrisé pour son propre compte le mélange de pudeur excessive et d'impudeur avec lequel tant d'hommes abordent les questions sexuelles. Il conclut enfin sur une remarque extrêmement significative en constatant que la névrose s'explique non par un manque d'activité sexuelle, mais « par une aversion des névrosés pour la sexualité, c'est-à-dire par leur inaptitude à aimer, ce qui constitue ce trait psychique que j'ai appelé refoulement »[43]. Cette nouvelle qualification du refoulement précède les trois essais sur la sexualité. Prétendre alors que dans les conceptions de Freud, l'autre est réduit à l'état d'objet, c'est passer la mesure, puisque le but de l'analyse est précisément de rendre au malade l'aptitude à aimer, c'est-à-dire à aimer un autre être humain.

Les études des *Deckerinnerungen*, des souvenirs-écrans, mais davantage encore l'étude du rêve et la psychopathologie de la vie quotidienne obligent Freud à réviser ses conceptions pathogénétiques concernant les psychonévroses, — désignation sous laquelle il englobe l'hystérie et la névrose obsessionnelle[44].

De prime abord, il avait eu le sentiment que le traumatisme sexuel que le névrosé faisait remonter à son enfance l'avait réellement marqué à ce moment, et que les souvenirs de séduction subie ou infligée par le malade reproduisaient la réalité historique. Mais lorsqu'il dut se rendre à l'évidence, et reconnaître que ces suites de séductions étaient simplement imaginées et inventées par les malades, voire même, peut-être, suggérées par lui-même, Freud se trouva complètement désorienté[45]. La confiance qu'il plaçait dans sa technique et dans ses résultats en fut sérieusement ébranlée. Et pourtant, le récit de ces scènes avait été obtenu par une pratique correcte de la technique, et nul ne pouvait méconnaître que leur contenu était en rapport avec le symptôme dont on était parti *(ibid)*. Il n'en fallait pas moins admettre l'existence d'une erreur, et se résoudre à en tirer la leçon : le symptôme névrotique ne se rattache pas directement à des expériences réelles, mais à des fantasmes issus du désir, et en cas de névrose, la réalité psychique signifie davantage que la réalité historique *(ibid)*. La théorie de la genèse des névroses allait en subir un changement radical. L'influence des premières années de l'enfance en ressortira d'une façon d'autant plus complexe et plus nuancée.

En premier lieu, la situation de l'enfant au cours de ses premières années n'est plus envisagée dans une perspective à deux, mais dans une perspective à trois, le nœud de la pathogénèse n'étant plus la séduction, mais le complexe d'Œdipe. La responsabilité, qui jusque-là était imputée aux éducateurs au titre de séductions hypothétiques, se déplace à présent sur le désir que l'enfant éprouve à l'égard du parent du sexe opposé et, inversement, sur la rivalité qui l'anime à l'endroit du parent de son sexe à lui. Ce désir est encore et continuera à être de l'ordre de la sexualité. Désormais, toute la série des séductions sexuelles qui d'abord avaient été prises pour des histoires vraies, sont à présent reconnues comme étant, dans le récit du malade, la répétition du désir qui l'animait au cours de ses premières années. Freud fut amené à cette reconversion du système par son autoanalyse, dont on retrouve des fragments dans l'*Interprétation des Rêves*, et qui lui avait dévoilé l'existence du complexe d'Œdipe à partir de sa propre expérience. Si ses rêves pouvaient lui révéler la physionomie de son propre désir refoulé, qu'est-ce qui empêchait les soi-disant souvenirs de ses malades de représenter tout simplement une expérience analogue à la sienne, d'autant que sa propre expérience clinique lui faisait reconnaître dans l'analyse des rêves la formation exemplaire de l'inconscient ?

Mais la mise en scène du désir dans le rêve constitue une difficulté pratique considérable, qui à elle seule a mérité un chapitre dans l'*Interprétation du rêve*[46]. En effet, on ne peut parler que dans un langage déjà existant. La névrose n'étant plus la conséquence de certaines circonstances particulières que l'on pourrait dire « sexualisantes », le désir sexuel en acquiert plus de poids : il faut en effet le considérer comme primordial, et antérieur à toute expérience réelle possible. Dès lors, l'hystérie apparaît plutôt comme l'expression d'un comportement particulier de la fonction sexuelle de l'individu, et ce comportement est déjà déterminé dans une mesure très étendue par les premières influences et par les premières expériences de l'enfance[47].

Les débuts de l'être humain dans la vie, la constellation familiale et la position de l'enfant par rapport aux désirs de ses parents revêtent dès lors une importance primordiale, et à partir de ce moment (1905), Freud interprète la plupart des scènes de séduction, dans l'analyse de l'hystérie, comme des tentatives de défense vis-à-vis de souvenirs de comportements sexuels personnels (masturbation infantile, par exemple). Il garde donc la conviction que le comportement sexuel infantile (spontané ou provoqué) détermine l'orientation que prendra le comportement sexuel adulte. En même temps, Freud modifie sa conception du mécanisme des symptômes hystériques : il ne les comprend plus comme un effet direct des expériences sexuelles infantiles; entre les uns et les autres, il doit tenir compte de l'existence des fantasmes, qui pour la plupart prennent corps durant la puberté, sous forme de constructions de souvenirs imaginaires, lesquels se transforment aussitôt en symptômes[48]. En revisant ainsi sa théorie, Freud substitue à l'idée de traumatismes sexuels de l'enfance une conception de l'infantilisme de la sexualité. Rappelons qu'il avait d'abord tenté d'expliquer la névrose par l'incidence de certaines expériences accidentelles de nature sexuelle. Il avait également établi une corrélation entre la nature de ces expériences et les différents types de névrose en question; c'est ainsi que l'hystérie relevait d'une expérience passive et la névrose obsessionnelle d'une expérience active et brutale. Que reste-t-il à présent de ces différenciations ?

En premier lieu, puisqu'on n'admet plus l'incidence étiologique d'expériences sexuelles accidentelles, le champ pourrait s'ouvrir aux théories constitutionnelles ou héréditaires qui ont cours depuis longtemps déjà. Freud va-t-il donc faire appel à une théorie de prédispositions, névropathiques ou autres ? Pas précisément; mais il se croit cependant obligé d'admettre une « constitution sexuelle particulière ». Il en appelle alors au caractère complexe de la pulsion sexuelle, à la multiplicité des différentes constitutions sexuelles, à la variété des sources libidinales de la pulsion, et il renvoie le lecteur à ses trois essais sur la sexualité. L'explication qu'il nous donne nous laisse un peu sur notre faim, il faut bien le reconnaître, et on est tenté de se demander si ce n'est pas Szondi qui, finalement, présentera la réponse la plus différenciée et la plus motivée à la question de l'élément constitutionnel de l'existence humaine.

Mais comme on retrouve également chez des personnes « normales » l'incidence d'expériences sexuelles accidentelles et l'existence d'un comportement sexuel dès l'enfance, et puisqu'en particulier, le rôle de la séduction ne se présente pas différemment chez ces mêmes personnes, il faut bien reconnaître au refoulement le rôle prédomi-

nant dans la pathogénèse[49]. Au fond il importe assez peu
de savoir quelle fut réellement l'expérience sexuelle du
sujet au cours de son enfance, mais ce qui est décisif, c'est
de connaître sa réaction à l'égard de ces expériences, et s'il
a, oui ou non, répondu à ces impressions par le refoulement[50].

Dans les trois *Essais*, Freud décrivait la sexualité infantile et la qualifiait de « perverse polymorphe ». A partir
de là il se représentait trois développements possibles de
l'homme, en établissant des points de comparaison assez
simples entre santé mentale, perversion et névrose. La
première doit se comprendre selon lui comme réalisant
un équilibre entre le refoulement de certaines pulsions
partielles et de certaines composantes des dispositions
infantiles, et la subordination de certaines autres à la
fonction de procréation par la mise en valeur des zones
génitales. Dans les perversions, cet équilibre est rompu
par le développement démesuré et obsessionnel de l'une
de ces pulsions partielles. La névrose, elle, se réduit au
refoulement excessif des tendances libidinales. Du fait
que toutes les pulsions perverses de l'enfant peuvent en
principe agir en tant que forces constitutives de symptômes pervers, mais se trouvent en fait souvent refoulées
au point de contribuer à la formation de symptômes
névrotiques, Freud était en droit de désigner la névrose
comme le négatif de la perversion[51].

Cette conclusion est encore valable aujourd'hui, à condition que l'on comprenne la névrose et la perversion
dans un sens structural plutôt que dans un sens clinique.
« Celui qui est capable d'interpréter le langage de l'hystérie n'a plus de peine à comprendre que le refoulement
sexuel du malade est l'unique fondement de la névrose »[52].

Pour la pratique analytique, cette révision de la théorie
se traduit par une nouvelle méthode d'approche de la
structure très différenciée de la névrose. Au temps des
Etudes sur l'hystérie, Freud se reportait à la liste de

symptômes, qu'il cherchait à réduire l'un à la suite de l'autre. Désormais, il laisse au malade lui-même le choix du thème de chaque séance d'analyse, et dans son travail d'interprétation, il prend pour point de départ les associations du jour que l'inconscient du malade offre à son attention. Les éléments qui doivent contribuer à résoudre chacun des symptômes s'obtiennent alors à divers moments de l'analyse et d'une façon discontinue; l'inconvénient n'est qu'apparent, et il n'empêche pas la nouvelle méthode de représenter un progrès considérable par rapport à l'ancienne. Après l'élimination de la « pression »[53], c'est au tour de l'analyse des symptômes de faire place à la méthode de l'association libre.

2. A partir du complexe d'Œdipe.

> « Ce qui fascine l'auditeur dans la trouble région où
> l'entraîne Œdipe, plus que la sourde revanche de
> tout un amphithéâtre devant le grondement de rois
> roulés comme les galets des grèves, c'est la con-
> science simultanée de la servitude humaine et de
> l'indomptable aptitude des hommes à fonder leur
> grandeur sur elle. Car le spectateur, la tâche finie,
> décide de retourner au théâtre, non de se crever
> les yeux, car devant le surgissement des Euménides
> sur la pierre fauve du théâtre grec, comme devant
> un Christ en croix, comme devant un site ou un
> visage peints, il ressent confusément l'intrusion de
> l'homme parmi les forces dont il n'était que l'enjeu,
> l'intrusion du monde de la conscience dans celui du
> destin. »
>
> (André Malraux, *Les voix du Silence*,
> Paris, 1952, p. 628.)

En s'insérant dans le développement de la théorie et
de la pratique analytique, le complexe d'Œdipe va y
opérer une révolution profonde, sous quelque aspect
qu'on l'envisage. On peut affirmer sans exagération que
le revirement qui en résulte constitue la psychanalyse en
un système radicalement distinct de toute autre théorie
de l'inconscient, en la fondant selon une dimension de
l'existence humaine qui définit tout ensemble son originalité et son essence. En même temps qu'elle constitue
l'aboutissement de tout le développement que nous nous
sommes attachés à décrire jusqu'ici, la théorie du complexe d'Œdipe en éclaire rétrospectivement la portée véritable. C'est ainsi qu'on peut recomprendre à sa lumière

le sens et les raisons de l'erreur que Freud avait commise en prenant pour de l'histoire réelle les scènes de séduction évoquées par ses malades. Cela aide également à comprendre les raisons qui incitaient ceux-ci à les raconter; enfermées dans le cercle des relations à deux, qu'il s'agisse des relations entre le séducteur et sa victime ou des relations entre le médecin sauveur et le malade désemparé, aux prises avec les conséquences funestes des dites séductions, les conceptions et les méthodes de la période cathartique devaient fatalement se fourvoyer dans le labyrinthe des constructions imaginaires. Au contraire, le complexe d'Œdipe révèle une relation à trois termes, dont la structure constituera dorénavant le nœud de la psychologie analytique (*Kernkomplex*, dit Freud dans les *Vorlesungen*), et qui s'avère seule à même de rendre compte de la dimension symbolique de l'existence humaine, en raison de la dialectique du manque qu'elle implique. L'Œdipe réenracine la sexualité dans son contexte humain au moment où elle était en train de s'égarer dans les régions mythologiques de l'imaginaire où, faute de contingence historique, la démesure se déploie dans les cycles indéfinis de l'éternel retour. L'Œdipe relie la sexualité, à sa naissance même, au thème de la mort, et tout particulièrement, de la mort du père. Evoquant dans son ouvrage sur *L'amour en Grèce* la conception que les Grecs se faisaient de la frivolité des dieux, Robert Flacelière émet ce jugement, essentiel pour une saine intelligence de la sexualité humaine : « La mort change tout, c'est elle qui donne poids et consistance à la destinée humaine, et d'abord à l'amour, qui, une sorte de jeu sans conséquences chez les immortels, est chez les hommes affaire toujours grave, souvent tragique »[54].

On ne sera donc pas trop étonné d'apprendre que Freud a élaboré sa théorie du complexe d'Œdipe au cours de l'auto-analyse qu'il avait entreprise peu de temps précisément après la mort de son père.

Nous avons déjà signalé que Freud avait repris dans l'*Interprétation des Rêves* une partie de son auto-analyse, celle qui concerne l'analyse de ses propres rêves. En concluant sa préface à la seconde édition de cet ouvrage, il écrit que pour lui, ce livre a encore une autre signification subjective, qu'il n'y a discernée qu'après l'avoir achevé : « Cela m'est apparu comme étant encore un fragment de mon auto-analyse, une nouvelle réaction de ma part à la mort de mon père, la mort du père constituant l'événement le plus important, la perte la plus poignante que l'homme ait à subir dans sa vie. Ayant découvert qu'il en était ainsi, je me suis senti incapable d'effacer les traces de cette expérience »[55].

Après le décès de son père, Freud fait un rêve au cours duquel il lit l'inscription suivante : « On est prié de fermer les yeux »[56]. On sait ce que signifient les yeux dans la destinée d'Œdipe, selon la tragédie de Sophocle. Dans les lettres de Freud à Fliess[57], on retrouve même une allusion à l'expérience qu'il fit de l'incidence de la mort de son père, en tant qu'événement réel, sur la prise de conscience de sa propre historicité. Il écrit en parlant de son père : « Il se survivait depuis longtemps; mais du fait de sa mort, tout le passé resurgit. »

Freud lui-même nous apprend que les premières années de son auto-analyse coïncident avec la rédaction de l'*Interprétation des Rêves*. L'une et l'autre inaugurent une évolution importante dans sa façon de concevoir l'attitude du psychanalyste vis-à-vis de son patient. Dans ses *Etudes sur l'Hystérie*, il avait brossé du thérapeute, un tableau haut en couleur, où l'on discerne sans peine les attributs du père qui sait tout, qui connaît tout et qui peut tout. L'image coïncide avec ce que la plupart des malades attendent actuellement encore du bon médecin, du vrai médecin. Freud s'attribuait donc lui-même ce rôle paternaliste, rôle d'ailleurs solidement ancré dans le culte contemporain du mâle, maître d'œuvre en tout domaine, à l'exception de la cuisine et de la pouponnière. Mais son auto-analyse ainsi que son expérience professionnelle conduisaient Freud à remettre en question la position mythique qu'il s'était décernée, provoquant de la sorte une crise quant aux fondements de son action et quant à l'idée plus ou moins claire qu'il se faisait de la cure analytique et de sa signification pour ses malades et pour lui-même. C'était une crise au sens fort du terme, telle qu'Erikson l'a définie : bouleversant des certitudes tenues jusque-là pour irréductibles, elle aboutit chez Freud à une réorganisation des perspectives dans lesquelles il était habitué à se comprendre. Pour sauver son entreprise de l'échec, il avait à inventer une nouvelle fonction thérapeutique en dehors de toute règle établie et de toute doctrine éprouvée dans le cadre traditionnel de sa profession[57].

Mais ce n'est pas une affaire facile, que d'inventer la fonction du psychanalyste, quand le rôle de ce dernier consiste précisément à ne pas en avoir, et à se refuser à toute tentative d'identification avec quelque projection que ce soit du malade ou du psychanalyste lui-même. Il n'est pas possible de jouer un rôle sans monter un scénario; mais dans l'analyse, celui-ci va fatalement prêter à répétition et à interaction de deux scénarios névrotiques. L'auto-analyse avait conduit Freud à redécouvrir la question du Père à l'occasion de la mort historique de son propre père; en faisant resurgir tout un passé, cet événement lui révélait en cours d'analyse la position qu'il avait inconsciemment adoptée vis-à-vis de son père. Cette découverte n'allait pas seulement entraîner plusieurs réajustements dans sa vie privée, elle l'amenait à réviser le rôle qu'il s'était attribué jusque-là dans l'exercice de la psychanalyse, en le dégageant progressivement de la figure imaginaire du père à laquelle il s'était antérieurement identifié. C'est seulement à partir de ce moment qu'il put remplir les conditions requises pour une élaboration exacte des notions de défense et de transfert.

La thématique œdipienne est pour la première fois mentionnée dans l'*Interprétation des Rêves*[58]. Freud la présente à propos de l'analyse d'un certain type de rêves, celui notamment de la mort de personnes qui nous sont chères. De multiples expériences lui avaient appris que chez tous les futurs névrosés, les parents jouent le rôle déterminant dans la psychologie de leur enfance, sous le signe de sentiments amoureux ou de sentiments de haine, selon que le parent est du sexe opposé ou du même sexe que le sujet en question. Mais il avait l'impression que sur ce point, les gens tenus pour normaux ne différaient pas des névrosés. Cette observation, Freud la met d'emblée en rapport avec l'Œdipe de Sophocle. Une immense culture lui permet d'ailleurs de repérer systématiquement dans la littérature, la mythologie et l'histoire des thèmes analogues à ceux que sa pratique analytique lui fait rencontrer. Il remarque à ce propos que le développement de la tragédie de Sophocle peut se comparer au travail d'une cure psychanalytique. La tragédie n'est rien d'autre, en effet, que le dévoilement progressif et savamment retardé de la vérité selon laquelle Œdipe se découvre lui-même le meurtrier de son père, tout comme elle lui apprend qu'il a pris sa propre mère pour épouse. Nous pouvons ajouter que cette comparaison vaut pour le déroulement formel de l'analyse tout aussi bien que pour son développement thématique. Ce complexe est et restera le nœud central de toute la réalité inconsciente, et en cours d'analyse, il se révélera sa clef de voûte.

Nous pouvons à présent découvrir une nouvelle signification aux relations professionnelles que Freud entretint successivement avec deux autres médecins, ses premiers collaborateurs Breuer et Fliess : elles correspondaient chez lui, partiellement en tout cas, à un sentiment d'incertitude et à un besoin d'être encouragé dans ses recherches, et ce n'est qu'après son auto-analyse qu'il arriva à assumer pleinement et paisiblement la paternité de son œuvre.

comme en témoigne le style presque joyeux de ses œuvres ultérieures. L'*Interprétation des Rêves,* par exemple, ou le *Mot d'esprit,* débordent d'idées neuves, clairement et fortement affirmées.

Le complexe d'Œdipe fait sa première apparition dans les publications de Freud sous la forme d'une manifestation de l'inconscient semblable aux autres; il faudra attendre la parution de *Totem et Tabou,* en 1912, pour que soit reconnue sa fonction structurante à l'égard de tout ce que nous mettons sous le terme de culture. Dans cet ouvrage en effet, Freud en arrive à la conclusion que la civilisation est fondée sur le mythe du meurtre du père, — thèse qu'il reprendra à la fin de sa vie dans son étude sur *Moïse et le monothéisme.* Pour lui, ce mythe correspondait à une réalité historique.

Entre-temps, bien des choses évoluent. Dans le chapitre précédent nous avons déjà esquissé le rôle de l'Œdipe dans les conceptions pathogénétiques, en particulier en ce qui concerne les théories de la séduction. Celles-ci sont à présent reconnues comme dérivées de l'imagination des malades, et probablement sous l'influence de Freud lui-même. On peut d'ailleurs observer, actuellement encore, un même phénomène dans les psychothérapies suggestives ou dans les psychanalyses menées par des amateurs, et il n'y a pas à s'en étonner s'il est vrai que la nature humaine demeure foncièrement la même. Or, rien n'est plus néfaste à une cure analytique que le désir frénétique du psychanalyste de guérir son malade. Depuis qu'on a reconnu la dynamique du complexe d'Œdipe, le psychanalyste devrait comprendre qu'il n'est rien par lui-même, et que les forces de guérison, ou plus exactement, de progression, dans la démarche analytique, résident seulement dans la fonction qu'il a de représenter quelque chose qui le dépasse infiniment. S'il lui est encore permis de se croire détenteur des clefs d'une certaine technique et d'un certain savoir, il ne peut sans danger mettre ses connaissances au service d'une stratégie thérapeutique. Il ne peut outrepasser les limites que lui impose le champ de la psychanalyse, et cela signifie qu'au lieu d'être un guérisseur, il n'est qu'un pauvre type comme les autres, en proie au malaise de la civilisation, ce qui devrait l'inciter, en tant qu'analyste, à se maintenir à sa place. Or, la seule place qui lui convienne à ce titre, c'est le fauteuil où il écoute et où il interprète, en s'abstenant de toute ingérence surérogatoire dans les affaires d'autrui. Malaise d'une culture qui tient et qui maintient dans l'assujettissement à ses lois le psychanalyste aussi bien que l'analysé. Ce qui confère et garantit au premier ses pouvoirs exceptionnels, ce n'est certainement pas son degré de normalité psychique (pour peu que l'on reconnaisse encore à ce concept quelque valeur scientifique), ni son degré d'adaptation au milieu ou à la réalité, mais sa référence à un troisième terme qui le dépasse complètement, à savoir le poids de vérité qui leste le discours de l'analysé. Dans la pratique analytique, sa seule utilité est d'être alors celui à travers qui l'analysé s'adresse à autrui pour faire reconnaître la vérité de son message, et pour le faire traduire là où il se dissimule sous le langage chiffré du discours, que ce soient les symptômes, les actes manqués, les souvenirs-écrans, les silences, les oublis, les phantasmes ou les jeux de mots. Il convient d'ajouter que ses pouvoirs de traducteur lui sont eux-mêmes conférés par les structures linguistiques inhérentes à l'inconscient. Loin d'être à même d'exercer son métier par ce qu'il est personnellement en tant qu'individu, le psychanalyste ne peut s'y adonner qu'en vertu de ce qu'il n'est justement pas par lui-même, par ce qu'il y a de plus impersonnel en lui, à savoir par sa participation à un monde qui l'a pris en charge dès avant sa naissance, et qui est le monde de la culture et de la civilisation auquel il appartient. Que telle langue, par exemple, ne connaisse qu'un seul mot pour dire « jeune » et « beau », ou pour dire « vieux » et « laid », ne peut demeurer sans conséquence quant à l'attitude qu'un sujet élevé dans cette langue

adopte dans l'ensemble de ses relations humaines comme
dans sa relation au monde et à sa propre existence.

Comme l'écrit Lévy-Strauss, « une société est faite d'individus et de groupes qui communiquent entre eux »[59].
« Dans toute société, la communication s'opère au moins
à trois niveaux : communication des femmes, communication de biens et de services, communication de messages »
(*ibidem*). « Sans réduire la société, ou la culture, à la
langue, on peut amorcer cette révolution copernicienne...
qui consiste à interpréter la société dans son ensemble,
en fonction d'une théorie de la communication » (*op. cit.*
p. 95).

C'est par le moyen de la langue que chaque individu
entre dans un type de culture donné, et de ce fait, dans
la culture tout court. C'est la langue qui lui donne son
nom, dans laquelle il est éduqué, par laquelle il apprend
à connaître le monde, les biens et les valeurs, et les règles
de parenté. L'homme naît et vit dans un milieu symbolique, dans un monde de significations, que sa langue est
la première à structurer. Peut-être est-ce là que s'enracinent certains contenus de rêves dont Freud remarque
qu'ils ne proviennent ni de la vie adulte ni de l'enfance
du sujet, mais qu'ils reproduisent les fragments d'un
héritage archaïque que, marqué par une expérience ances-
trale, l'enfant porte avec lui en venant au monde, avant
toute expérience personnelle[60]. « Nous croyons, dit le
brillant psychanalyste suisse Gustave Bally, qu'il n'y a
pas une réalité unique, mais différents types de réalité
qui ne valent chacun que pour une société et pour une
époque donnée, et qui constituent le milieu en même
temps que le fondement dans et par lequel nous appré-
hendons les choses comme étant de l'ordre de la réalité »[61].

C'est donc à l'intérieur des limites que lui fixe son
milieu culturel, que la démarche psychanalytique se
déroule nécessairement et qu'elle trouve à s'appuyer.
Voilà qui rend très illusoire l'idée que l'on pourrait se

réajuster ou se réadapter à une soi-disant réalité préexistante du monde extérieur. On est alors d'autant plus étonné de voir le même auteur reprocher à Freud de ne reconnaître de valeur de réalité qu'à ce qui se constate et se communique par la parole, au lieu d'admettre également les possibilités de communication inhérentes à la mimique et aux mouvements expressifs[62]. Les expériences d'Eisenstein ont suffisamment démontré que l'instantané photographique d'un visage exprimant une émotion intense est absolument atypique, et qu'en variant les montages cinématographiques, on peut lui faire exprimer ce que l'on veut. Il ne tient sa qualité d'émotion propre que de la situation évoquée par le contexte des autres images qu'il n'a d'autre fonction que d'illustrer. Y a-t-il d'ailleurs chose plus arbitraire que l'interprétation d'un geste ou d'une expression de la physionomie ? Ce n'est assurément pas à ce niveau que l'on pourra articuler une interprétation. Ce n'est donc pas l'interprétation des gestes, des attitudes ou de l'expression physionomique qui permettra de mener une analyse à bonne fin. Cette théorie de l'interprétation remonte tout simplement à la période cathartique, et le remaniement opéré par l'Œdipe lui dénie toute valeur. Une analyse qui se fonde sur autre chose que le discours de l'analysé finit par chosifier le sujet et rend impossible la dialectique propre de l'analyse, qui doit pouvoir se poursuivre dans une relation de sujet à sujet, à l'exclusion de tout rapport de sujet à objet. L'analyste ne peut jamais faire de son patient un objet sans risquer de graves compromissions techniques et sans engager l'analyse dans des combats imaginaires dus à la méconnaissance de sa nature propre. Il faut se garder de confondre la psychanalyse avec la psychologie expérimentale.

Freud se rendait parfaitement compte de l'importance primordiale du bagage culturel, qu'il estimait beaucoup plus essentiel encore à la formation du psychanalyste que la formation médicale. Imaginant le programme idéal d'une école de psychanalyse, il écrit dans *Die Frage der Laienanalyse* qu'il faudrait n'y faire figurer que certains cours seulement de la faculté de médecine : d'abord la psychologie des profondeurs, qui devrait en constituer la pièce maîtresse; puis une introduction à la biologie, un cours de sexologie, et un autre concernant les tableaux cliniques de la psychiatrie.

Il saute aux yeux que ce sont là toutes sciences que, jusqu'à une époque récente, la faculté de médecine négligeait d'une façon exemplaire. Mais d'un autre côté, la formation psychanalytique devrait comprendre des matières qui n'intéressent généralement pas le médecin, et notamment l'histoire des civilisations, la mythologie, la psychologie de la religion et la littérature. Freud estime que, sans bonne formation en ces domaines, l'analyste laissera en friche une part considérable de son matériel, au lieu que la majeure partie des disciplines enseignées dans les écoles de médecine ne lui seraient d'aucune utilité[62].

Nous pouvons mesurer à présent le chemin parcouru depuis que Freud, encore jeune neurologue, se représentait le médecin à l'image du père omniscient et tout-puissant. La découverte du complexe d'Œdipe devait imposer à l'évolution de sa pensée une direction nouvelle commandée par sa logique interne. Comme on vient de le constater, elle transpose complètement la fonction du psychanalyste dans la cure analytique. Tout d'abord, le psychanalyste perd son rôle de modèle pour l'analysé, et moins que jamais, l'analyse ne pourra prétendre à l'identification de l'analysé au psychanalyste. On peut d'ailleurs se demander à quelles sources certains psychanalystes sont allé puiser cette incroyable prétention. Le complexe d'Œdipe étant tout à la fois le thème principal de l'analyse et un élément constitutif des relations humaines et de la société, il ne peut évidemment pas s'expliquer à partir de formes particulières de civilisation, puisqu'il leur est structuralement antérieur; d'autre part, il introduit une relation triadique entre analyste et analysé, puisque ces relations se nouent à l'intérieur des limites de la vie en société. Cette vérité fondamentale, tellement plus essentielle qu'on serait porté à le croire, que les relations entre analyste et analysé se réfèrent toujours à un troisième terme, est seule à rendre possible l'analyse du transfert. Au moment où celui-ci commence à faire sentir ses effets dans l'analyse, et avant tout dans les relations entre l'analyste et l'analysé, ce dernier tente d'y introduire subrepticement et, bien entendu, inconsciemment, une autre relation correspondant à son fantasme. A plusieurs reprises, Freud a reconnu dans le transfert la force la plus puissamment à l'œuvre dans l'analyse; et voilà que cette force s'emploie à détériorer la situation analytique, à la rendre insoluble sous sa forme présente, et à la réduire à une relation à deux.

Commentant les textes de *Vers une psychothérapie de l'Hystérie*, nous avions déjà rencontré cette difficulté. Nous constations alors à notre grand étonnement qu'avec le génie qui lui est propre, Freud anticipait déjà sur la technique psychanalytique subséquente au complexe d'Œdipe, tout simplement en interprétant le transfert. Cela montre qu'il suffit de désigner le transfert par son nom pour que, le faisant accéder à la parole et à la conscience, on lui fasse perdre son caractère imaginaire et son pouvoir corrosif sur la situation analytique. Mais le procédé en question — l'interprétation —, relève précisément du troisième terme, dont on ne peut assez souligner l'importance; il révèle cette vérité, qui devrait être inculquée au psychanalyste dès le début de sa formation, que le pouvoir thérapeutique est de l'ordre de la parole, et que ce pouvoir repose uniquement sur l'appartenance fondamentale du sujet à cet ordre du langage. Le poids de vérité que porte le discours de l'analysé trouve ainsi une correspondance dans la vérité de l'interprétation, en tant qu'elle fait figure de parole complémentaire. L'un ne va pas sans l'autre, et vice versa. Ainsi, le psychanalyste n'a pas besoin de quitter son fauteuil, ni de recourir à des manœuvres stratégiques pour résoudre le transfert : il lui suffit d'en parler. Mais que signifie parler, pour un psychanalyste ? Lorsque celui-ci intervient oralement, c'est en vertu d'un accord dûment conclu entre son patient et lui. Cet accord nous ramène aux trois types de communication évoqués par Lévy-Strauss comme étant les formes principales de l'échange, à travers lesquels s'exprime la société humaine. Au niveau de la communication des biens et des services, on peut dire que le psychanalyste offre ses services contre des biens présentés sous forme d'argent. Ceci lui permet de passer au niveau suivant, celui de la communication des messages. Il y reçoit en tant que représentant d'autrui le message que l'analysé lui adresse, et dont la reconnaissance est sollicitée implicitement, et il restitue à l'analysé son propre message une fois déchiffré. De ce fait, et pour autant que cela concerne sa fonction de psychanalyste, il pourra ne figurer au troisième niveau, qui est celui de la communication des femmes, et donc celui des règles de parenté, qu'en position d'abstinence, ce qui constitue une condition *sine qua non* pour qu'il en parle sans se mettre lui-même en cause. Abstinence réelle d'abord, puisqu'il ne peut exercer impunément ses fonctions vis-à-vis des membres de sa famille ou de son entourage immédiat. Abstinence également dans l'imaginaire, puisqu'il doit soigneusement éviter d'épouser les représentations imaginaires de l'analysé, en se gardant de répondre effectivement à la demande que celui-ci lui adresse.

Si l'analyse conduit inévitablement à la découverte de la signification individuelle de la mort du père (que celui-ci soit encore vivant ne change rien à l'affaire), comme l'instance qui fait peser la menace de la mort individuelle sur toute espèce de manifestation du désir sexuel, on peut d'un autre côté retrouver dans les structures de la société humaine la part de ce qui ne s'y organise qu'en vertu du mythe du meurtre du père, et en particulier les lois, les coutumes, les mythes et les religions. Les lois de la Grèce classique, par exemple, nous apprennent que même l'usage de la parole tombait sous le coup de la législation, puisque c'était une injure passible des tribunaux que d'imputer à quelqu'un d'avoir levé la main sur son père[68]. C'est dire à quel point la langue que nous parlons porte la marque indélébile des structures de l'inconscient. L'observation nous fait également discerner une correspondance entre la gravité d'un trouble mental et l'ampleur des déformations de langage chez le sujet qui en est affecté; cette constatation est si vraie que, sans avoir même à évoquer des cas de psychose, on peut presque mesurer la profondeur des troubles névrotiques au développement que prend, dans le langage du sujet, un vocabulaire qui lui est propre, et dont les mots-clefs sont effectivement les clefs qui donnent accès à l'interprétation dans l'analyse. Même dans le langage quotidien, il est aisé de retrouver une série de mots dont l'usage se perd pour la bonne raison qu'à une époque antérieure, ils désignaient des choses dont on préférait ne pas parler. Les enfants du pendu finissent pas oublier le sens du mot « corde », et par user d'un euphémisme pour désigner l'objet correspondant; de la même façon on évite anxieusement de parler d'argent dans une société capitaliste. C'est également de cette façon que le discours de l'analysé se caractérise non seulement par l'emploi d'un vocabulaire qui lui est propre, mais aussi par des lacunes significatives et révélatrices.

L'avènement de la structure triadique révélée par l'Œdipe dans la situation analytique aura donc eu pour effet d'opérer une révolution dans la conception et la pratique analytiques en faisant passer définitivement de la suggestion à l'interprétation et en limitant le champ de l'analyse à ce que l'analysé formule verbalement et à ce qui s'y rapporte directement. Les notions de défense et de résistance en acquièrent du même coup une nouvelle signification. Rappelons que la notion de résistance fut

élaborée par Freud dans son ouvrage *Vers une psychothérapie de l'Hystérie*, dans une situation où il voyait
le malade opposer une résistance à sa méthode de pression
et de persuasion. Mais qu'en reste-t-il dans la nouvelle
technique, qui prescrit au psychanalyste de s'abstenir de
toute manœuvre, de toute tactique, et d'attendre patiem-
ment que l'analysé se mette à parler. Dans une lettre
à Fliess, Freud a une formule qui ne laisse aucun doute
à ce sujet. Dès ses premières publications, il considérait
la résistance comme un effet de la même force que celle
qui avait provoqué le refoulement. Dans une lettre à
Fliess datée du 6 décembre 1896, il écrit : « C'est le refus
de traduction (en paroles) qui constitue ce que cliniquement on appelle le refoulement » [64]. Il fait ici allusion
à un texte écrit dans une langue que son auteur, au cours
de son évolution, a progressivement oubliée au point de
ne plus pouvoir finalement rien y comprendre. Dans la
même lettre, Freud distingue d'autre part entre défense
normale et défense pathologique, celle-ci concernant
exclusivement les fragments de texte devenus intraduisi-
bles pour le sujet. Sans pousser plus avant dans la théorie
psychanalytique de l'appareil mental, nous pouvons tirer
de ces considérations les conclusions suivantes : la résistance est ce qui fait obstacle à une traduction en un
langage actuellement intelligible, ou, autrement dit, c'est
ce qui est à l'œuvre dans le discours en raison d'une
lacune diachronique. Dès à présent en effet, le but de
l'analyse peut se formuler comme étant « l'avènement
d'une parole pleine » [65]. La résistance est la manifestation
de cette force en tant qu'elle s'oppose à la traduction.
Elle n'est donc pas une opposition à l'analyste ou au
traitement psychanalytique en tant que tel. Mais il est
facile de s'y méprendre, et d'autant plus quand le psychanalyste s'imagine qu'il incarne la psychanalyse; oubliant
dans ce cas qu'il n'en est qu'un porte-parole parmi
d'autres, il retombe au niveau d'une praxis subreptice de
la suggestion, pour laquelle toute résistance est interprétée

comme étant directement dirigée contre sa personne. Manifestement, une telle démarche représente une régression pure et simple aux débuts tâtonnants de la psychothérapie cathartique. Elle ne peut produire que des résistances secondaires et artificielles, et dirigées effectivement contre le psychanalyste, puisqu'en l'occurrence celui-ci se présente à l'analysé sous la figure du père tout-puissant et omniscient. En réalité, lorsqu'en cours de cure, la résistance vise l'analyste lui-même, elle représente toujours une forme particulière de transfert négatif et défensif, et notamment une projection. Dans ce cas, au lieu d'entrer dans le jeu, le psychanalyste n'a qu'à interpréter le transfert en tant que tel, puisqu'il s'agit là essentiellement d'une résistance à une image projetée, dont, personnellement, il n'est pas l'incarnation mais le simple support. Et sinon, comment une résistance pourrait-elle viser l'analyste, si celui-ci n'exerce aucune pression ? L'analyste n'a pas à s'engager dans un combat avec son patient; bien au contraire, il l'accompagne comme interprète dans un pays inconnu, et comme tel, il a tout avantage à garder la neutralité, caractéristique depuis des millénaires des gens qui exercent ce métier. Qu'il ne s'étonne donc pas si on ne lui reconnaît plus de titre à cette neutralité s'il a lui-même outrepassé les limites qu'elle lui imposait professionnellement. Citons encore les propres conseils de Freud : « Le malade doit être orienté non dans le sens de son identification avec nous, mais dans le sens de la libération et de l'épanouissement de son être à lui »[66].

La notion de défense a une histoire particulière. Son équivalence avec la résistance une fois établie dans les premières publications de Freud, elle disparaît temporairement dans les écrits suivants pour faire place à la notion, plus élaborée, de refoulement. Le refoulement est ce qui empêche certaines pulsions, ou, plus exactement, leurs représentants, de devenir conscients. L'effet du refoulement consiste simplement à maintenir ces représentants à l'état inconscient; il s'agit donc d'un effet purement défensif. Dans le développement ultérieur de la théorie psychanalytique, Freud conçoit le Moi comme une instance inconsciente, ayant une fonction essentiellement défensive, mais n'en jouant pas moins un rôle important dans la formation des symptômes par la réapparition du refoulé. Dans cette optique, Freud identifie quelques nouvelles formes de défense, qu'il situe sur le même plan que le refoulement. Ainsi donc, après l'avoir passée sous silence pendant une vingtaine d'années, il remet la notion de défense en valeur dans son ouvrage *Inhibitions, symptômes et angoisse*[67]; il en élargit la signification pratique en englobant dans sa représentation les différents mécanismes qui en commandent le dynamisme. Dans cette même publication, il cherche à établir une corrélation entre certains types de défense et le niveau du développement libidinal correspondant. Le refoulement par exemple est, dès ce moment, considéré comme spécifique du stade du développement génital, et caractéristique de l'hystérie en particulier. Voilà pourquoi le refoulement fut le premier des mécanismes de défense à être reconnu et identifié, l'étude de l'hystérie étant à l'origine des études psychanalytiques de Freud. Sa fille, Anna Freud, s'est par la suite attachée à décrire les mécanismes de défense d'une façon plus exhaustive et plus systématique, dans son livre sur *Le moi et les mécanismes de défense*.

Une des tâches principales du travail analytique sera d'aider l'analysé à prendre conscience et à venir à bout des résistances qui, d'abord immergées dans l'inconscient, viennent peu à peu à la lumière au cours du traitement. Le rôle essentiel du travail analytique consistera donc à surmonter ces résistances, aucun changement psychique définitif ne pouvant s'obtenir sans cela. Depuis qu'elle s'est recentrée autour de la résistance, la technique analytique a si bien gagné en précision que Freud n'hésite pas à la comparer de ce point de vue à la technique chirurgicale[68]. A partir de là, la notion de refoulement va recouvrir dans la terminologie analytique tout à la fois un mécanisme de défense spécifique et un effet général, commun à toutes les autres, qui consiste à maintenir à l'état inconscient ce que les pulsions pourraient amener à la conscience.

En se fondant sur l'expérience clinique, Freud distingue ici entre le refoulement de la représentation et celui de l'affect. Ces deux facteurs peuvent avoir en effet des sorts bien différents, aussi bien de par le mode de refoulement que par la façon dont ils se fixent et se trahissent dans les symptômes névrotiques[69]. En second lieu, Freud distingue le refoulement primitif d'avec les refoulements qui s'y ajoutent par la suite. Ce qui a été refoulé à l'origine d'une existence ne cessera plus d'exercer son attraction sur les expériences ultérieures du sujet, sur tout ce qui les affecte, et voilà déjà une raison pour laquelle une analyse n'est jamais complètement achevée. Contrairement aux théories élaborées au début de ses travaux analytiques, et selon lesquelles le refoulement doit se comprendre à partir d'une puberté tardive, Freud voit maintenant dans le refoulement un phénomène précoce dans la vie de l'individu, et qui constitue son inconscient, ce qui l'autorise à dire que d'un point de vue descriptif, le refoulé, c'est au fond le modèle de l'inconscient[70]. De ce fait, le refoulement devient un phénomène réellement primordial de l'existence humaine, et, comme il est à l'œuvre dès les débuts de la vie, on est en droit de le considérer comme un élément constitutif de la condition humaine. Appartenant au monde naturel, mais ressaisi dans les réseaux du monde culturel qui le fait homme, l'être humain ne peut s'y maintenir qu'en vertu de l'*Ichspaltung* — la fissure du moi dont parle Freud dans sa dernière étude sur les mécanismes de défense, là même où il en vient à conclure qu'on aurait bien tort de prendre la synthèse des processus du moi pour un phénomène qui va de soi. « L'essentielle fonction synthétique du Moi suppose des conditions particulières, et est sujette à toute une série d'altérations »[71]. Freud ne rejoint-il pas de la sorte la conception de l'homme selon la tragédie de la Grèce antique, pour laquelle le malheur des protagonistes provient non d'un manque de volonté (les Grecs n'avaient même pas de mot pour notre concept de volonté), mais de l'aveuglement qui procède des dieux. Les figures homériques, par exemple, n'agissent pas d'elles-mêmes mais par le dieu qui agit en elles.

C'est consécutivement aussi à l'introduction de l'Œdipe qu'il faut situer la première différenciation des pulsions en deux types. A l'origine, l'accent avait porté presque exclusivement sur la sexualité, mais dès la publication du *Mot d'esprit,* on commence à trouver des références à ce qui deviendra dans les dernières œuvres la théorie achevée des pulsions *(Triebe), Eros und Thanatos.*

Le mot d'esprit, écrit Freud, se met au service de deux tendances, auxquelles il permet d'ailleurs des rencontres et des recoupements occasionnels : le mot d'esprit présente des traits tantôt hostiles et tantôt obscènes[72]. Les tendances sous-jacentes au mot d'esprit sont donc de nature agressive ou sexuelle. De par la structure même de son procédé, le mot d'esprit dévoile indirectement ce qui devrait rester caché, et préfigure en quelque sorte la résurgence du refoulé dans le symptôme. Dans le complexe d'Œdipe en effet, les relations libidinales ne s'imaginent plus sans contrepartie agressive et destructrice, en raison même de la situation triangulaire dans laquelle l'enfant se trouve engagé dès sa naissance : dans sa relation avec sa mère, il découvre en celle-ci la femme que son désir porte vers l'homme et qui de celui-ci peut concevoir et déjà a conçu l'enfant. Inversement, l'enfant remplace symboliquement pour elle le phallus dont elle se sait châtrée, et que possède l'homme; phallus que l'enfant ne peut « être », mais simplement « avoir » ou « ne pas avoir »[73], et dont la possession est placée dès l'origine sous le signe de l'affrontement et de la rivalité, et par conséquent sous le signe de la menace de la castration.

Bref, l'introduction du complexe nucléaire *(Kernkomplex)* a remis en question la façon de concevoir la position de l'analyste dans la cure, la technique analytique proprement dite, les théories étiologiques des maladies mentales, les théories concernant l'origine de la culture et les notions de résistance et de défense.

Il nous reste à examiner la notion de transfert avant de pouvoir considérer la cure analytique dans son ensemble. Le transfert a fait son apparition dès le début de l'évolution de la méthode psychanalytique. Dans *Vers une psychothérapie de l'Hystérie,* Freud a reconnu son existence et d'emblée en a déterminé la signification, à savoir celle d'une formation de l'inconscient ayant les mêmes caractéristiques que les symptômes et requérant un même traitement au cours de la cure. C'est dire que le transfert doit être interprété, et qu'il faut l'appeler par son nom. La reconversion progressive de la position de l'analyste dans la cure nous a permis de déblayer le terrain où l'on peut situer correctement le transfert, c'est-à-dire le monde imaginaire de ce qui n'est pas arrivé à s'articuler clairement par le moyen de la parole. A dire vrai, la question du transfert a été longtemps obnubilée par la pensée objectivante et mécaniciste de la psychologie classique. A la question de savoir ce qui est transféré, il est en effet facile de répondre : des sentiments, des attitudes, des idées ou des représentations. Mais ne faut-il pas plutôt penser que c'est le psychanalyste lui-même qui est transféré, et que l'analysé lui attribue un rôle corrélatif de ses propres revendications ? La question reste posée jusqu'à ce qu'advienne la parole libératrice qui fait reconnaître au sujet le scénario dans lequel il s'est laissé enrôler, comme lorsque interpellé par un agent de police pour avoir garé sa voiture à un endroit réservé, il lui répond : « Veuillez m'excuser, docteur. » Mais loin de se résoudre par l'adaptation de l'individu à son entou-

rage, comme le croient certains naïfs, l'analyse du transfert conduit à la prise de conscience de l'insuffisance de
l'existence et de l'inadaptation foncière de l'être humain
à la société. Les grandes études sociologiques de Freud,
et *Malaise dans la Civilisation* en particulier, ne laissent
aucun doute à ce sujet.

Pour que l'interprétation aboutisse, il faut que la situation analytique permette à la démesure de la revendication transférentielle de s'y manifester dans tout son éclat.
La neutralité de l'analyse en est la condition *sine qua
non*, pour que l'analysé puisse transférer l'analyste d'un
rôle à l'autre, il faut que celui-ci n'en joue aucun; mais
il lui faut en même temps s'attendre à ce que l'analysé
accueille toujours ses propos comme s'il ne pouvait exister
de neutralité analytique, et comme si l'analyste jouait
effectivement un rôle.

En dépit de doutes graves soulevés en particulier par
Sandor Ferenczi, l'un des principaux amis et confidents de
Freud, on peut dire que celui-ci n'a jamais cru vraiment
nécessaire de réexaminer la prise de position sur le transfert. Au lieu de suivre pas à pas, dans notre exposé, les
diverses publications techniques consacrées au problème
du transfert (ce travail a d'ailleurs été déjà brillamment
présenté par Daniel Lagache[74]), nous préférons reprendre
ce que Freud en dit vers la fin de sa vie : « L'analyste,
écrit-il, est infidèle à sa tâche quand il se laisse emporter
par la tendance à se poser en maître, en exemple ou en
idéal pour autrui »[75].

Le danger n'est pas imaginaire; c'est le propre du
transfert de présenter l'analyste à l'analysé comme « le
retour, la réincarnation d'un personnage important de sa
jeunesse, de son passé », en sorte qu'il « transfère sur lui
des sentiments et des réactions qui sans doute doivent se
rapporter à ce personnage qui les avait autrefois susci-
tés »[76]. Le transfert se manifeste diversement dans la
cure analytique, mais, profondément ambivalent, il apparaîtra à un moment donné sous forme de résistance.

Toutefois, et abstraction faite du problème technique qu'elle peut poser, cette résistance n'est elle-même qu'un aspect de la répétition actuelle d'une situation passée, qui constitue effectivement l'objet du transfert. Précisons que par situation, nous entendons ici une position libidinale et non pas nécessairement une condition historique ayant réellement existé. La répétition de cette situation fournit à l'analysé tout à la fois, son principal obstacle et son moteur le plus puissant. Nulle part, la vérité de l'inconscient ne se présente avec une telle évidence, et c'est la raison pour laquelle l'analyse du transfert constitue le moment le plus difficile et le plus riche de la cure.

Ces considérations sur le transfert nous ont amenés à poser la question du rôle de la répétition dans les manifestations de l'inconscient, mais il en est encore une autre, qu'il nous faut examiner à présent : celle de l'interprétation.

On commet souvent l'erreur de réduire l'interprétation à n'être que la simple communication par laquelle l'analyste livre à l'analysé ce qu'il est parvenu à découvrir en lui. Comme tout au long de notre exposé, nous distinguerons, ici encore, deux étapes dans l'évolution de la pensée freudienne. Se reportant aux premiers temps de la technique analytique, Freud confesse une certaine méprise de sa part[77] : « Cédant à un penchant intellectualiste, nous avons surestimé le savoir du malade concernant ce qu'il avait oublié, et nous n'avons presque pas fait de distinction entre son savoir et le nôtre. » Lorsqu'il avait l'occasion de glaner çà et là des renseignements susceptibles de confirmer l'exactitude de ses interprétations, il ne manquait pas de les mettre sous les yeux de son malade, mais c'était pour constater à sa grande déception que le résultat escompté se dérobait à tout coup : « Comment les choses pouvaient-elles se passer de telle façon que le malade, ayant pris connaissance de ses expériences traumatiques, se comportait comme s'il n'en savait pas davantage qu'auparavant ? »[78].

C'est l'occasion pour Freud d'en déduire quelques principes : l'analyse et le travail d'interprétation n'ont qu'un lointain rapport avec le passé de l'analysé en tant qu'événement réel; le travail analytique n'a décidément pas pour but de reconstituer dans la mémoire de l'analysé la chronologie exacte de son passé réel; et l'interprétation elle-même vise essentiellement ce qui rend possible ou impossible une remémoration. En nommant ce qui n'avait pas de nom, elle établit un nouveau rapport entre le sujet et les paroles qui régissent son existence, et elle lui ouvre plus largement l'accès au monde symbolique, puisque, pour citer l'apparent jeu de mots de Lacan, « nous dirions que c'est toujours de l'accord du sujet avec le verbe qu'il s'agit »[79].

Il ne s'agit donc pas du rapport du sujet et de sa santé. De ce fait, la démarche psychanalytique se distingue radicalement de la démarche médicale, ou thérapeutique au sens large. Le psychanalyste ne se préoccupe pas de la santé physique de l'analysé, et il agit sagement en lui recommandant dès le début de l'analyse de s'adresser à un autre médecin en cas de maladie. Excellente occasion pour lui de prendre d'emblée ses distances vis-à-vis du rôle médical, en s'assurant ainsi une condition essentielle au libre exercice de son art. Bien entendu, l'analyse peut bien avoir pour résultat la disparition d'une symptomatologie, névrotique ou autre; mais si elle atteint ce but, ce ne l'est que de façon indirecte. Le psychanalyste ne peut ni ne doit se soucier de la santé de l'analysé, et par là, il se distingue du thérapeute ou même du psychothérapeute en général. Prise au sens habituel du terme, la santé de l'analysé ne le concerne que très indirectement, et pour autant seulement qu'elle s'intègre à la totalité de son existence, qu'elle en représente une modalité, et qu'elle y puise sa signification. La formule de Lacan, « l'accord du sujet avec le verbe », nous permet de délimiter le champ de la psychanalyse et de dénoncer les aberrations qui résultent d'emblée du mépris pratique de la parole énoncée, par laquelle s'exprime cependant la structure significative de l'inconscient.

C'est bien de ce mépris que proviennent en effet les pires erreurs de l'interprétation. Au lieu de prendre le discours de l'analysé au pied de la lettre, on préfère analyser les sentiments, les affects, les idées, les relations avec autrui, et tous autres phénomènes, voire « contenus » psychiques. On reconnaît le mauvais psychanalyste à son manque de respect pour la teneur textuelle du discours de l'analysé. Du passé réel de celui-ci, le psychanalyste ne peut rien apprendre de certain. La seule donnée immédiate dont il puisse disposer, c'est le discours du sujet. Ce principe s'applique par exemple à l'analyse des rêves. On n'analyse pas un rêve, on n'analyse que le récit d'un rêve, ou de quelques fragments. Rien ne prouve que le récit n'est pas une version déjà involontairement déformée de ce qu'on a rêvé. Le passé de l'analysé n'apparaît donc que sous la forme de souvenirs, de souvenirs-écrans ou d'oublis et de lacunes. Il se présente aussi sous la forme du transfert. Par la dynamique à laquelle est assujettie la mémoire, le passé du sujet entre dans le discours, pour rencontrer dans les constructions de l'analyste son complément[80].

Dans la pratique, au cours de l'association libre se déroule toute une suite de thèmes divers qui, lentement et sûrement, s'organisent en une thématique que l'on peut dire conflictuelle. De nouveau, il ne s'agit pas ici de conflits extérieurs, mais de conflits de nature personnelle et inconsciente. Le pouvoir libérateur de l'association libre entre d'emblée en action, et tant qu'il est à l'œuvre, l'analyste n'a pas à intervenir. C'est seulement à partir du moment où les résistances se font jour qu'il entre en jeu par l'interprétation. Celle-ci a pour tâche avant tout de rendre au discours sa continuité. Faute de cette intervention, on s'enlise dans l'imaginaire dès que le discours s'interrompt, perd pied ou tourne en rond, tout comme il en va dans les rêves et les actes manqués.

Mais on ne peut présenter l'interprétation qu'au moment précis où les phrases ou les paroles qui la composent, viennent pour ainsi dire combler le vide que son attente creusait dans le discours de l'analysé. Cette exigence revêt une importance particulière au moment le plus décisif de la cure — l'analyse du transfert. A ce sujet, Freud remarque qu'« aussi longtemps que les communications et les idées de l'analyse se suivent, il ne faut pas interpréter le transfert, mais attendre le moment où le transfert se transforme en résistance »[81].

On peut en conclure que le transfert doit pouvoir se déployer librement, et que le temps de l'interprétation commence seulement au moment où il fait sentir ses effets négatifs. L'analyse conduit ainsi le sujet à la réalisation pleinement consciente de ses revendications et de ses fantasmes, et la seule vertu qu'elle invoque est celle de la véracité. Mais où allons-nous de la sorte, se demande souvent l'analysé au début de la cure, quitte d'ailleurs à reposer la question d'une nouvelle façon à la fin de la cure, en remarquant qu'on pourrait continuer ainsi indéfiniment. Pour Freud, il en va de la psychanalyse comme du noble jeu d'échecs : les livres peuvent apprendre les diverses manières d'en commencer ou d'en terminer la partie; mais seule une réflexion poursuivie à même l'expérience apprend à mener la partie dans l'entre-deux[82].

Ailleurs encore, dans *Analyse finie et analyse infinie*, Freud propose quelques autres principes sur la façon de terminer l'analyse. Il en ressort tout simplement, qu'il n'y a pas de fin absolue pour l'analyse, ou en d'autres termes, qu'une analyse n'est jamais finie. Mais est-ce concevable ?

Il fallait pourtant bien s'y attendre. Si l'analyse cherche l'accord du sujet et du verbe, et que d'autre part, l'homme ne peut pas ne pas se sentir mal à l'aise dans la civilisation, l'accord parfait de l'homme et du verbe doit être inconcevable. Freud nous a appris que toujours l'analyse aboutit, d'une façon ou d'une autre, au complexe de castration[88].

C'est dire aussi que la psychanalyse aboutit à la dialectique du manque. Car exprimer ses désirs, ce n'est pas les combler; avouer ses rêves, ce n'est pas les réaliser; reconnaître les structures de la société, ce n'est pas les renverser; et appeler quelqu'un « père », c'est reconnaître ses prérogatives sexuelles sur l'objet initial de la première passion du sujet. Une fois encore, la référence au complexe d'Œdipe permet de mesurer toute l'insuffisance de la démarche analytique. Cette démarche, on peut dire qu'elle tend en premier lieu à réactualiser dans les conflits transférentiels la structure triangulaire dans laquelle le sujet s'était trouvé engagé dès sa naissance par la force de ses pulsions. Présentant toutes les caractéristiques d'une explication verbale, et s'en tenant là, comme nous l'avons maintes fois souligné, le travail analytique amène le sujet à prendre inexorablement conscience de la contradiction irréductible qui oppose la démesure de ses aspirations et les limitations inhérentes à la condition humaine.

Inhérent à la condition humaine, le décalage entre la nature et la culture propose à l'homme la tâche ultime et toujours inachevée d'abdiquer sa souveraineté absolue.

L'angoisse de castration qui, concrètement, se manifeste dans le sexe féminin par l'envie du pénis, et dans le sexe masculin par l'angoisse ressentie dans la dépendance d'un autre être du même sexe, constitue l'ultime obstacle sur lequel vient buter l'analyse, à telle enseigne que Freud croyait devoir y reconnaître une donnée biologique de la sexualité[84].

Cette expérience d'une transcendance à l'homme agissant à travers lui et dénonçant son essentielle incomplétude, nous la voyons affirmée d'une façon exemplaire et étonnamment lucide dans la conception grecque de l'homme. N'est-ce pas précisément Œdipe qui, au moment de disparaître, pose à Ismène avec un étonnement suprême ce qui demeure la question entre toutes : « Je ne serai donc un homme qu'au moment de n'être plus ? »[85].

3. Le moi, la pulsion, le symbole

LE NARCISSISME ET L'EMERGENCE DU MOI

Nous voici parvenus à la question ultime, celle qui a toujours été présente à l'horizon des recherches et de la technique de Freud, et qu'en 1914 il met au centre de la psychanalyse : la question du moi.

Ce thème, dans ses implications théoriques aussi bien que pratiques, n'a été étudié par Freud que dans un troisième temps, après l'élaboration du complexe d'Œdipe. En effet, la psychanalyse a d'abord manifesté l'affrontement du sujet avec son désir et ses fantasmes. L'Œdipe a révélé ensuite que le sujet est lui-même issu d'un processus de structuration marqué par deux mouvements, solidaires et conflictuels : celui du désir d'un objet d'amour, et celui de l'identification à la personne du même sexe.

Freud avait d'emblée reconnu dans le moi l'instance de la censure : le sujet qui se défend contre ses pulsions libidinales, et s'efforce de les ordonner et de les critiquer, par un appel au monde extérieur. On aurait pu croire qu'il s'agissait d'une donnée première. En fait la perception du monde extérieur n'est qu'une des fonctions du moi. Et l'instance de la censure ne dépend pas principalement du moi organe de la perception. Elle n'est pas une faculté naturelle et nue; elle se construit à l'intérieur de la constellation familiale.

La théorie du complexe d'Œdipe pose déjà la problématique du moi. Mais la question du moi semble tellement une évidence, qu'elle risque toujours d'être méconnue dans ses ressorts inconscients. Une récente psychanalyse centrée sur une psychologie du moi en témoigne : on y pense les névroses et la santé mentale dans les termes énergétiques de la force et de la faiblesse du moi. Cependant le praticien fait tous les jours l'expérience de la contradiction chez l'obsessionnel : il se plaint d'une volonté trop faible; en fait il souffre d'un « moi trop fort », trop consolidé dans ses défenses. Pour reprendre une de ses images favorites : il a fait de son moi une forteresse, où il peut se retrancher, fier de son indépendance, mais souffrant d'un mortel ennui. Ceci nous montre que le concept du moi fort, utilisé par Freud lui-même dans ses dernières œuvres, ne peut pas être détaché des idées complémentaires et de la praxis qui lui confèrent son sens exact.

Le moi se fait. Il n'est pas une force, mais une qualité, susceptible de prendre de multiples formes; il se structure à l'intérieur du rapport œdipien. Lui-même est d'ordre libidinal. Freud a consigné cette découverte dans un écrit retentissant de 1914 : « *Pour introduire le Narcissisme.* »

Il est exclu de présenter ici un résumé de cet écrit extrêmement dense, pas plus que des autres études de Freud sur le moi, tout aussi complexes et compactes. Nous nous limiterons à un bref exposé de la théorie du Narcissisme pour en dégager les lumières qu'elle projette sur les formations pathologiques. Ensuite nous indiquerons ses répercussions sur la technique de la psychanalyse.

Freud avait déjà introduit le concept d'objet libidinal, distinct de la finalité sexuelle [86]. La finalité est interne, inscrite dans la pulsion même. Mais la pulsion n'est pas automatiquement orientée vers l'objet qui réalisera sa finalité; les nombreuses inversions sexuelles l'attestent suffisamment. Le complexe d'Œdipe est le moment de structuration qui oriente la libido vers son objet adéquat, après l'investissement successif des zones corporelles érogènes. Les multiples analyses de Freud ont suivi les chemins et impasses de la libido.

En introduisant maintenant son concept de narcissisme, Freud approfondit et affermit sa synthèse : l'amour d'objet a sa source dans le moi lui-même. Le moi n'est pas en premier lieu censeur des pulsions libidinales, reflet des opinions de la société. Il n'est pas non plus uniquement l'organe conscient qui fournit des informations sur la réalité. Il est, au plus profond de lui-même, « le grand réservoir de libido ». Sa formation débute dans le « narcissisme primaire ». Il est en lui-même et pour lui-même source de plaisir libidinal. A l'origine il est une totalité d'amour indifférenciée. Pour lui il n'existe pas encore de monde « réel », c'est-à-dire extérieur à lui. Il n'y a donc pas encore d'« objet » d'amour; en lui-même il est, de façon indistincte, sujet et objet d'amour. Il n'est pas encore malade, puisqu'il n'est pas encore entré dans le stade des conflits et des refoulements. Il n'*est* pas normal non plus, mais il doit le devenir, à partir de cette source indifférenciée d'amour totalisé en lui-même.

Le narcissisme primaire n'est pas une maladie, puisqu'il n'est pas une impasse ni un terme, mais un centre et une source. Deux voies s'offrent à lui pour sortir de lui-même, pour « investir » le monde de son amour : il s'attache par un « amour d'objet » à la femme qui le soigne, le protège, l'entoure, et d'autre part, il s'identifie à celui, ou à celle qui sera son modèle. Ce sont les deux formes essentielles d'amour : l'amour objectal et l'amour d'identification. Toute maladie psychique est un échec dans cette formation des rapports d'amour.

Dans le complexe d'Œdipe négatif p.ex., le garçon n'est pas parvenu à diversifier ses relations libidinales aux deux parents. Il s'attache au père par un amour objectal. Il prend le père pour objet d'amour, à l'instar de la mère. Or, ce lien libidinal ne peut se maintenir que si le garçon se situe finalement par rapport au père dans une attitude féminine. L'enfant veut aimer le père d'un amour d'objet. Ensuite les rapports s'inversent : l'enfant veut être aimé par le père d'un amour d'objet. Mais il ne gagne cet amour que par l'abandon de sa virilité. L'Œdipe inversé implique la castration imaginaire. La phobie du chien, du loup, etc. est parfois le symptôme de ce désir de castration et de l'angoisse qui s'ensuit. Refoulés dans l'inconscient, ils ne sont amenés à la conscience que par une analyse dont l'effort principal tente de dénouer ce rapport ambigu au père. Le cas de « L'homme aux loups » en est une saisissante illustration[87].

La théorie du narcissisme primaire nous permet ainsi de comprendre que l'homme peut devenir malade par les déviations de ses investissements libidinaux. Elle nous permet également d'assister à l'émergence du moi, dans sa fonction spécifique de censeur des pulsions libidinales. En effet, le rapport à la réalité n'est pas simple. L'humain commence par reconnaître les objets qui répondent à sa quête de jouissance, ceux dans lesquels il peut investir sa libido. De même son premier rapport à lui-même n'est pas théorique mais libidinal. Il ne se saisit pas lui-même à l'origine, dans un acte de pensée, mais dans un retour sur soi comme totalité corporelle. Sa première image de lui-même est une image du corps comme totalité. Et comme ce corps est avant tout source de besoins et d'émois libidinaux, la saisie du corps comme totalité est marquée par la loi du plaisir et du déplaisir. Freud a déjà noté cette émergence du moi. Mais il revenait aux psychanalystes contemporains d'élaborer cette donnée; et l'on sait toute l'importance qu'a prise l'image du corps dans le traitement des psychoses aussi bien que des névroses.

Freud lui-même s'est attaché à l'étude d'une instance psychique ultérieure : le moi idéal. Il résulte de l'image du moi entrant dans le champ œdipien.

L'idéal du moi se forme sur les modèles que lui présentent les autres, le père en premier lieu, et d'une autre façon, pour la fille surtout, la mère. L'image idéale de soi que le moi constitue se forme selon les exigences et les désirs des autres. Le moi se voit par les yeux des autres, et de ce regard naît l'idéal du moi. En lui il investit une part importante de sa libido. Le moi idéal est « le substitut du narcissisme perdu de son enfance »[88]. L'homme transfère sur lui son amour de lui-même.

Cet idéal s'impose comme le censeur intérieur du sujet; il contrôle les pulsions, et les mesure selon les exigences des autres. Il est la voix de la conscience, qui fait écho aux voix autoritaires de ses modèles.

L'idéal du moi n'en est pas pour autant une instance entièrement consciente. La pratique analytique apprend qu'il échappe pour une large part à une prise de conscience. Il faut un long effort analytiquue pour amener le malade à désimpliquer tout ce qui compose l'idéal du moi. Le concept de *surmoi* reprend et élabore celui d'idéal du moi; il exprime ce caractère inconscient quoique non refoulé, de l'identification idéale et de la censure morale.

Le concept de narcissisme primaire a permis a Freud de pousser ses investigations dans un domaine fermé jusqu'alors à la psychanalyse : celui des formes pathologiques groupées plus tard sous le terme de névroses narcissiques, ou de névroses du moi. Ce sont : l'hypocondrie, la schizophrénie, et la mélancolie. Freud lui-même ne s'est pas risqué à traiter psychanalytiquement les schizophrènes ou les hypocondriaques. Sa théorie du narcissisme explique pourquoi ces cas sont en marge de l'analyse classique. Par suite de traumatismes extrêmement précoces, ces malades ont désinvesti le monde au profit de leur corps et de leur moi primitif. Pour ce motif ils n'entrent pas dans le rapport transférentiel qui est l'objet et la dynamique de la vraie psychanalyse. Cependant Freud croit que ces maladies psychiques résultent, entre autres, de l'histoire des rapports libidinaux au monde. En des analyses très fouillées, il essaie de reconstituer la genèse de la schizophrénie : la libido se retire des objets investis, rentre dans le moi, pour se refaire un monde substitutif, en investissant le langage et en traitant les mots comme des choses.

De même Freud croit détecter dans certaines formes de mélancolie du deuil le processus qui transforme l'amour d'objet en amour d'identification, et provoque une intense culpabilité. La perte d'objet s'y transforme en perte du moi.

Nous citons simplement ces ébauches freudiennes, pour montrer que le concept de narcissisme ouvre aussi des perspectives hardies sur les maladies les plus graves et les plus typiquement humaines.

Ces hypothèses, discutables et discutées, sur la schizophrénie et la mélancolie, ne sont pas le résultat le plus important de l'introduction de ce concept.

Dans la suite, Freud tend à montrer que le moi, médiateur du principe de réalité et censeur des pulsions, est également l'instance de la méconnaissance de la réalité, et cela non seulement dans les projections paranoïaques, où les persécuteurs sont identiques à certaines images du moi idéal, mais aussi dans les rapports névrotiques. Ainsi l'effort principal de la cure analytique doit-il porter sur l'analyse de l'idéal du moi tel qu'au cours des phases de la cure, il manifeste ses moments d'identification structurante. Les symptômes, en effet, se définissent par rapport à lui; ils sont la résultante d'un compromis entre idéaux et pulsions. Dans le transfert d'autre part le patient attribue à l'analyste les voix qui ont formé ses idéaux et sa conscience.

La neutralité bienveillante prend ici toute sa signification technique. Elle n'a rien d'une bonté permissive, qui là elle permet au patient de reconnaître les idéaux du moi sollicite le malade à sortir de ses angoisses et à entrer avec l'analyste dans une fusion de sympathie ou d'amour. Elle n'est pas non plus une invite adressée au malade pour qu'il s'identifie à l'analyste, cet homme modèle, signifie l'absence tant de conseil que de jugement. Par-dépositaire d'un moi fort, épanoui, confiant. L'analyse n'est pas une orthopédagogie. Le neutralité bienveillante qu'il projette sur son analyste. Les mêmes l'avaient empêché de reconnaître en vérité ses désirs, et de s'adresser à l'autre par une parole vraie.

Le concept du narcissisme s'inscrit donc dans l'évolution de la psychanalyse : de l'analyse des symptômes, elle s'oriente vers celle du transfert et du rapport total avec le monde et avec autrui.

L'INCONSCIENT

« *Die Sprache tastet wie die Liebe im Dunkel der Welt einem verlorenen Urbild nach.* »

(*K. Kraus.*)

Dans les *Etudes sur l'Hystérie,* que nous avons déjà eu l'occasion de présenter plus haut, Freud était amené à supposer l'existence d'une seconde conscience, ayant son intelligence propre et agissant dans le sujet un peu comme une seconde personne qui se tiendrait derrière lui. Pour le philosophe qui s'appuie toujours sur des phénomènes de conscience, et surtout pour le psychologue qui pense une « psychologie en première personne », une pareille hypothèse était et semble demeurer, aujourd'hui même, souvent inconcevable. Dans la mesure où malgré tout, elle se maintenait au niveau de la science, en se gardant de céder au dénigrement pur et simple, la critique estimait qu'à la division classique de l'homme en corps et âme, Freud en avait substitué une nouvelle, celle du conscient et de l'inconscient. Et c'est un fait incontestable; mais, précisons-le aussitôt, les deux types de division sont sans commune mesure. Dans le premier cas, on admet l'existence de deux réalités radicalement hétérogènes. Sans doute sont-elles, dans cette hypothèse, conjointement à l'œuvre et théoriquement coextensives; mais entre elles, il est *a priori* inconcevable d'établir un point de rencontre quelconque, et tout recours au système nerveux comme siège de l'esprit est resté vain, pour peu que l'on ait espéré y trouver un terrain de rencontre avec la soi-disant réalité physique de l'homme. Mais une telle remarque ne s'applique en aucune façon à la théorie de l'inconscient, puisque entre la conscience et ce dernier, les rapports s'articulent fort bien et qu'il ne s'agit pas, dans ce cas, de deux types de réalité essentiellement différents l'un de l'autre.

Pour mettre un nom sur la réalité qu'il avait découverte, Freud a choisi le terme d'inconscient en raison de sa valeur descriptive; mais cela ne va pas sans risque de méprise. L'inconscient psychanalytique n'est pas simplement ce qui n'est pas conscient, il déborde largement le domaine des choses auxquelles on ne pense pas sur l'heure. Car s'il faut le comprendre en ce sens limité, le terme d'inconscient existe bien avant Freud et n'a vraiment rien à voir avec l'inconscient de la théorie psychanalytique. Tout le domaine de ce qui n'est pas actuellement présent à la conscience, mais garde toujours la faculté d'y être rappelé dès que le besoin s'en fait sentir, Freud l'appelle le préconscient. L'inconscient est au contraire pour lui ce qui ne peut devenir conscient, ce dont l'accès lui est barré, mais qui n'en fait pas moins sentir ses effets de façon détournée, en cherchant avec insistance à se faire reconnaître sous divers déguisements. Comme le dit Freud, « nous appelons inconscient un processus psychique dont nous devons admettre l'existence parce que nous en constatons l'action, un point c'est tout. Vis-à-vis de ce processus, nous sommes alors dans le même rapport que celui où nous nous trouvons vis-à-vis d'un processus psychique vécu par une autre personne, en ce sens que nous en percevons l'action sans en connaître les motifs, mais avec cette différence qu'ici, c'est nous qui sommes le siège du processus psychique. Pour être plus exact, revisons notre formule en qualifiant un processus d'inconscient lorsque nous sommes bien obligés de le reconnaître *présentement* à l'œuvre en dépit de ce que, *présentement,* nous ne sachions rien de lui »[90].

Sur cette base, Freud distingue deux cas. Il y a d'une part ce qui est inconscient à l'état latent mais qui ne rencontre, de la part de la conscience, aucune difficulté pour être reconnu. Le processus est alors dit préconscient. Mais si d'autre part, le sujet renie le processus inconscient comme s'il s'agissait là d'une chose étrangère, on se trouve devant de l'inconscient au sens précis du terme, au sens psychanalytique. Ce sens, alors, n'est plus purement descriptif, il est devenu dynamique. L'inconscient s'identifie dès lors en partie au refoulé (cf. supra), et il se heurte aux défenses qui émanent du moi. Celles-ci, qui se présentent sous forme de résistances au cours de la cure psychanalytique, sont elles-mêmes inconscientes. C'est la part de l'inconscient qui n'est pas le produit du refoulement. Le conflit névrotique ne provient pas d'une opposition entre conscient et inconscient, mais « entre un moi cohérent et ce qui, en tant que refoulé, est séparé de lui »[91].

L'inconscient désigne-t-il un sens caché mais contenu dans ses « formations »[92] ? Ou recèle-t-il autre chose encore ? Nous passerons sur les formules qui représentent l'inconscient d'une façon toute spatiale, comme un réservoir, encore que Freud se soit laissé tenter par de telles comparaisons. « La représentation la plus crue du système inconscient, écrit-il, est pour nous la plus facile; c'est la représentation spatiale »[93]. Mais comme toujours, cette formule ne l'empêche pas de pousser ses découvertes plus en avant, dans une tout autre direction.

En étudiant les premiers écrits techniques de Freud, au début de ce chapitre, nous en étions arrivé à la conclusion que l'inconscient est quelque chose qui parle, et que sa parole ressortit à un langage spécifique. Dans le rêve, dans le mot d'esprit, dans le lapsus, dans l'acte manqué, non moins que dans le symptôme névrotique, Freud a su reconnaître un langage. Et tout comme Champollion réussissait à déchiffrer les hiéroglyphes, Freud a réussi à déchiffrer le langage de l'inconscient; à cette différence près qu'il fut aussi le premier à découvrir qu'il y avait là une parole, alors qu'on ne pensait pouvoir y reconnaître que du non-sens. Et voilà bien ce qui provoque les résistances les plus violentes à la psychanalyse : bien plus profondément que le rôle qu'elle attribue à la sexualité, ou que la théorie de la pulsion de mort, c'est, au cœur de nous-même, le dévoilement de cette dimension ignorée, qui se dérobe à notre prise sans cesse de parler et d'agir à travers nous. C'est certainement ici qu'il faut chercher l'origine de la profonde blessure narcissique que la découverte de la psychanalyse a infligée à l'humanité.

Mais entre-temps, des maîtres en d'autres disciplines en sont venus à reconnaître l'importance de l'inconscient. C'est ainsi que, dans l'introduction qu'il consacre à l'édition d'une œuvre du sociologue français, M. Mauss, Cl. Lévy-Strauss constate que seul, l'inconscient nous permet de comprendre les structures des sociétés primitives. Au sujet de la question concernant la valeur objective de la connaissance du primitif par le sociologue actuel l'auteur écrit : « Cette difficulté serait insoluble, les subjectivités étant, par hypothèse, incomparables et incommunicables, si l'opposition entre moi et autrui ne pouvait être surmontée sur un terrain, qui est aussi celui où l'objectif et le subjectif se rencontrent, nous voulons dire l'inconscient »[94].

Spécialiste d'histoire des religions, Mircéa Eliade écrit de son côté que « ... l'inconscient présente la structure d'une mythologie privée. On peut aller plus loin encore et affirmer non seulement que l'inconscient est "mytho-logique", mais aussi que certains de ses contenus sont chargés de valeurs cosmiques; autrement dit, qu'ils reflètent les modalités, les processus et les destinées de la vie et de la matière vivante. On peut même dire que le seul contact réel de l'homme moderne avec la sacralité cos-mique s'effectue par l'inconscient, qu'il s'agisse de rêves et de sa vie imaginaire, ou de créations qui surgissent de l'inconscient (poésie, jeux, spectacles, etc.) »[95].

Ce qui fait l'importance de ces citations pour notre sujet, c'est qu'elles proviennent de disciplines scientifiques sensiblement différentes de la psychanalyse; leur adhésion à la notion d'inconscient en est d'autant plus impartiale et significative.

Une fois établi que dans ses expressions comme dans sa structure, l'inconscient constitue un langage particulier, comment faut-il en concevoir les rapports avec ses mani-festations ? Faut-il le concevoir comme leur sens imma-nent ? Certainement pas. Nous reprendrons à ce sujet les conclusions que J. Laplanche nous propose dans un article que nous avons déjà cité à plus d'une reprise :

« L'inconscient n'est pas coextensif au manifeste com-me sa signification : il est à interpoler dans les lacunes du texte manifeste; l'inconscient est en relation avec le manifeste, non comme le sens avec la lettre, mais à un même niveau de réalité. C'est ce qui autorise à concevoir un rapport dynamique entre le texte manifeste et ce qui en est absent et doit y être interpolé; c'est un fragment de discours qui doit retrouver sa place dans le discours »[96].

Freud n'avait-il pas dit que l'inconscient est induit, ou, mieux encore, construit à partir de ses manifestations (cf. *supra*) ? C'est dire que l'inconscient n'est pas simplement une des significations ignorées du sujet du rêve ou du symptôme. En tant qu'il est cette autre réalité, l'inconscient ne se réduit pas à une sorte d'appendice périphérique de la conscience. C'est ainsi que, dans le lapsus, il y a interférence entre les deux langages, celui de la conscience et celui de l'inconscient, et c'est dans le lapsus qu'il est le plus facile de voir à l'œuvre ces deux langages qui sont, de fait, équivalents.

Les processus de l'inconscient ont des caractères bien différents de ceux qui ont lieu dans la conscience. « Ce qui constitue le noyau de l'inconscient, ce sont les différents représentants des pulsions » — puisque, rappelons-le, les pulsions n'appartiennent pas à la vie psychique — « ces représentants tentent de décharger leur investissement d'énergie, et c'est donc là qu'apparaît le désir. » « Les impulsions de ces désirs restent juxtaposées l'une à côté de l'autre, sans s'influencer ni se contredire l'une l'autre »[97]. Pas de négations dans ce système, pas de doutes, ni de degrés de certitude, — toutes ces choses sont l'œuvre de la censure qui s'interpose entre l'inconscient et le conscient. La négation n'est qu'un succédané plus raffiné du refoulement. Dans l'inconscient, il n'y a que des contenus investis de plus ou moins d'énergie[98]. Les processus inconscients ne prennent jamais en considération les exigences de la réalité. Ils sont seulement soumis au principe de plaisir. Leur destin dépend de leur force et de leur capacité de répondre aux exigences de la régulation plaisir - déplaisir[99]. Le principe — ou les lois — qui règnent dans l'inconscient, se définissent par les techniques de déplacement et de condensation des contenus ou, si l'on veut, des images. Freud les appelle « processus psychique primaire », en les opposant à ce qui se passe au niveau conscient, c'est-à-dire à l'action réfléchie selon les règles de la logique, qu'il désigne du terme de « processus psychique secondaire ». Dans la première partie de ce chapitre, on aura pu trouver quelques exemples de déplacement et de condensation. Quant à l'application du processus psychique primaire au niveau conscient, elle produit du comique, du genre qu'illustre la devinette suivante : « C'est jaune, ça a deux pattes et une trompe, et ça chante. » — Réponse : « le petit canariphant. »

En résumé, nous pouvons nous attendre à trouver comme caractéristiques des processus propres au système inconscient, les processus primaires, l'absence de toute contradiction, l'absence de temporalité, et la substitution de la réalité psychique à la réalité extérieure[100].

Pour rester dans un mode de pensée psychanalytique, il faudrait représenter les processus psychiques d'après leurs rapports dynamiques, topiques et économiques : c'est ce que Freud appelle un exposé métapsychologique. En ce qui concerne les rapports dynamiques, il s'agit de rendre compte des forces qui, émanant des différentes instances, influencent le processus. Les rapports topiques se réfèrent à la répartition entre conscient et inconscient, entre moi, ça et surmoi, et à la position que le processus occupe vis-à-vis de ces instances. Quant aux rapports économiques, ils définissent l'investissement de l'énergie pulsionnelle et ses déplacements.

Nous avons déjà eu l'occasion d'évoquer les rapports dynamiques à propos des notions de refoulement et de défense, qui caractérisent les relations entre les systèmes conscient et inconscient. Comment quelque chose d'inconscient peut-il accéder à la conscience ? A cette question, Freud avait répondu : en le nommant; — ç'avait été sa première découverte, et la plus fondamentale. La différence entre les deux systèmes réside donc, pour autant qu'il s'agisse de leurs éléments respectifs, dans le fait qu'au niveau de l'inconscient, les représentants représentatifs (de ce qui a été inconsciemment perçu) sont des images, c'est-à-dire des représentants de choses qui n'ont pas encore de nom et qui ne sont pas encore entrées dans le réseau du langage parlé, dimension essentielle de l'univers symbolique. C'est donc par l'acte qui l'appelle par son nom que la réalité devient consciente et se dégage de l'imaginaire. L'image devient alors parole.

Le système inconscient est par nature la patrie de l'imaginaire; c'est la raison fondamentale de l'existence de ses caractéristiques, telles que nous les avons énumérées ci-dessus. Si le système inconscient trouve à se constituer, c'est que d'ores et déjà, le sujet est introduit dans l'univers symbolique, puisqu'en même temps qu'il avale le lait maternel, il s'engage sans le savoir dans l'aventure de la civilisation.

Le système inconscient est littéralement fondé par le refoulement originaire (« *die Urverdrängung* »). Or, celui-ci est le complément inéluctable de la métaphorisation de l'existence du fait de son introduction dans le monde symbolique. Freud s'en explique en ces termes : « Nous sommes donc fondés à admettre un refoulement originaire, une première phase du refoulement qui consiste en ceci : le représentant représentatif de la pulsion se voit refuser sa prise en charge dans le conscient. Cela provoque une fixation; le représentant en question se fige désormais en une forme inaltérable, et la pulsion demeure rivée à lui »[101].

L'univers symbolique dans lequel le sujet se définit par son langage particulier doit donc contenir, éventuellement sous la forme d'une lacune, les mots-clefs qui, tout en désignant la voie d'accès aux structures inconscientes (cf. 1e partie, chapitre I), ont commencé par l'interdire, dès le début. Ces mots-clés indiquent le lieu du refoulement originaire, puisqu'il s'agit déjà à ce niveau d'un véritable refoulement, dans le sens d'un contre-investissement[102].

Et voilà qui nous introduit dans les rapports économiques. Le refoulement ordinaire, qui n'est qu'un refoulement opéré après coup, se produit sous l'effet conjugué de deux forces inverses. La première est la force d'attraction qu'exerce l'objet du refoulement primaire. La seconde consiste dans le retrait de l'investissement conscient ou, plus exactement, préconscient. C'est ce qui permet l'identification de l'inconscient et du refoulé malgré ce qui a été dit au sujet de la partie inconsciente du moi. Comme l'écrit Freud, « la représentation consciente englobe la représentation des choses plus la représentation des mots correspondants, tandis que la représentation inconsciente est la représentation des choses seules ».

La distinction entre l'inconscient et le conscient que nous avons analysée ici vaut surtout pour le sujet adulte; mais en même temps, elle représente une distinction de principe dont la réalisation effective s'opère progressivement chez l'enfant, où elle peut donc s'observer « *in statu nascendi* ». La psychanalyse des enfants nous apprend que la différenciation de l'inconscient et du conscient s'effectue précisément chez eux, et puisque l'homme est un sujet vivant avant d'être un sujet parlant, on peut inférer que l'inconscient existe avant le conscient et que les problèmes du développement individuel sont indissociablement liés à l'apprentissage de la parole. Mais il faudrait y ajouter qu'avant qu'il ne parle, on a déjà parlé de lui. En effet, l'être humain naît et vit dans une civilisation qui lui impose la tâche, toujours inachevée, d'y prendre une part active. C'est pour cette raison que le sujet est hanté par le rêve du paradis perdu, celui de la réalisation de l'imaginaire à l'état pur. C'est aussi la raison qui fait dire à Freud que « *Wo Es war, soll Ich werden. Es ist Kulturarbeit etwa wie die Trockenlegung der Zuydersee.* — Là où Ça était, il me faut devenir. C'est un travail de civilisation qui peut se comparer à l'assèchement du Zuyderzee »[103].

Contrairement aux thèses de plusieurs psychanalystes de l'école suisse contemporaine, l'homme ne vient pas au monde avec des aptitudes qui le prédestinent à s'orienter d'emblée vers autrui, dans une perspective de relations interhumaines immédiates. Ce n'est pas la reconnaissance de l'humanité d'autrui qui constitue le point de départ des relations que le sujet établira avec ses semblables. Ces relations sont plutôt l'aboutissement possible et souhaitable d'un développement dont les déficiences sont cependant toujours inévitables. L'inconscient précède la conscience, et le narcissisme primaire précède la relation de l'enfant à la mère, relation qui pourra aboutir à son tour, par la voie de l'Œdipe, à un rapport fécond du sujet avec la civilisation. Le contraire n'est pas vrai, et n'est que le produit d'un romantisme qui confond l'ontologie heideggerienne et la psychologie des relations intersubjectives.

LA PULSION

Dans l'œuvre de Freud, les avatars de la notion de pulsion et les conceptions successives de la théorie correspondante épousent fidèlement les différentes étapes de la conceptualisation de ses découvertes. Pour bien saisir ce que le concept de pulsion signifie dans la pensée de Freud, il faut en retracer la genèse depuis les origines. D'un autre côté, ici comme ailleurs, il convient de réfléchir attentivement à une assertion que l'on a pu trouver bien discutable, mais sur laquelle la théorie débouche inéluctablement.

Freud disait une fois à L. Binswanger que « l'humanité a toujours su qu'elle est douée d'esprit; mais, ajouta-t-il, j'ai bien dû lui montrer qu'elle avait aussi ses pulsions [104] ». Si la nécessité s'en imposait de la sorte, cela ne tient-il pas au fait qu'une telle reconnaissance est une chose pénible ? N'a-t-on pas dit que le sommeil de la raison engendre des monstres ? Mais s'il en est ainsi, ne faut-il pas admettre que l'esprit a toutes les peines du monde à déjouer les ruses que lui tend cette autre réalité qui hante l'homme, et que l'on peut appeler la part de l'irrationnel, en l'opposant à l'image rationaliste de l'être humain qui semblait s'imposer avant l'avènement de la « révolution psychanalytique »[105] ?

La théorie des pulsions prend son départ chez Freud dans les *Trois essais sur la théorie de la sexualité*[106]. Dans cet ouvrage, Freud examine le rôle de la sexualité dans les névroses, dans les perversions sexuelles, et dans les premières années de la vie de l'individu. D'emblée, il y élabore une théorie de la pulsion qui la distingue radicalement de l'instinct animal, conçu comme une force aveugle, poussant l'individu vers un but invariable, inscrit d'avance dans sa constitution, selon la loi héritée de sa prétendue nature. Ce que Freud considère comme un trait essentiel de la pulsion, c'est qu'elle est précisément susceptible de toute une série de métamorphoses, et quant à l'objet qu'elle vise, et quant à l'action à laquelle elle tend. C'est cette plasticité de la pulsion qui permet le processus de la sublimation. Passée au creuset du complexe d'Œdipe, celle-ci fait aboutir au plan de la socialisation de l'individu la recherche de la configuration symbolique par laquelle la pulsion s'emploie à concilier la poursuite de sa propre satisfaction qui est d'ordre sexuel et le respect des prohibitions que la civilisation lui impose. La sublimation, en effet, implique que le désir s'oriente vers un objet qui n'appartient pas à la sphère de la sexualité.

Freud a donné de la pulsion une première définition qui s'inspire du phénomène de la faim. Tandis que celle-ci a pour fonction d'entretenir la vie individuelle, la pulsion sexuelle aurait pour fonction de veiller à la continuation de l'espèce. Ainsi la pulsion qui incite l'individu à se nourrir serait doublée d'une autre qui le pousse à se reproduire. Mais cette première formulation est si peu adéquate que Freud se voit bientôt obligé de la modifier. En effet, ce qui frappe le plus dans les manifestations de la sexualité, c'est le peu d'intérêt qu'elle témoigne à l'égard de la reproduction. Si la faim impose de toute façon la quête d'une nourriture quelconque, à boire ou à manger, rien n'est si peu présent au désir sexuel que la perspective de la progéniture ou de la continuation de l'espèce. L'objet de la quête sexuelle, c'est le plaisir, et Freud appelle *libido* la manifestation de la pulsion sexuelle[107].

Voici donc, à côté de sa plasticité, une deuxième caractéristique de la pulsion sexuelle, et qui d'emblée la situe à bonne distance de tout ce qu'on avait pu dire jusqu'alors de la motivation du comportement humain dans ses rapports avec le comportement animal. Pouvoir de métamorphose et recherche du plaisir, ces deux traits constitutifs de la pulsion sexuelle nous entraînent bien loin du courant biologique qui régnait au moment où ces notions furent élaborées. La critique psychologique a beau jeu de prétendre qu'en présentant la personne aimée comme un objet pour le désir sexuel, la psychanalyse méconnaît gravement la portée du moment intersubjectif de l'amour. Il n'en reste pas moins qu'aucune théorie interpersonnelle n'est parvenue à rendre compte de l'énorme surestimation qui se manifeste dans l'amour, non plus que du caractère obsessionnel de la perversion sexuelle. La raison en est que ces deux phénomènes, pour ne citer que ceux-là, témoignent de bien autre chose que d'une simple modalité particulière de relations interhumaines. En réalité, celles-ci sont régies en tout premier lieu par les règles de la société, lesquelles relèvent elles-mêmes de l'instance du complexe d'Œdipe. Pour autant qu'elle interfère avec ces relations, la sexualité révèle l'existence d'une force agissant à travers ces règles, et dont l'impact n'est pas d'ordre normatif mais d'ordre pulsionnel. Les phénomènes qu'elle commande, tels que l'attraction sexuelle, l'érection, l'orgasme et toutes les étapes qui conduisent à la satisfaction, dépendent chacun d'une série de conditions qui, à première vue, donneraient à croire à l'envahissement d'une société apparemment bien ordonnée par quelque puissance absurde.

Mais la libido n'est pas le désir sexuel au sens habituel du terme, et moins encore le désir de relations sexuelles du type génital. Elle est l'effet d'une pulsion placée sous le signe plus général du principe de plaisir. On peut retrouver chez Freud différentes définitions ou différentes descriptions de la libido. Tantôt il nous invite à y reconnaître une forme élargie de la sexualité, s'étendant à tout le champ des activités humaines, et s'y manifestant en chacune, et tantôt il la compare à la notion platonicienne de l'Eros. Qu'est-ce à dire, sinon que la pulsion ne se laisse pas définir par nos catégories de pensée habituelles ? Il faut comprendre qu'avec son concept de pulsion, Freud essaie de nous introduire à un type de pensée original, qui résiste à toute tentative de maîtrise par le Logos, en dépit de ce qu'il ait appelé celui-ci le dieu de la psychanalyse. Par-delà ses différentes approches, et précisément dans la mesure où elle s'y dérobe, la pulsion apparaît de plus en plus comme le fondement des phénomènes que nous rapportons au « désir », au sens où il en est question dans la fameuse formule : « le rêve est la réalisation d'un désir. » En tant que telle, la pulsion transcende la distinction du conscient et de l'inconscient, en sorte que l'on ait pu dire d'elle qu'elle « est un concept-frontière entre le biologique et le mental »[108].

Mais voilà une définition bien sujette à discussion. Quoi qu'il en soit, rien ne nous empêche de concevoir la pulsion, avant toute dichotomie entre le biologique et le mental, comme ce qui caractérise dans sa vérité essentielle la condition humaine, pour autant que celle-ci s'enracine dans les cycles de la vie et de la mort.

Si l'on peut donc parler, en ce sens, de la dimension pulsionnelle de l'existence individuelle, quelles sont les pulsions que Freud a cru pouvoir y discerner ?

Résultant des études sur les névroses, le rêve et la sexualité, la première théorie des pulsions distingue entre les pulsions sexuelles et les pulsions du moi. C'est le conflit surgi entre elles qui constitue alors le sens du refoulement. A ce stade de son évolution, et jusqu'au développement de la notion du Ça, Freud envisage une telle opposition entre les pulsions du moi et les pulsions sexuelles sans chercher à en définir précisément le pourquoi et le comment. Il estime simplement que l'expérience clinique la justifie, et qu'une comparaison avec les données biologiques l'autorise.

Dans les pulsions sexuelles Freud distingue plusieurs pulsions partielles. Celles-ci s'organisent à trois niveaux différents qui correspondent à trois stades du développement libidinal. Ce sont successivement : le stade oral, le stade anal et le stade phallique. Ils donnent une physionomie définitive à la libido du sujet, d'après leur prépondérance respective.

Dans la première théorie, Freud emploie la notion du moi dans le sens d'une instance par laquelle le sujet s'oriente vers la réalité. Par l'intermédiaire du moi la réalité peut faire valoir ses exigences. Le moi, par conséquent, s'oppose au désir, qui relève de l'imaginaire. Les pulsions du moi ont pour fonction la conservation de l'individu, les pulsions sexuelles la conservation de l'espèce.

A partir du moment où il fait intervenir la notion de narcissisme, Freud considère les pulsions du moi comme étant tout aussi bien de nature libidinale ou sexuelle*. Dès lors, la théorie de la libido est transformée profondément. Elle n'investit plus seulement les objets que le sujet rencontre dans le monde, mais également ce qui, pour le sujet, se rapporte à sa propre identité. Après le stade primordial du narcissisme primaire, une différenciation se produit au sein même de l'investissement libidinal, qui se divise alors en libido objectale et en libido narcissique; la première se tourne vers le monde extérieur, tandis que par la deuxième, le sujet se prend lui-même pour objet de son amour. Le moi, en effet, tend à se

---

* Dans le paragraphe précédent on trouve un exposé plus détaillé du stade de la pensée freudienne qui correspond à l'introduction du narcissisme.

substituer aux objets du désir par la voie de l'identification.

Après avoir ainsi ramené une part des pulsions du moi à une forme des pulsions sexuelles originelles agissant selon le principe du plaisir (par opposition au principe de la réalité, qui émane du monde où règnent les lois de la dure réalité), Freud va élaborer une deuxième théorie des pulsions. Il y distingue d'une part les pulsions de vie (Eros), où se manifestent la libido objectale et la libido narcissique, et d'autre part les pulsions de mort. L'Eros comprend toutes les pulsions qui, d'une façon ou d'une autre, sont responsables de la constitution des unités de plus en plus complexes que l'on peut reconnaître aux différents niveaux de la vie organisée sur la terre. Les pulsions de mort sont au contraire les forces qui, à travers tout le monde vivant, se caractérisent par le retour à l'inorganique.

Par cette théorie, Freud dépasse évidemment le champ de ses considérations sur l'homme et ses pulsions. Il restitue l'homme dans un cadre plus vaste, celui du monde de la vie où il reconnaît à l'œuvre les mêmes pulsions que celles qui affectent la vie de l'individu. Cette vision cosmique s'éclaire à la lumière d'une déclaration de Freud selon laquelle les pulsions sont des êtres mythiques, et la théorie des pulsions la mythologie de la psychanalyse*.

Si, à l'échelle de l'être humain, les pulsions de vie trouvent leur expression privilégiée dans la sexualité et dans l'amour, les pulsions de mort, elles, essentiellement muettes, interviennent en s'opposant à toute évolution, sous la forme d'une compulsion de répétition, et là où leur alliance avec l'Eros leur permet de parler, sous la forme du sadisme et du masochisme.

-----

* Vergote fournit un commentaire plus approfondi de ce texte dans la IIIᵉ partie de ce livre, où il s'agit de l'anthropologie freudienne.

Ainsi donc, partant d'une opposition entre l'imaginaire et le réel qui véhicule la dialectique des pulsions sexuelles, Freud développe la notion de pulsion jusqu'à sa limite, et, précisément, jusqu'à cette structure triadique où le sujet apparaît comme l'enjeu et comme l'expression symbolique de ce qui, malgré lui, le fait vivre et mourir. Il rattache ainsi sa vision de l'homme à une cosmogonie, dont l'allure mythologique s'inspire littéralement du « logos du mythe », cette première parole hésitante cherchant courageusement à appeler, et donc aussi à rendre intelligible la marche du monde.

Ce développement inaugure une nouvelle théorie du refoulement. Comme nous avons eu l'occasion de le montrer au cours de la seconde partie de ce chapitre, le refoulement ne doit plus être compris comme le résultat de l'opposition où s'affrontent les pulsions sexuelles et les pulsions du moi. Le moi, en effet, n'est plus le seul dépositaire d'une pulsion originale qui serait hostile aux pulsions sexuelles, ni l'instance qui oppose une réalité purement extérieure aux fantasmes de la libido. Il est lui aussi l'objet des pulsions, et, avec lui, son idéal et tous les attributs dont il s'est orné.

Le moi, dit Freud, dans ses travaux ultérieurs, est à l'origine une partie du Ça. Le Ça, inconscient, contient tout ce qui dans le sujet est impersonnel et relève de sa condition naturelle. En tant que partie plus différenciée du Ça, le moi, investi par la libido narcissique, devient l'instance, par laquelle les pulsions de mort arrivent à s'opposer à la libido; et c'est ainsi que le phénomène du refoulement est rendu possible.

La répression de la libido objectale incombe en partie au principe de la réalité, mais, dans la seconde phase de l'évolution de la théorie, ce principe apparaît plutôt comme l'un des effets du tabou de l'inceste, moment normatif du complexe d'Œdipe. (cf. le chapitre sur l'inconscient).

L'homme est cet être qui prend conscience de sa finitude. Or, ce savoir conscient ne tire tout son poids de réalité vécue que de l'impossibilité d'obtenir un apaisement ardemment désiré; par tous les moyens, par voie de déplacement et de condensation, de métaphore et de métonymie, les pulsions sexuelles tendent à réaliser le désir qu'a l'enfant de posséder la mère à lui tout seul. Habité par la mort, ce désir est destiné à des sublimations sans fin. Par son intermédiaire, le sujet engage son existence dans un mouvement de va-et-vient entre l'imaginaire et le symbolique. Par son intermédiaire, la pulsion de mort trouve, elle aussi, à se réaliser symboliquement, en ouvrant l'accès aux structures de la civilisation. C'est en effet par son intermédiaire que, dans son insatisfaction perpétuelle, chaque sujet se construit son propre mythe et qu'il en reste inconsciemment prisonnier jusqu'au jour où il vient à en prendre conscience par la vertu d'une parole, — et plus précisément jusqu'au jour où, dénonçant la démesure du mythe, cette parole arrive à en dévoiler l'illusion et que, ce faisant, elle en consacre la mort.

La notion de pulsion de mort a été, et elle continue à demeurer un point très controversé de la théorie des pulsions. A cet égard, Freud n'a jamais douté, quant à lui, d'un dualisme fondamental. Tout récemment, S. Leclaire a essayé de reposer la question de la pulsion de mort et de sa fonction. En raison de l'importance de cette étude, nous en citons volontiers quelques passages se rapportant à notre sujet[109].

« La pulsion de mort, écrit l'auteur, est cette force radicale ordinairement figée et fixante, qui affleure dans l'instant catastrophique ou extatique, en ce point où la cohérence organique du sujet en son corps apparaît pour ce qu'elle est, innommable ou indicible, syncope ou extase, criant son appel d'une parole pour la voiler et la soutenir.

» Ainsi la pulsion de mort affleure-t-elle sans jamais se montrer, mais nous voyons déjà, sans pouvoir y insister ici, qu'elle constitue ce « roc », le fondement du complexe de castration, qu'elle permet, en tant que limite inqualifiable et rigoureusement inquantifiable, le développement et l'organisation des pulsions sexuelles, qu'enfin... elle suscite impérieusement le développement et la structuration du langage. »

Le même auteur attribue également à la pulsion de mort « la fonction de matrice du désir »[110], puisque « le niveau du désir et de sa force est... : l'imaginaire, le mythe, le leurre, pour autant qu'ils assument l'essentielle et naturelle fonction de masquer la force radicale qu'est la pulsion de mort »[111].

Nous nous arrêterons ici. Les relations avec le complexe de castration indiquent bien que c'est encore par la voie du complexe d'Œdipe, dont il est l'aboutissement, en raison du moment capital et normatif de la mort du père, que le sujet en arrive à se structurer et à entrer dans l'univers symbolique.

A l'occasion d'une réflexion sur la compulsion de répétition Freud introduit le concept de pulsion de mort, qui, dans un sens, est une antipulsion, essentiellement en opposition à l'Eros, la pulsion-type. C'est dans les moments de fixation et d'arrêt de la libido qu'il croit discerner l'existence de la pulsion de mort. Par la constance d'un principe apollinique qu'elle y apporte, elle limite l'expansion sauvage et dionysiaque, à laquelle tend l'Eros, pulsion de vie. Au cours des multiples péripéties de la libido, elle est à l'œuvre dans le fantasme de la mort du père et dans ses conséquences, en particulier dans le complexe de castration, qui est à la fois angoisse et désir. Par la voie de la culpabilité inconsciente et par la voie du fantasme du châtiment consécutif, la pulsion de mort arrive à s'incarner dans la figure de la mort inévitable, maître absolu de la vie.

Principe de limitation, d'organisation durable et de structuration, elle est toujours là où l'Eros s'immobilise par l'acceptation d'une loi. Elle est là aussi où le sujet reconnaît sa soumission à tout ce qui le régit, aussi bien dans la reconnaissance explicite d'une législation que dans les tentatives compulsionnelles de la transgresser.

LE REEL, L'IMAGINAIRE ET LE SYMBOLIQUE DANS LA PSYCHANALYSE.

> « *Ex umbris et imaginibus ad lucem et veritatem* »
> (Epitaphe sur la tombe de J.H. NEWMAN, « de l'ombre et des images vers la lumière et la vérité ».)

La découverte des caractères symboliques des symptômes hystériques inaugure la psychanalyse. « Nos malades hystériques souffrent de souvenirs »[112]. L'expérience traumatisante produit un effet psychique, qui se traduit ensuite dans un effet physique, symbole de l'effet psychique. Ainsi le symptôme hystérique est-il « symbole mnémonique »[113]. Il rappelle une expérience et en est le signe substitutif.

Cette découverte inaugurale a permis à Freud d'interpréter par ce principe tout symptôme névrotique. Même s'il ne nomme pas toujours les autres symptômes « symboles », il les traite comme tels, et les comprend à la lumière des lois qui régissent le symbole hystérique. Ils répondent eux aussi à des intentions secrètes, et l'analyse est appelée à dégager les déterminismes cachés des gestes et des paroles, en apparence incohérentes et incompréhensibles, qui les expriment. Et si, dans le texte qui suit, nous nous appuyons sur des exemples de symboles hystériques, notre exposé n'a pourtant aucun caractère limitatif. Son intention est de saisir en eux la nature de tout symbolisme psychanalytique.

La conception freudienne du symbole est causaliste : elle affirme un lien rigoureux, de cause à effet, entre le symptôme et le trauma qui l'a provoqué. Cette détermination causale est cependant psychique et non pas physique. La cause agissante est justement le souvenir du trauma, qui reste dans le sujet comme un corps étranger, inassimilable à sa vie consciente, et, pour ce motif, en permanence actif.

Le terme de « lien causal », pourrait induire en erreur. Il pourrait suggérer un lien fixe entre cause et effet, tel qu'il se présente dans l'ordre physique. De même l'expression freudienne du « sens des symptômes hystériques », pourrait évoquer un sens inhérent aux symptômes comme tels. Or ce sens leur est *donné,* leur est attaché[114], par l'expérience traumatisante telle qu'elle survit dans le souvenir. Dans chaque cas, le sens peut donc être différent; il est toujours individuel, car il dépend de la pensée réprimée qui tend à s'y exprimer. Aussi la seule thérapeutique efficace est celle de la libre association; elle seule permet au sujet d'exprimer en paroles le souvenir refoulé qui insiste pour être reconnu et a dû choisir, pour s'exprimer, la voie détournée d'une innervation corporelle, ou d'un comportement rituel apparemment insensé. Le patient est seul à posséder la vérité de son symptôme; elle réside dans les archives psychiques de son histoire individuelle.

Il arrive que ce lien entre le symbole mnémonique et l'expérience traumatisante, est lui-même de l'ordre de la « symbolisation ». Les symptômes, dans ces cas, sont symboliques. Ils expriment, dans leur configuration même, l'expérience traumatique, et présentent avec elle une analogie immédiate. Le vomissement, par exemple, peut exprimer un dégoût moral. Les actes manqués sont souvent des gestes bien expressifs, et J. Lacan les appelle de bon droit, des « paroles réussies [115]. L'oubli répété d'une cigarette allumée sur un meuble, par exemple, en dit long sur les fantasmes inconscients.

En général, le symbole remplace un objet par un autre ou une représentation par une autre. La symbolisation hystérique en présente une application particulière : le psychique s'y trouve remplacé par le corporel; l'hystérie de conversion est un « langage d'organe ».

Comme on l'a exposé plus haut dans ce livre, le rêve lui aussi peut s'insérer dans l'enchaînement psychique qui relie le symptôme à l'idée pathologique et au souvenir. Il doit dont être traité comme un symptôme, c'est-à-dire interprété. Mais Freud récuse d'emblée « l'interprétation symbolique » des rêves, celle qui prend le contenu du rêve comme un tout et s'efforce de le remplacer par un autre contenu, analogue au premier, mais intelligible. L'interprétation symbolique traite toujours le rêve comme un présage obscur de l'avenir du sujet. La légende onirique est, pour elle, une figuration dramatique; celle-ci représente, tout comme le mythe, un contenu idéationnel, dont le sujet n'a pas encore perçu la vérité rationnelle. Pour Freud, par contre, le rêve, comme le symptôme, est le gardien du passé individuel du sujet. Il est un rébus, dont le sens se compose, comme pour les symptômes, des idées cachées dans chacune des images. Elles sont interprétées individuellement par la méthode analytique de la libre association[116].

Le rêve est symbolique exactement comme les symptômes. Ses images sont séparément reliées aux souvenirs par un lien causal. L'ensemble du rêve n'est donc pas une scène symbolisante. Et même ses éléments ne sont pas des symbolisations directes. Ce sont des signes qui demandent une lecture, non selon leur valeur d'image mais selon leur valeur de signe. Ils remplacent chacun des souvenirs refoulés. Cependant il existe des exceptions. Il est des éléments de rêve que les sujets ne parviennent jamais à interpréter par libre association, hormis ceux extraordinairement doués de sens symbolique; ce sont des sujets schizophrènes, ou tout au moins schizoïdes. Il n'existe d'ailleurs qu'un nombre limité de ces symbolisations. Ils concernent d'habitude le corps ou des organes corporels. Freud a fait de ces exceptions récurrentes une règle, celle de la « symbolique onirique ». Dans ces seuls cas, il

applique « l'interprétation symbolique »[117]. Dès sa première édition de *l'Interprétation du rêve*, il rédige la liste
de ces clés d'interprétations. Les objets pointus, par exemple, signifient le sexe masculin; les coffres, les grottes...
le sexe féminin. Cette symbolique est devenue célèbre.
Malheureusement, on ne s'est pas toujours rendu compte
qu'elle constitue une exception dans l'interprétation psychanalytique des rêves comme des symptômes. Ces cas
ne présentent d'ailleurs pas le risque de l'arbitraire non
scientifique — reproche de Freud à toute autre interprétation symbolique des rêves. En sont garants l'usage du
langage populaire et les convergences des mythes et
légendes. En outre, leur caractère exceptionnel et leur
résistance à toute interprétation proprement psychanalytique s'expliquent par le fait qu'ils font partie de l'héritage archaïque de l'humanité. L'homme d'aujourd'hui ne
constitue pas ces symboles au cours de son histoire pré-
consciente. Ils sont d'emblée incorporés dans le tissu psychique de tout homme et se prêtent spontanément pour
l'expression voilée de ses propres pensées non directement
avouables. Affirmer que les symptômes et les rêves sont
des symboles, n'est pas pour autant poser leur valeur de
symbolisation au sens précis du terme. Et là même où le
symbole est symbolisant, l'homme malade ou rêveur y
inscrit sa visée personnelle inconsciente. Il l'utilise comme
instrument tout préparé pour dire à son insu, ce qu'il
ne parvient pas à signifier ouvertement.

Selon les écoles non analytiques, l'acceptation du symbolisme implique une conception finaliste, téléologique du
symbole. D'après elles, le symbole vise un avenir qui se
fait jour en lui, et il invite le sujet à aller au-devant de lui.
Pour Freud, au contraire, constater le caractère symbolique d'un symptôme ou d'un rêve, et regarder en deçà
de lui, vers un passé déguisé, c'est tout un. Nous ne
pouvons nous étendre ici sur la conception finaliste du
symbole. Très tôt, elle a été le point de litige, et elle
a éloigné de Freud des disciples célèbres : Silberer et Jung.

A première vue, la position finaliste de Jung et la technique qui s'y réfère, présentent des apparences humanistes très fortes. Y a-t-il plus grande estime pour l'homme que de le prendre tout à fait au sérieux, et d'accepter « le rêve pour ce qu'il est »[118] : une image prospective qui tend à réaliser sa plénitude ? Certains ressentent comme dégradant cette volonté de Freud de traquer toujours le sens caché des symboles, d'autant plus que ce sens secret paraît souvent un peu sordide. À notre avis, Freud, plus qu'aucun de ses disciples dissidents, reconnaît chez l'homme la richesse de son imaginaire, la puissance de son désir et l'urgente nécessité d'une expression qui soit une parole vraie.

Le lien causal, en effet, qui relie le symptôme à l'expérience traumatisante, ne ramène pas le symbole au réel. La théorie « causaliste » de Freud n'est donc pas aussi réductrice que se plaisent à le dire quelques adeptes d'une conception spiritualiste de l'homme. En réalité, elle laisse ses chances à l'âme et à la liberté, bien plus que le mysticisme psychologique de Jung ou la bonté moralisatrice d'autres formes de thérapie, lesquelles méconnaissent à la fois le vrai drame des malades et les infinies possibilités humaines qu'il recèle.

La conception freudienne rejoint l'idée générale que le symbole est expression voilée d'une vérité et d'une réalité hors de prise. On aurait tort cependant de faire prévaloir une théorie universelle du symbole, et beaucoup de discussions sur la caractéristique dominante du symbole portent à faux. Les sciences de l'homme nous ont appris que les emblèmes visibles des réalités invisibles appartiennent à des ordres radicalement différents : sociologique, religieux, linguistique, ou psychanalytique. Dans le cas des symptômes comme du rêve, le symbole n'est pas une fenêtre sur une réalité trop pleine pour être embrassée par un concept; il est une figure imaginaire où la vérité de l'homme s'est aliénée. Et l'élaboration imaginaire ou intellectuelle du symbole ne peut la désaliéner; seul y réussit le mouvement inverse : l'analyse des éléments imaginaires pris individuellement révèle le sens et le désir que le sujet y a enfermés lui-même. En le dévoilant, elle le libère et le remet en mouvement.

Citons cet exemple éloquent, et qu'à tort on prendrait pour du cabotinage : le symptôme hystérique de Dora, son vomissement[119]. Il s'agit d'un symptôme-symbole, qui est même une symbolisation : il signifie le dégoût moral. Il y a eu déplacement d'une zone corporelle, génitale, vers une autre zone : orale. A première vue, tout homme un peu familier des symbolismes en saisit le sens. Mais là n'est pas l'essentiel.

D'une manière générale, la théorie psychanalytique du symbole nous fait voir l'homme comme un être qui dispose des symboles, mais ne leur est pas soumis par une nécessité naturelle. L'homme les établit lui-même au cours de son histoire individuelle, dans ses rapports vécus avec le monde et avec les autres. Et pour ce motif, le patient seul, par une technique proprement analytique, peut en révéler le sens.

L'interprétation du symptôme et du symbole comporte deux moments : la solution de leur énigme et la libération du sujet. Ces deux moments ne font qu'un; la dissolution des symptômes coïncide avec leur solution[120]. Cette solution - dissolution n'est pas œuvre purement théorique. Elle se réalise dans le discours du malade à l'intérieur du rapport effectif au psychanalyste, appelé transfert. C'est dire que le malade accède à la liberté, par le fait qu'il répète, en l'exprimant, son histoire vécue. Ses symptômes et ses symboles révèlent leur sens caché dans le discours de répétition et parviennent à mettre en mouvement leur visée profonde.

Pour Freud aussi, le symbole retient une vérité humaine. Il la tient même emprisonnée. Cette vérité, c'est celle du désir que l'homme n'a pas réussi à reconnaître et à exprimer à l'autre.

Le symptôme et le symbole morbides sont désir et discours aliénés. Ils parlent en l'homme un langage inconnu. Amenés à leur vérité, ils sont la parole pleine d'un désir avéré.

A la suite de J. Lacan, nous exprimerons ce processus de la guérison par l'antithèse de l'imaginaire non symbolisé et de l'imaginaire symbolisé[121]. Mais par « symbolisé », il faut entendre, cette fois-ci, la vérité de ce code personnel du malade. Voyons comment cette formulation nouvelle s'autorise de la théorie analytique du symbole et la complète. En soi, l'interprétation symbolisante de ce symptôme, comme le serait celle du rêve de grotte, aurait peu de vertu thérapeutique. Le symbole du vomissement chez Dora est certes un signe inscrit dans le corps vécu; mais sa signification est très personnelle. Elle contient, voilée pour Dora comme pour son entourage, et même pour son thérapeute, les souvenirs vivants, mais refoulés dans l'inconscient, de tous ses désirs orientés vers Monsieur K et Madame K. Ce symbole est le condensé de son amour impossible, de ses angoisses, de sa culpabilité. Seule Dora, dans le rapport très technique de la psychanalyse, a pu en résoudre l'énigme, et la dissoudre par le fait même. Au cours de la psychanalyse, elle déploie le jeu de l'imaginaire qui maintenait prisonniers son amour et ses angoisses, et elle arrivera à les reconnaître en vérité. La constitution et la solution du symbole pathologique ou onirique se situent toujours à l'intérieur de ces trois coordonnées : le désir, l'imaginaire, et la vérité. Par opposition à l'imaginaire aliénant, Lacan appelle la vérité, l'imaginaire symbolisé. Nous entendons par-là que l'imaginaire ouvre son espace pour une vraie rencontre avec autrui; ou encore, que l'imaginaire est rendu à la vocation essentielle du symbole, celui d'être — rapport vrai à travers l'image.

Ces trois éléments, le désir, l'imaginaire et le symbolique, sont à la fois distincts et articulés les uns aux autres. Et le propre de la psychanalyse parmi toutes les autres branches de « la psychologie », est d'avoir montré l'impérieuse nécessité de leur distinction et de leur articulation. Expliquons-nous.

Tout symptôme, et tout symbole onirique, est un compromis : désir réalisé et mutilé à la fois; ou bien, discours adressé à l'autre, mais discours codifié; ou encore, parole prononcée et déformée. Il ne s'agit pas, à vrai dire du *réel* du sujet, même si le symptôme est symbole mnémonique et remplace une expérience traumatisante. Cette dernière expression a souvent induit en erreur. Sous son égide, des thérapeutes non analystes ont poursuivi des recherches de détective sur les antécédents biographiques de leurs malades, et se sont efforcés de les ramener à la réalité historique par une critique « raisonnable » de leurs « imaginations ». C'est là d'ailleurs un piège que leur tendent les malades. Au thérapeute ils demandent souvent avec insistance quel peut bien être l'événement biographique oublié qui est la cause de leurs troubles.

Cette conception historiographique de la thérapie méconnaît les multiples résonances affectives que prend chez l'homme l'événement réel, et l'efflorescence imaginaire qu'il suscite en lui. Il s'agit bien, dans le symptôme et le symbole, du souvenir d'une *expérience* traumatisante, de faits historiques ou imaginaires, chargés de si intenses demandes affectives, qu'ils cristallisent le désir humain. Le désir les fait éclater, et construit avec leurs images les multiples mythes personnels du sujet.

Le désir humain en effet, n'est pas un besoin, précis et limité dans son objet, comme le besoin physiologique de nourriture. Le désir est illimité, sans objet défini, puisqu'il anime le rapport entre deux humains, en présence d'un tiers : la société avec sa loi et son exigence d'échange.

L'événement auquel le symptôme et le symbole sont reliés par un lien de causalité, c'est le réel tel qu'il a été approprié et personnalisé dans la résonance intérieure du sujet. Au regard d'autrui, le fait historique a pu être insignifiant, banal. Pour le sujet qui en a fait l'expérience, il est marqué par ses désirs, et s'inscrit dans ses figurations imaginaires.

Le désir de Dora a dû se cristalliser dans l'imaginaire oral du baiser qu'elle a reçu de Monsieur K. Sa répugnance morale s'exprime dans le même imaginaire par le vomissement. Le lien entre ces deux données peut sembler simple et direct. Or il s'agit d'une malade. Dans le cas de Dora, le dégoût moral n'est qu'une des multiples significations du vomissement, dont Dora ne percevait pas le sens. Il signifiait également à son insu, sa grossesse consécutive à un rapport amoureux avec Monsieur K. Parce que le désir se déploie dans l'imaginaire, il peut se déplacer du sexe vers la bouche. Le lecteur le sait déjà : le déplacement et la condensation sont les caractéristiques de l'imaginaire comme du langage. Le désir, qui est toujours parole adressée à l'autre, peut ainsi s'exprimer, par déplacement imaginaire, dans un geste symptomatique. Tout symptôme névrotique, soit comportement rituel, soit peur de paraître en public, ou une souffrance corporelle, est une forme de langage. C'est ce que Freud signifie quand il appelle les symptômes de l'hystérie de conversion : langage d'organe.

Nous avons ainsi, dans chaque symptôme, une imbrication de plusieurs éléments psychiques. Au fond, il y a le souvenir de l'expérience traumatisante, telle qu'elle s'est cristallisée dans certaines images, expressives du désir éveillé. Derrière elles, sont présentes les images fondamentales d'expériences infantiles, qui constituent les vecteurs cardinaux de l'affectivité du sujet. Le souvenir ensuite a été refoulé et est devenu pensée inconsciente; il s'est déplacé sur d'autres images, selon les lois de déplacement et de condensation. Ainsi, il donne naissance aux fantasmes, qui sont des modulations imaginaires sur les expériences et les situations; par ses fantasmes le sujet tend à réaliser ses désirs, dans un monde intérieur qui échappe aux exigences du principe de la réalité et que

régit la seule loi du plaisir. Mais il arrive un moment
où ces fantasmes ne sont plus tolérés par le moi. Alors
le sujet les refoule à leur tour et déplace à nouveau ses
désirs, sur des comportements qui deviennent les symptômes morbides.

Par l'analyse, à l'intérieur du transfert analytique,
l'enchaînement de cet imaginaire se manifeste au jour
de la conscience. Les fantasmes se révèlent lentement,
et, avec eux, les désirs qu'ils véhiculent. Progressivement
le sujet énonce au psychanalyste ses vrais désirs et en
dégage le noyau de vérité. Sa solitude et sa culpabilité,
son angoisse d'impuissance et de mort, son amour et sa
haine, se révèlent à lui pour qu'il les assume en vérité.
Ainsi toute analyse est, selon la parole de Freud, un drame
de vérité, celui de l'Œdipe roi, prototype de tout humain.

Il n'est pas étonnant que la sexualité soit au centre
de la psychanalyse et de sa théorie des symboles : quoi
de plus fondamental dans le désir que l'eros : l'amour et
la culpabilité ? Il n'y a rien d'exceptionnel non plus à ce
que le complexe d'Œdipe constitue la structure même
du désir humain : les valeurs maternelles et paternelles
ne sont-elles pas la source et l'objet de tout désir humain ?
En cela aussi, le roi Œdipe, qui a vécu le drame du désir
dans la constellation triadique de la famille, reste le
prototype de la quête et de la vérité psychologiques de
l'homme.

La psychanalyse du symbole nous ramène donc aux
expériences vécues du sujet, et, en fin de compte, à ses
premières expériences du désir : là où il a rencontré les
désirs de la mère et du père.

On aurait tort, cependant, de ne voir dans la psychanalyse qu'une psychologie du pathologique et de
l'infantile retardé. Parce qu'elle nous affronte à l'imaginaire et au désir de l'homme, elle nous ouvre sur ses

dimensions fondamentales, qui sont les questions de bonheur, d'amour, de culpabilité et d'immortalité. Aussi faut-il, pour situer exactement la psychanalyse, considérer ses implications anthropologiques, morales et religieuses. Par sa technique même, elle met en question notre image de l'homme.

DEUXIEME PARTIE

CLINIQUE, ET INDICATIONS
par H. PIRON

1. Clinique

« Clinique : ...3) *terme d'histoire ecclésiastique qui se dit de ceux qui recevaient le baptême au lit de la mort. La secte des cliniques. Etymologie :* Clinicus, de κλινικός, de κλίνη, de κλίνω : *incliner, coucher.* »

(LITTRE, *Dictionnaire de la langue française.*)

Pourquoi consulte-t-on un psychanalyste ? Quand faut-il l'envisager ? Quelles sont les indications de la cure analytique ? Peut-on classifier les affections susceptibles d'amélioration ou de guérison par la cure ? Quels sont les différents éléments dont doivent tenir compte le psychanalyste et le candidat à l'analyse avant de prendre une décision ? Telles sont les questions pratiques que l'on se pose, et qui doivent se poser. Nous allons tâcher d'y répondre.

Pour la plupart des gens dits normaux, seuls les individus gravement détraqués ont besoin de se faire analyser. Cette erreur est universellement répandue. Disons tout d'abord qu'on ne se fait pas analyser : l'analyse en effet n'est pas un procédé que le malade subit, mais bien au contraire une entreprise qui exige sa collaboration active. Voilà pourquoi on ne dit pas « se faire analyser par un tel », mais « faire une analyse avec un tel ». Ensuite, l'analyse n'est pas le traitement de choix des affections mentales graves. C'est exactement le contraire. Les principales indications sont fournies par des névroses relativement légères, et Freud lui-même pensait que les états psychotiques ne se prêtent pas à ce traitement. Actuellement, le champ d'application des méthodes analytiques s'est considérablement élargi. Dans les ouvrages de Freud, nous rencontrons souvent une distinction entre ce qu'il appelle les névroses de transfert et les névroses narcissiques. Par le premier terme, il entendait surtout la névrose d'angoisse et la névrose obsessionnelle. On y a ajouté par la suite les troubles névrotiques à symptomatologie caractérielle. De leur côté, les névroses narcissiques correspondent *grosso modo* au groupe des psychoses dont l'origine n'est pas directement organique. Freud croyait la psychanalyse inutile pour ces formes de psychose, en particulier pour les psychoses paranoïdes accompagnées de désintéressement plus ou moins prononcé à l'égard de la réalité, et tout spécialement pour la schizophrénie, au sens restreint que Bleuler a donné à cette entité nosologique.

La distinction ainsi établie procède directement de la technique analytique. Le malade souffrant d'une affection narcissique est tellement enfermé dans son délire que cette technique ne peut s'adapter à son cas[1].

La perte de la réalité — *Realitätsverlust,* comme dit Freud, — aurait pour conséquence qu'une relation de collaboration entre le malade et le psychanalyste deviendrait impossible, du seul fait que ce dernier ne serait pas reconnu en tant que tel par le premier[2].

Depuis quelques dizaines d'années, plusieurs types de psychoses sont devenus accessibles à une forme de thérapeutique analytique. Là où Freud ne voyait que régression narcissique intégrale sans moindre trace de relation intersubjective, nous avons discerné une forme de relation au monde, à l'autre et au corps propre, qui, sans doute, n'a pas rendu la psychose plus *einfühlbar* — pour reprendre une expression consacrée et discutable de Jaspers, — mais qui n'en a pas moins ouvert l'accès thérapeutique au monde psychotique. Pour Freud en effet, il ne pouvait y avoir dans la psychose qu'un retour à l'absence primordiale de relation au monde[8]. Mais la dimension psychanalytique ne se situe pas au niveau de cette relation, elle n'est pas une psychologie relationelle.

Il nous faut d'abord distinguer entre la cure psychanalytique proprement dite, et toutes les autres formes psychothérapiques qui en sont dérivées.

Prise dans l'acception la plus large du terme, la psychothérapie existe évidemment depuis des millénaires. Dès qu'on essaie d'influencer le cours d'une maladie par la voie psychologique, on fait de la psychothérapie. Le médecin actuel qui, au chevet du malade, prononce quelques paroles rassurantes ou adresse quelques mots d'encouragement, pratique effectivement une forme primitive de psychothérapie, qui, bien souvent, n'est pas moins efficace qu'un procédé plus raffiné.

La psychanalyse freudienne se caractérise avant tout par le fait qu'elle est non suggestive et non directive, et que les moyens qu'elle met en œuvre se limitent strictement à la parole. Elle est analyse au sens propre du terme, puisque son action relève uniquement de l'interprétation. « Freud a pris la responsabilité contre Hésiode, pour qui les maladies envoyées par Zeus s'avancent sur les hommes en silence, de nous montrer qu'il y a des maladies qui parlent, et de nous faire entendre la vérité de ce qu'elles disent »[4]. Freud nous a aussi montré que la maladie, qu'elle soit mentale ou organique, a une signification particulière pour l'existence individuelle. Sur la base de ces constatations, il a élaboré une méthode thérapeutique qui nous permet parfois d'y remédier.

La question posée par les possibilités thérapeutiques de la psychanalyse à l'endroit des psychoses nous fait voir clairement que le problème de l'indication est indissociablement lié à celui de la nosologie psychiatrique, objet de prédilection des cliniciens. Pour les théoriciens de la psychiatrie en effet, aux yeux desquels la psychiatrie en tant que science des maladies mentales n'est qu'une branche spécialisée de la médecine, il faudrait pouvoir instaurer dans cette discipline l'ordre qui règne dans les autres. Les cliniciens se réclament, très justement d'ailleurs, de Kraepelin, le maître incontesté de la psychiatrie classique. L'œuvre de celui-ci témoigne précisément d'un constant souci de classification. Kraepelin s'était proposé de découvrir à la nosologie psychiatrique, alors plongée dans une situation passablement chaotique, un ordre préétabli. Il s'agissait d'isoler et de décrire une série de maladies en les caractérisant par un début, par une évolution et, éventuellement, par une fin typiques; une symptomatologie propre devait permettre un diagnostic différentiel, et *last but not least,* des données anatomopathologiques en permettraient la confirmation posthume, en indiquant la nature profonde de l'affection en question et en orientant vers des recherches ultérieures. Le tout était conçu, comme on le voit, sur un modèle organiciste. Il était dans la nature des choses que l'on imagine une thérapeutique de type plutôt biologique (médicaments, chocs, opérations, etc.)

L'œuvre de Kraepelin a exercé et exerce toujours une influence considérable sur la psychiatrie. Ce médecin restera l'un des auteurs classiques en la matière. Même si les cliniciens n'appliquent pas toujours avec la même rigueur la méthode du maître, celle-ci n'en a pas moins fixé la ligne directrice de la clinique psychiatrique. Elle est fondamentalement organiciste, et les réserves prudentes non moins que les exceptions à la règle n'y changeront rien. Elle conçoit la maladie mentale comme un processus qui affecte et modifie la vie normale de l'homme à la manière d'un streptocoque, qui peut lui causer une infection ou une angine, sans que l'individu y soit apparemment pour rien. Etranger à la nature de l'homme puisque pathologique, ce processus ne l'affecterait d'ailleurs qu'en ses fonctions, sans l'atteindre directement dans son existence.

Avec le temps, cette optique a subi quelques aménagements et à l'heure actuelle, on ne trouvera plus guère de psychiatres prêts à défendre les positions extrêmes de Kraepelin. On n'a pas tardé à remarquer qu'une anamnèse psychiatrique ne pouvait se passer de la biographie du malade. On admettra donc que cette histoire a son importance, qu'il faut en tenir compte et qu'à côté des autres pièces, elle constitue un document important du dossier. Mais comment se présente actuellement cette tendance de la psychiatrie clinique ? Demandons-le à l'un de ses plus illustres représentants et défenseurs, le psychiatre néerlandais H.C. Rümke. Prenons-le pour exemple de ce que la psychiatrie contemporaine peut donner de meilleur. A étudier ses conceptions, on constate que, depuis l'avènement de la psychanalyse, l'accent s'est déplacé de l'intérêt pour les processus pathologiques vers une recherche plus largement ouverte sur la personnalité comprise dans son ensemble.

Si nous tâchons d'en définir l'essentiel en quelques lignes forcément incomplètes, nous en apercevons d'emblée les apories. Reportons-nous au texte même de l'auteur, tel que nous le lisons dans ses *Studies en Voordrachten*[5]. Rümke s'y inscrit en faux contre les conceptions du psychiatre allemand Kurt Schneider, pour lequel la tâche du psychiatre consiste dans l'étude des états mentaux anormaux en tant que tels *(Abnormen seelischen Zustanden)* et dans l'étude du rapport entre symptôme et processus pathologique. On ne pourrait être plus explicite. La conception de Rümke souligne surtout l'importance, à ses yeux capitale, de la personnalité du malade. Rümke se plonge pour ainsi dire dans le phénomène unique que représente chaque existence individuelle; il se demande ce qui s'y passe, quels dangers la menacent, et comment on peut influencer son évolution ultérieure. « Poser ces questions et y répondre en se fondant sur les données qui se dégagent de l'examen... c'est pratiquer la psychiatrie clinique, quelle que puisse être d'ailleurs la nature de ces données ». Du reste, qui a pu voir à l'œuvre l'auteur de ces lignes, a pu constater à quel point il prend ces paroles au sérieux.

Mais ces questions qu'on nous fait poser et les réponses qui leur sont données comme principes pour notre action sont formulées d'une façon ambiguë. Elles s'adressent à la personnalité humaine saisie sous son aspect phénoménal, tout en laissant planer une incertitude sur l'interprétation à fournir aux données ainsi recueillies.

L'incertitude s'aggrave lorsque nous lisons un peu plus loin que la personnalité humaine, et celle du malade en particulier, n'est pas « homogène » *(einheitlich)*, qu'elle est composée d'éléments disparates, et que le système de Kraepelin présente l'avantage de respecter deux séries de données, pour peu que l'on puisse reconnaître empiriquement leur concordance : avantage qui confirmerait encore l'intérêt du système pour une utilisation clinique[6].

On a quelque raison de craindre que le pragmatisme ne pèse lourdement ici dans la balance. Nous nous trouvons devant un système hiérarchique où l'on opère de haut en bas une distinction entre le diagnostic, — l'entité nosologique telle que Kraepelin la conçoit, — et la rubrique. Le diagnostic individuel peut comporter des maladies différentes, selon leur correspondance avec des entités nosologiques différentes, et celles-ci à leur tour relèvent de diverses rubriques pathologiques. Mais autre chose est que ce système puisse fonctionner à l'intérieur de certaines limites, autre chose qu'il puisse triompher d'une anthropologie cartésienne. On nous parle en effet de deux séries de données, dont l'une est de type organique, et l'autre de type psychique; pour autant toutefois qu'elles s'accordent empiriquement[7].

Mais que faire quand elles ne s'accordent pas, — puisqu'on présuppose que tel puisse en être le cas ? Incontestablement, ce système clinique sépare lui aussi l'âme et le corps, quitte à chercher ensuite à les faire s'accorder. Mais ce qui est le plus significatif dans les textes cités, c'est la façon de présenter cette dichotomie comme particulièrement nette dans le cas de la maladie mentale. Comment comprendre une thèse pareille ? La maladie mentale aggraverait-elle une fissure naturelle entre le psychique et l'organique ?

Quoi qu'il en soit, la mise à jour des idées directrices de la clinique psychiatrique n'a rien changé à l'essentiel de ses positions classiques, et on ne s'étonnera pas de retrouver chez le Dr Ey, et en particulier dans ses théories organo-dynamiques, les principes dont s'inspirait Kraepelin. L'organo-dynamisme, que l'on peut considérer comme l'aboutissement de la conception de la clinique classique, s'inscrit plus ouvertement encore que la théorie de Rümke dans une ligne organiciste. La maladie mentale est conçue comme une efflorescence psychopathologique liée à un abaissement du niveau de conscience occasionné par une régression organique, et l'on n'hésite pas à recourir à des théories pathogénétiques relevant du domaine proprement neurologique, et en particulier aux théories neurologiques jacksonniennes.

Mais écoutons le Dr Ey : « La psychiatrie, écrit-il, n'a pas pour objet toutes les variations de la vie psychique, mais celles-là seulement qui sont pathologiques parce qu'elles représentent le désordre, le déséquilibre, la régression introduite au niveau de la conscience et de la personnalité par les processus morbides organiques. Les maladies mentales sont des insultes et des entraves, elles ne sont pas causées par l'activité libre, c'est-à-dire purement psychogénétique. Admettre ce point de vue, c'est admettre qu'il puisse y avoir une psychiatrie, le repousser, c'est nier la possibilité même d'une science psychiatrique »[8].

Nous assistons ainsi à la réédition de ce qu'en 1911 déjà, Liepmann appelait « la grandiose tentative de Wernicke de transformer toute la psychiatrie en une neuropathologie des fonctions cérébrales, en repoussant autant que possible l'ensemble des interprétations de la psychologie rétrospective, qui renvoient à un Moi dont les actes ont un fondement certain et un but défini »[9].

« Wernicke, écrit Freud dans une lettre à Binswanger, m'apparaît toujours comme un exemple intéressant de la misère de la pensée scientifique »[10].

Dans une thèse de doctorat récemment défendue à l'université d'Utrecht sur la pensée nosologique dans la psychiatrie et ses problèmes théoriques et méthodologiques[11], l'auteur s'évertue à remettre en valeur une pensée causale. Tout en prenant la défense de la méthode nosologique classique, il nous assure que « la nosologie se sert de la méthode des sciences naturelles. Elle se fonde également sur cette vieille tradition qui commence chez Galilée. C'est pourquoi le point de vue nosologique est une hypothèse, comme l'était l'idée galiléenne. Comme lui, nous sommes partis de la notion, que dans ce que nous pouvons éprouver comme pathologique aussi, on peut construire une intrication de relations causales. La méthode nosologique cherche à trouver les lois par lesquelles ces constructions puissent être prouvées ».

Soutenant de notre côté la thèse que la psychiatrie relève en premier lieu des sciences humaines plutôt que des sciences naturelles, nous nous étonnons de ce que l'auteur n'ait pas perçu que sa méthode se condamnait fatalement à l'échec, et que le monde de l'homme n'est pas d'abord celui de la causalité, mais celui de la signification. L'auteur lui-même ne nous en fournit-il pas une preuve éclatante lorsqu'il constate que « l'introduction de nouveaux termes techniques dans la psychiatrie amène très souvent la création des faits nouveaux supposés » ?

C'est reconnaître que l'introduction d'un nouveau signifiant réorganise la réalité psychiatrique, et comment l'expliquer par un simple enchaînement de cause à effet ?

La nosologie « suppose, nous dit-on, que même dans la partie du monde que nous percevons comme pathologique, il y ait aussi des rapports de causalité liés les uns avec les autres ». On suppose également que la nosologie peut parvenir « à une détermination intersubjective univoque »; mais lorsque nous lisons un peu plus loin que « par évidence clinique on entend le dialogue connu intuitivement et formé à une image d'expérience chez l'investigateur entre son "moi" et son malade »[12], nous pouvons bien nous demander où la causalité trouve encore à se cacher.

Si nous dressons le bilan des principes qui ont inspiré la tradition clinique, nous obtenons les résultats suivants : la tradition clinique s'inscrit résolument dans une perspective cartésienne. Pour elle, l'âme et le corps représentent deux éléments de nature différente qui interfèrent entre eux. La maladie mentale prend racine dans la partie organique de l'homme, considérée comme un ensemble de nature biochimique. Elle subit évidemment une certaine influence d'ordre psychique, mais les opinions diffèrent sur ce point. Quoi qu'il en soit, l'organique et le psychique nous sont présentés comme deux variables relativement indépendantes. La maladie mentale apparaît donc comme une altération de la structure biochimique du corps humain et ne possède aucune signification existentielle. C'est dire que ses rapports avec l'existence humaine demeurent indirects. C'est ainsi que, lorsqu'une grève des chemins de fer nous empêche d'aller rendre visite à une vieille tante, le rapport entre les revendications sociales des cheminots et l'héritage en vue ne peut être qu'indirect.

La maladie mentale se réduit donc à un simple processus circonscrit aux structures spatiales du corps humain. Ce dernier n'est pas considéré comme corps vécu, mais seulement comme une structure matérielle éminemment complexe. Marqués par l'expérience des autres branches de la médecine, où l'élément psychique est pratiquement négligé, les cliniciens ont eu recours à un modèle dont l'inadéquation saute aux yeux depuis l'avènement de la médecine psychosomatique.

Ce n'est donc pas par hasard que tout à l'heure, nous avons pris l'exemple de ce que l'on considère comme une maladie organique provoquée par un agent extérieur, l'angine tonsillaire. Dans un petit livre plein d'attrait publié en 1935, V. von Weiszäcker a clairement montré, avec plusieurs cas à l'appui, comment une maladie apparemment aussi banale que l'angine tonsillaire s'intègre dans la courbe d'une existence humaine et recèle des aspects insoupçonnés. Dans son premier chapitre, il décrit une série de cas d'angines dont l'incidence existentielle apparaît avec évidence dès qu'on replace la maladie dans le contexte de l'histoire personnelle du malade. « Les maladies, conclut-il, ne tirent pas leur origine d'une quelconque coïncidence, mais du mouvement passionné de la vie. La systématisation du hasard et l'organisation statistique dans le sens de la physique moléculaire sont également impuissantes à rendre compte de la genèse de la maladie »[13].

Les cliniciens ont cru à la valeur paradigmatique de la médecine dite organique, au lieu d'inverser le rapport. Finalement on réduit l'homme à l'état de complexe biochimique, simple lieu des processus qui déterminent ses réactions. Sera donc seul valable le traitement qui influence ces processus. Toute la psychologie se limite à des phénomènes de surface. Les cliniciens — et répétons encore que par ce terme, nous n'entendons pas le psychiatre qui exerce la pratique clinique, mais seulement le défenseur d'un certain type de pensée nosologique —, les cliniciens se refusent à reconnaître l'anthropologie qui sous-tend leur système et qui, déniant à l'être humain sa qualité d'être homogène *(einheitlich)*, finit par le configurer étrangement à l'image d'un pantin articulé. Cet état de choses se reflète en fin de compte dans l'hétérogénéité des données que l'on met en présence selon le principe que nous avons évoqué plus haut.

Donnons-en un exemple. Au Congrès international de Psychiatrie de 1957, on avait pris pour thème la schizophrénie. Ecoutons ce que nous en rapporte un psychiatre psychanalyste, le Dr Smirnov : « Pour parler de la schizophrénie, on dut, en une seule après-midi, réunir dix-neuf symposions dispersés à travers l'université de Zurich, du Machinenlabor à l'Institut de Zoologie. Voilà qui révèle un état de fait. On ne pouvait, en 1957, parler de la schizophrénie sans la subdiviser, la désintégrer presque, l'attaquer sur tous les fronts »[14].

Le dossier du malade est devenu un collecteur de données classées en différentes séries. Il est facile de prévoir que de nouvelles méthodes d'investigation clinique ajouteront d'autres séries encore à l'avenir. Ainsi donc, le nombre des données demeure théoriquement illimité. Sur ce fond indéfini, le seul principe éclairant auquel le clinicien puisse faire appel, c'est celui que lui fournit une conception organiciste de la maladie; celle-ci se comprend comme un processus qui vient s'attaquer de l'extérieur, comme un *corpus alienum,* à la structure biochimique reposant sur le lit numéro X, de la salle Y. Le clinicien finira par se voir obligé de réserver son diagnostic jusqu'au dernier moment, le nombre des données inventoriées au cours de ces dernières années dans le domaine de la biochimie ne cessant de s'accroître à un rythme effarant; comme la secte des « Cliniciens » dont nous parle l'histoire ecclésiastique, il ne pourra bientôt plus baptiser sa maladie qu'*in articulo mortis.*

Dans la pratique, cette déshumanisation de la médecine sévit beaucoup moins en psychiatrie que dans les autres branches de la médecine. S'il n'est pas rare d'entendre parler, en chirurgie, de l'estomac de la chambre numéro N. et de la vésicule biliaire d'à côté, les neurologues, eux, se contentent de vous dire que Monsieur X est un psychique, puisqu'ils n'ont rien trouvé qui les intéresse dans leurs séries de données.

Mais c'est d'une question de principe que nous traitons ici, et qui est de l'ordre de la théorie.

La théorie psychanalytique ne saurait s'accommoder d'un tel état de choses. Pour elle en effet, le symptôme a une signification — une signification qui peut se dérober à la conscience, mais que l'on doit pouvoir dépister. Elle prétend en outre que, pour découvrir ce sens, il faut le saisir dans la perspective de toute une vie, et dans la trame de son élaboration inconsciente. Elle rejette donc l'hypothèse selon laquelle la maladie mentale se réduirait à une question organique. Elle a pu démontrer entre autres que les prétendues maladies organiques ne sont jamais de pures affections d'ordre physique. Il lui faut donc critiquer les idées directrices, généralement implicites, des cliniciens, et rejeter le concept d'une maladie mentale qui ne serait qu'un événement accidentel, survenant du dehors et portant le désordre dans une harmonie biochimique préexistante. Elle serait en droit de déclarer que, la santé mentale accomplie n'étant pas de ce monde, l'homme est essentiellement un animal névrotique. Disons enfin qu'elle a élaboré une série de méthodes permettant d'agir sur l'évolution névrotique, perverse ou psychotique d'une existence; et n'y serait-elle pas parvenue, elle mériterait encore sa place dans l'histoire de la médecine en raison de la véritable conversion qu'elle a opérée dans la pathologie prise dans son ensemble comme dans la psychopathologie en particulier. Mais que faut-il en conclure pratiquement ?

Comme pour chaque progrès scientifique, on ne peut se contenter de substituer une nouveauté aux acquisitions traditionnelles. Sans aucun doute, une révision du système clinique s'impose, et la découverte de Freud peut y contribuer utilement; si nous avons tellement souligné l'opposition de ces deux conceptions, c'est pour montrer que la clinique traditionnelle s'est acculée à l'impasse, et qu'on ne peut reprendre sa terminologie sans de sérieuses réserves. Mais la mise en question des méthodes existantes ne signifie nullement que la psychanalyse doive remplacer la psychiatrie, comme le pensent certains.

La psychanalyse est issue des recherches que Sigmund Freud entreprit en vue de guérir certains malades par une méthode psychothérapique. Tel fut son point de départ. Mais un développement progressif l'a amenée à dépasser son premier objectif. Elle ne peut se confondre pour autant avec une psychopathologie générale. Elle s'intéresse à l'homme en tant qu'il est une existence assumant un passé et projetant un avenir, et qu'il exprime son être, ou plus exactement son manque à être[15] par une variété de phénomènes qui sont de l'ordre du langage et qui se donnent à lire comme un texte. Cette lecture demeure son principal objectif. Qu'elle vise à guérir une névrose, à révéler un sujet à lui-même, ou à élucider les mythes et les coutumes des civilisations primitives ou évoluées, elle pourrait se donner pour devise la γνῶθι σεαυτὸν du temple de Delphes.

La relation entre la psychanalyse et la psychiatrie n'a d'ailleurs pas manqué de leur être enrichissante à toutes deux, la première contribuant à l'approfondissement de la compréhension de la réalité humaine, la seconde se signalant par son côté descriptif, par ses méthodes de classification et par ses recherches concernant l'hérédité.

Ajoutons que le renversement de la pensée clinique classique n'est pas resté l'apanage des psychanalystes. Des réactions sont venues du camp même de la psychiatrie. Nous signalerons au passage l'une ou l'autre des plus sensationnelles d'entre elles, et qui en jalonnent l'histoire. Remarquons tout d'abord que leur vocabulaire fait régulièrement appel au terme de phénoménologie, et précisons d'emblée qu'en recourant à ce terme équivoque au cours de notre exposé, nous l'entendrons avec toute la richesse de signification qu'il a héritée de l'œuvre de Husserl.

On en trouvera l'analyse magistrale dans la *Phénoménologie de la perception* de Merleau-Ponty, et en particulier dans son introduction : La phénoménologie, nous dit-il, « est une philosophie transcendantale qui met en suspens pour les surprendre les affirmations de l'attitude naturelle, mais c'est aussi une philosophie pour laquelle le monde est toujours déjà là, avant la réflexion, comme une présence inaliénable et dont tout l'effort est de retrouver ce contact naïf avec le monde pour lui donner enfin son statut philosophique »[16].

Très souvent en psychiatrie, les mots « phénoménologie » et « phénoménologique » ne signifient rien d'autre que la description de l'expérience psychologique vécue en tant que telle. C'est tout spécialement le cas chez Jaspers[17].

La phénoménologie de Jaspers a pour objet « l'étude des états d'âme tels que le malade les éprouve. Elle veut nous les représenter sous une forme concrète et considérer leurs rapports de parenté. Elle essaie de les délimiter avec le plus de précision possible, de les distinguer, de les nommer par des termes fixes ». Depuis lors, la phénoménologie est devenue comme la tour de Babel de la psychiatrie et, indirectement, de certains psychanalystes. Par méthode phénoménologique, les uns entendent une méthode philosophique et les autres une méthode psychopathologique. En elle-même d'ailleurs, cette méthode représentait déjà une réaction contre les tendances matérialistes et causalistes de la tradition psychiatrique. En France, c'est surtout Minkowski qui fut le grand novateur. Inspirés de la philosophie bergsonienne, à laquelle ils reprenaient surtout la notion d'élan vital, ses deux livres, *La Schizophrénie* et *Le Temps vécu* devaient révolutionner la pensée psychopathologique. Dans le second de ces ouvrages par exemple, il écrivait : « Le concept qui est entièrement opposé aux phénomènes vitaux est celui de la causalité et de déterminisme, avec ce qu'il y a d'impersonnel en lui. Avec ses caractères de nécessité universelle, de contact immédiat et d'identification, il va à l'encontre des phénomènes de distance et d'ampleur de la vie, et ne peut que les détruire »[18].

Notons chez cet auteur l'importance de la notion de vie et de phénomènes vitaux. À l'époque, c'était évidemment à souligner. Mais ne fallait-il pas aller plus loin ? Que la psychopathologie décrive des manifestations d'êtres vivants, cela saute aux yeux. Ce qui étonne, c'est plutôt qu'il ait fallu attendre si longtemps avant de le remarquer, et le grand mérite de Minkowski est de nous l'avoir rappelé. Mais à force de réduire l'existence humaine à une manifestation de l'élan vital, on risque de taire ce qui devrait frapper de prime abord les consciences, et notamment que cette existence parle d'elle-même. La critique la plus révélatrice pour l'époque nous paraît encore être celle de Binswanger dans son essai intitulé *Lebensfunktion und Lebensgeschichte*[19]. L'auteur y oppose nettement une psychopathologie des fonctions — au sens où l'on dit que la mémoire a pour fonction de nous représenter le passé —, et une psychopathologie de toute la vie humaine, pour laquelle le passé n'est pas simplement le matériel véhiculé par la mémoire, mais ce qui, en vertu de sa signification dans mon histoire personnelle, peut être oublié, voire refoulé, pour ne plus s'exprimer autrement que par le symptôme névrotique.

« En réalité, précise Binswanger, nous nous trouvons ici devant une distinction d'ordre général, dont l'importance est capitale pour toute la psychiatrie et la psychologie. C'est notamment la différence que nous trouvons entre les types de fonctionnement psychique ou physiologique de l'organisme et leurs troubles d'une part, et la succession des contenus de l'expérience psychologique d'autre part »[20].

L'école phénoménologique, qui regroupe Jaspers et Minkowski, Rümke, von Gebsattel et jusqu'à un certain point Binswanger, a adressé à l'école psychanalytique certaines critiques qui ne manquaient pas de fondement.

En effet, on trouve chez Freud, mais davantage encore chez ses épigones, maintes tentatives de représenter l'appareil psychique comme un objet circonscrit dans l'espace et fonctionnant à la façon d'une mécanique. Dans leurs élaborations théoriques, bien des psychanalystes se fourvoient dans le dédale des chosifications et des déterminismes. Or, l'essentiel de la démarche freudienne va à l'encontre d'une telle systématisation. Freud était même si profondément persuadé du caractère provisoire et théorique de ses représentations, qu'il parlait de la « sorcière de la métapsychologie »[21]. Le mot lui-même lui a été suggéré en raison de son analogie avec la notion aristotélicienne de « métaphysique », qui signifie tout à la fois ce qui est « derrière le monde » et ce qui le fonde.

La métapsychologie trouve parfois chez Freud une expression si géniale qu'elle aurait dû éclipser aux yeux de ses censeurs ses tentatives maladroites de formulation mécaniciste. Mais aveuglés par les conceptions de Jaspers, qui ne reconnaît de sens à l'expérience que pour autant que ce sens soit directement perceptible, une bonne partie de l'avant-garde psychiatrique se refusait à admettre le caractère proprement révolutionnaire que la notion d'inconscient conférait à l'œuvre de Freud. En effet, l'inconscient ne se sent pas, mais il n'y a pas de fumée sans feu, — même si on ne le voit pas. Que je me prenne pour Napoléon, je percevrai évidemment le contenu de mon délire, mais qu'est-ce qui fait que je ne me reconnaisse pas pour ce que je suis en réalité, c'est-à-dire un sujet délirant ? Qu'est devenue, si je puis dire, ma conscience de moi ? Etant de toute façon, je devrais me sentir tel que je suis, ce qui en l'occurrence ne paraît pas être le cas. C'est précisément là où quelque chose manquait, que la psychanalyse s'est fait jour. Les premières recherches de Freud ont porté sur ce qui était oublié et se refusait pour ainsi dire de revenir à la mémoire; elles ont porté sur ce qui n'était pas senti parce que le corps refusait de sentir à cet endroit, et sur ce qui n'était pas pensé parce que la conscience en était excédée.

Arrêtons-nous un instant, pour en apprécier la modestie, à un texte où Freud, à la fin d'un article, rappelle avec une sorte de piété une représentation qui l'a soutenu tout au long de sa recherche solitaire : « A présent, je voudrais enfin rappeler en quelques mots la représentation opérationnelle qui m'a servi au cours de cet exposé. C'est la représentation d'une chose qui se laisse discerner dans les fonctions psychiques, qui a toutes les caractéristiques d'une quantité, bien que nous ne disposions d'aucun instrument apte à la mesurer, quelque chose de comparable à une charge électrique »[22]. Fût-on jamais plus circonspect ?

Une psychopathologie véritable, non moins d'ailleurs qu'une authentique pathologie générale, ne peut trouver à se fonder que par-delà les dichotomies cartésiennes, là où il ne sera plus simplement affaire de fonctions et d'organes, sains ou malades, mais d'êtres humains répondant par la maladie à une question qui surgit dans leur existence et sous sa pression. Avant toute scission entre deux sortes de données de laboratoire, les données biochimiques et les données psychotechniques, la réalité humaine se situe dans un monde de significations. A partir de l'existence individuelle comprise comme existence significative et signifiante, on peut distinguer entre la contingence du corps humain et sa dialectique de corps vivant et de corps vécu. C'est seulement dans cette perspective que doit être posée la question : que signifient les données physico-chimiques, analysées d'après les méthodes dites objectives, dans et pour la totalité de l'existence humaine ?

2. Indications

En attendant le renouveau de la clinique psychiatrique traditionnelle, nous serons bien obligés de prendre celle-ci pour base de départ, puisque c'est dans son cadre que nous aurons à situer les affections constituant une indication pour une cure psychanalytique.

D'une façon générale, on peut dire que seules les affections névrotiques sont susceptibles d'amélioration par la cure psychanalytique classique. D'autres méthodes d'inspiration psychanalytique peuvent être envisagées pour certains types de psychoses et pour certaines formes de troubles du comportement. Dès le début de la psychanalyse, Aichhorn a consacré plusieurs travaux à l'intérêt que des vues psychanalytiques peuvent représenter pour le traitement de la jeunesse délinquante[23]. Pour le traitement des enfants, il existe des techniques de psychothérapie par le jeu, dont Anna Freud et Mélanie Klein ont été les initiatrices[24]. On trouvera dans leurs ouvrages toutes les informations nécessaires sur ce sujet.

La cure type — et nous entendons par-là ce que l'on appelle d'habitude une psychanalyse —, n'occupe qu'une place restreinte dans la totalité des traitements psychiatriques. Des malades qui viennent consulter le neuropsychiatre, ceux qui pourraient bénéficier d'une cure ne constituent que les 2 ou 3 % de l'ensemble. Dans certains cas concrets, il est parfois même bien difficile de préjuger au départ de l'utilité d'une analyse. Les principales affections névrotiques qui entrent en ligne de compte sont la névrose d'angoisse, la névrose de conversion et la névrose obsessionnelle. Freud n'a pas tardé à y ajouter les inhibitions névrotiques d'ordre sexuel ou social. C'est pour des cas de ce genre qu'on venait le consulter ou qu'on lui était envoyé à l'époque où il débutait à Vienne comme jeune neurologue spécialisé dans la pratique de la psychothérapie par l'hypnose.

Comme le remarque Glover, « les psychanalystes actuels reçoivent une multitude de cas que leur envoient des collègues bien en place, partisans des conceptions bien différentes des leurs quant aux méthodes de sélection et quant aux principes de diagnostic, mais qui ne s'en estiment pas moins très heureux de trouver où caser des malades dont ils redouteraient personnellement d'entreprendre le traitement. Le résultat d'un tel état de choses, c'est que la clientèle du débutant compte seulement quelques cas de névroses classiques, qui se trouvent noyés dans la masse des autres cas d'impuissance sexuelle, d'homosexualité, d'alcoolisme chronique, de psychopathies occasionnelles, de conflits conjugaux et de manifestations de caractère psychotique. Pour l'analyse, l'une des conditions de succès *sine qua non* réside dans la faculté de discernement dont le praticien fait preuve quant à la possibilité de soumettre le cas en question à une cure psychanalytique, ou en d'autres termes, quant au potentiel transférentiel »[26]. Le débutant y trouvera l'occasion de se remettre en mémoire la classification étiologique des affections mentales, qui constitue la colonne vertébrale de la psychiatrie psychanalytique.

Les cas de névrose pure, sans complications, sont plutôt rares. Et inversément, on trouve peu de sujets atteints d'affections psychiatriques qui ne portent la marque d'éléments névrotiques importants. Le premier problème à résoudre est donc celui du diagnostic psychiatrique.

Depuis que l'analyse structurale de Birnbaum a fait son entrée dans le monde psychiatrique, nous disposons d'une méthode permettant de distinguer plus nettement les différents facteurs qui ont collaboré à l'éclosion de la maladie mentale, et de définir plus exactement leurs rôles respectifs. Birnbaum a essayé de dégager les lois qui régissent les rapports internes et organiques reliant nombre de données qui jusque-là paraissaient concourir d'une façon toute fortuite à la formation des phénomènes psychopathologiques. A la notion de concours de circonstances, il a substitué une distinction essentielle entre éléments pathogénétiques et éléments pathoplastiques[27]. En d'autres mots, on peut assister à l'éclosion d'une symptomatologie névrotique aiguë due à une étiologie d'une tout autre nature. Dans la pratique, avant de conclure à la présence d'un élément névrotique important et primordial d'après le tableau clinique, il faut peser les autres facteurs susceptibles d'affecter le malade, et écarter les cas où ils apparaissent prédominants. Telle était déjà l'attitude de Freud qui, à l'encontre de ce qu'on lui reproche très injustement, avait parfaitement conscience des limites de l'action analytique. Ses premiers travaux témoignent d'un constant souci de formuler un diagnostic exact, et déjà en 1898, il admettait fort bien qu'une complication puisse se manifester au cours d'une existence névrotique dans le sens, par exemple, d'une mélancolie ou d'une manie[28].

Dressons donc une liste des facteurs dont il faut toujours tenir compte, encore qu'on les méconnaisse bien souvent ou qu'on les qualifie à tort de névrotiques :

1. Il peut se trouver dans la vie des circonstances qui mettent à bout les forces de résistance de l'individu au point d'accroître soudain dans des proportions inquiétantes des particularités névrotiques qui jusque-là étaient demeurées pratiquement inoffensives. L'effort à soutenir

pour affronter certaines situations particulièrement lourdes d'un point de vue émotionnel peut parfois conduire à un état d'épuisement qui compromet l'équilibre de l'individu en faisant apparaître une symptomatologie névrotique. Dans l'une de ses dernières publications, *L'analyse finie et l'analyse indéfinie,* Freud fait encore remarquer qu'il n'est pas d'analyse si profonde qu'elle puisse à tout coup garantir des atteintes du destin et de ses répercussions névrotiques; il en donne lui-même un exemple[29].

2. D'un autre côté, il ne faut jamais perdre de vue l'influence que peut jouer l'état de santé physique du malade. Qu'un psychiatre se permette une pareille remarque et l'on considère aussitôt qu'il enfonce une porte ouverte. N'empêche qu'on lui envoie, ou qu'on envoie simplement « se faire analyser », des malades dont on cherche à se débarrasser, alors qu'ils souffrent en réalité d'une tumeur cérébrale, d'une épilepsie subclinique ou d'un trouble hormonal. Il faut savoir que, bien souvent, on dirige un malade chez le psychiatre pour la seule raison qu'on ne lui a rien trouvé et qu'on s'est contenté par conséquent d'un diagnostic par élimination. Mais abstraction faite des grossières erreurs de diagnostic dues à la négligence du spécialiste, une symptomatologie névrotique apparemment classique peut fort bien cacher encore d'autres pièges qu'il s'agit d'éviter. On tient trop peu compte, même dans le domaine qui nous occupe, des états d'épuisement organique susceptibles de se prolonger assez longuement, par exemple à la suite d'une maladie infectieuse ou d'une période de surmenage intensif. L'asthénie postgrippale en est un autre exemple typique.

3. Un troisième facteur, dont l'importance est aussi bien souvent sous-estimée, relève de la condition psychophysiologique propre à un âge donné. On ignore généralement qu'au moment de la puberté, le jeune homme ou la jeune fille peuvent présenter un syndrome psychopathologique consécutif à une crise d'adolescence mal

surmontée plutôt qu'à une évolution névrotique spécifique. On constate des phénomènes analogues au moment de la ménopause, pendant la grossesse ou après un accouchement. Même en dehors de ces périodes critiques qui bouleversent les modes d'existence et les habitudes établies, chaque âge de la vie passe par des tensions qui lui sont propres. C'est ainsi que dans notre société, on aurait presque le sentiment qu'il est honteux de vieillir : qui oserait se dire vraiment indifférent de devenir un « croulant » ?

On n'ignorera pas l'importance de ces considérations dans la pratique si l'on songe qu'un traitement psychothérapique peut fort bien suffire dans le cas de symptômes relatifs à un âge critique, alors qu'une névrose formellement constituée exigera une cure psychanalytique intégrale, ou tout au moins une intervention psychothérapique de longue durée. Mais retenons surtout que ces états peuvent parfois prendre un aspect spécifiquement névrotique, voire même psychotique, en semant la confusion dans le diagnostic différentiel.

4. Un dernier facteur peut être souvent méconnu dans l'examen même approfondi d'une symptomatologie névrotique : la présence d'une légère dépression. Il est bien difficile de reconnaître à leur début des états de ce genre. On peut compter en grand nombre les malades que leur médecin estime sujets à l'analyse et qu'il envoie au psychanalyste, quand ils ne souffrent en réalité que d'une légère dépression endogène passée inaperçue. Souvent, le tableau clinique ne présente que fort peu de symptômes particuliers, et on n'y reconnaît pas les signes d'une dépression. Signalons-en spécialement l'un ou l'autre : l'inappétence, l'insomnie, l'impuissance sexuelle, et les états d'angoisse diffuse. Ajoutons que ces malades ont une propension à s'accuser et à s'estimer coupables de manque de volonté et de toutes sortes de faiblesses. Souvent aussi, ils témoignent d'une appréhension très vive de devenir psychotiques. Ils perdent toute estime

d'eux-mêmes et finissent par se convaincre que, dans leur état d'abjection, il ne leur reste plus d'autre moyen thérapeutique qu'un recours désespéré à la psychanalyse. Il peut alors arriver que le psychanalyste se voie dans l'obligation de déconseiller la cure.

Voilà donc quelques éléments qui entrent sérieusement en ligne de compte dans l'examen auquel il faut soumettre toute symptomatologie névrotique avant d'en déterminer de plus près la signification. Ce sont les éléments que l'on méconnaît le plus souvent dans la pratique. Il faut toujours les avoir à l'esprit lorsqu'on se trouve en présence d'un ensemble de symptômes rappelant la névrose, mais qui se sont déclarés brusquement ou en un temps assez bref. Un examen psychopathologique approfondi révélera presque toujours qu'une névrose spécifique s'est peu à peu développée, et que ses débuts remontent à la prime jeunesse. Au contraire, un examen superficiel n'aura généralement pas la possibilité de discerner la préhistoire de l'éclosion des symptômes. Mais comment reconnaître ces éléments qui dans un cadre pareil paraissent hétérogènes ? Avant tout, il faut savoir y penser. Pour les cas d'épuisement organique ou d'affections organiques à symptomatologie atypique, on trouvera les indications nécessaires en recourant à un examen physique ou à l'histoire de la maladie.

L'examen des problèmes propres à l'âge du malade doit toujours faire partie intégrante du diagnostic. Pour évaluer le poids des facteurs de situation, il suffit généralement de prêter attention au récit du malade, ce qui ne doit pas faire spécialement difficulté dans une perspective de consultation psychanalytique. Mais nous risquons toujours d'achopper sur une dépression endogène légère. A condition d'y être attentif, on la reconnaîtra à ses oscillations, à l'existence d'une symptomatologie végétative typique, et à un état prémorbide pratiquement normal. Cette dépression et la névrose légère sont l'une et l'autre extrêmement fréquentes. Il n'est donc pas étonnant que, très souvent, elles se rencontrent simultanément, et on ne compte plus les cas où le départage est des plus malaisés. Si le doute subsiste, on peut tenter un traitement antidépressif; c'est encore le procédé le plus simple et le plus inoffensif, alors que, dans le cas d'une dépression endogène, un traitement psychothérapique et psychanalytique n'aurait aucun sens et ne ferait bien souvent qu'augmenter l'angoisse. Le résultat du traitement antidépressif permettra de confirmer ou d'infirmer le diagnostic proposé. Si le traitement de la dépression est couronné de succès, une psychothérapie systématique s'avérera souvent, mais pas toujours superflue, mais cela ne doit pas dispenser le psychiatre de maintenir avec le malade un contact inspiré par une attitude psychothérapique de base.

Jusqu'ici, nous n'avons procédé dans la voie du diagnostic différentiel que par une méthode d'exclusion; nous devons pourtant nous demander si le tableau clinique ne présente pas également des indications positives quant à la structure névrotique. Cela nous renvoie à la question de savoir ce qu'est en fin de compte une névrose.

Pour poser ce diagnostic, deux voies d'approche s'offrent à nous, l'une de type clinique, l'autre de type structural. Par voie d'approche de type structural, nous entendons ici l'examen de la logique interne que la symptomatologie révèle et dissimule tout à la fois. Nous reviendrons plus loin sur l'aspect clinique de la névrose.

Dans la plupart des exposés de vulgarisation, on définit habituellement la névrose comme « un état de conflit inconscient »; c'en est aussi la définition la plus vague et de ce fait la moins exacte. En un sens donc, il n'est personne qui ne soit névrosé, et il n'est pas possible de tracer une frontière entre la symptomatologie névrotique dite pathologique et l'autre que l'on considère comme normale. Dans son essai sur *La perte de la réalité dans la névrose et la psychose*, Freud procède de son côté à une tentative de description comparative de la névrose, de la psychose et de la normalité[30]. Mais avant d'y venir, précisons que, dans la suite de cet exposé, nous ferons abstraction des psychoses dites exogènes, étant donné que, jusqu'à preuve du contraire, elles se réduisent aux affections de nature organique qui donnent lieu à la formation des types de réactions exogènes décrits par Bonhoefer[81].

Mais voyons comment Freud définit la différence entre les trois termes susdits. Dans la névrose, selon lui, le moi demeure sous la dépendance de la réalité en réprimant une partie du Ça, c'est-à-dire de la vie des pulsions, tandis que dans la psychose, le moi s'abandonne au service du Ça en se retirant d'une partie de la réalité, la perte de la réalité constituant dans ces conditions une donnée première[82].

Mais cette perte de la réalité affecte également la névrose, quoique d'une façon différente en un deuxième mouvement par lequel le sujet se déprend de tout un secteur de la réalité, et notamment de celui qui menace de provoquer en lui une revendication de la pulsion. Parallèlement, en ce deuxième mouvement, la psychose tente d'annuler souverainement ce qu'elle a perdu de la réalité, en lui substituant une réalité nouvelle qu'elle recrée de toutes pièces et qui ne risque plus d'être pour elle une source d'irritation. Dans les deux cas, la démarche se conforme à la volonté de domination du Ça, qui se refuse de céder à la réalité. La névrose ne nie pas la réalité, elle se contente de n'en rien savoir, et elle tente de lui échapper après avoir commencé par la suivre. La psychose, elle, nie la réalité, et elle s'efforce de la remplacer ou de la transformer, après avoir commencé par la fuir.

Nous désignons comme normal, ou sain, le comportement qui réunit certains traits bien définis de ces deux réactions : il a en commun avec la névrose de ne pas nier la réalité, mais comme la psychose, il se préoccupe de la transformer; en revanche, ce comportement affectif normal conduit naturellement à des prestations de travail au sein du monde extérieur, au lieu de se limiter comme la psychose à des modifications d'ordre purement intérieur[33]. Il faut dire en effet que les tentatives opérées par la psychose en vue de remodeler la réalité portent sur les sédimentations de ses rapports antérieurs avec le monde, c'est-à-dire sur les traces laissées dans la conscience par les souvenirs, les représentations et les jugements tirés de la réalité, au temps où elle était encore présente à la vie mentale. Les expériences ultérieures seront nettement hallucinatoires. Dans la psychose, c'est le premier moment qui pèse le plus lourdement sur l'évolution du sujet. La ligne de démarcation entre la névrose et la psychose s'estompe encore davantage du fait que la névrose tente elle aussi de substituer à une réalité indésirable des représentations qui reflètent son désir. Ces représentations, elle trouve à les puiser dans le monde imaginaire qu'elle s'est constitué en domaine distinct et autonome du monde extérieur au moment où, mettant en question le principe de la réalité, elle s'est dégagée des exigences et des nécessités de la vie réelle. C'est à ce monde de l'imaginaire que la névrose emprunte le matériau nécessaire pour les nouvelles formations de ses désirs, et elle les obtient généralement par voie de régression vers une préhistoire réelle et plus satisfaisante[34].

Ces textes, que nous avons choisis et traduits de façon assez libre, servent le plus souvent à illustrer des études consacrées à la psychose. Ils n'en sont pas moins éclairants pour notre compréhension de la névrose. Celle-ci se définit donc par le moyen d'une confrontation avec la réalité et dans la ligne d'une mise en œuvre de mécanismes de défense, sans aller toutefois jusqu'à se retrancher totalement de la réalité, ce qui demeure l'apanage de la psychose. Les mécanismes de défense ont pour fonction de refouler certaines revendications d'origine pulsionnelle. Mais ce refoulement est contrebalancé par une propension à fuir toute la part de réalité qui correspond aux tendances refoulées. En compensation, le sujet cherche à se satisfaire au niveau de l'imagination régressive. D'un autre côté, cette constitution névrotique donne lieu à la formation de symptômes, encore qu'une névrose puisse se développer assez longtemps sans · qu'aucune symptomatologie ne la révèle sur le plan clinique. C'est le cas en particulier de la névrose obsessionnelle, dont Freud a pu décrire une phase précisément caractérisée par l'absence de symptômes[85], et dont le conflit latent aboutit à la métamorphose du moi. Ce qui déclenche l'apparition des symptômes typiques de la névrose, c'est l'échec, total ou partiel, du refoulement, lorsqu'une réaction se produit contre lui en offrant une certaine compensation à la partie du ça qui avait été contrariée[86]. Le refoulé reparaît alors sous forme de symptômes qui cherchent à compenser par des satisfactions nouvelles celles que le refoulement avait interdites. C'est par cette voie que la libido trouve à se décharger. Les symptômes reproduisent alors, en tout ou en partie mais d'une façon détournée, le comportement sexuel du malade, que ses tendances soient dites normales ou perverses. Mais comme le refoulement en a bloqué les revendications, le symptôme n'offre plus de satisfaction que transposée et méconnaissable[87].

En même temps, le moi étant le siège d'une protestation contre cette émergence des tendances refoulées, les poursuit sous la forme d'un contre-investissement et les presse à se choisir une forme d'expression où il trouve à se reconnaître lui-même. Le symptôme naît d'un compromis entre la revendication pulsionnelle et la censure. Il procède du désir libidinal inconscient, mais sa physionomie n'a cessé de se modifier selon le jeu d'une ambiguïté soigneusement entretenue entre deux significations entièrement contradictoires[88].

Après avoir cherché à préciser quelque peu la nature de la névrose et les rapports qu'elle entretient avec la normalité comme avec certaines psychoses, nous pouvons revenir à la question de l'indication en fait de cure psychanalytique.

Le diagnostic de névrose une fois établi, on doit tenir compte d'un certain nombre d'éléments nouveaux. Et tout d'abord de l'âge. On n'entreprend pas un traitement psychothérapique à n'importe quel âge. Pour la cure psychanalytique proprement dite, les limites vont de la fin de la crise de puberté au début de la cinquantaine. Au-delà de cet âge, la personnalité n'offre plus assez de plasticité pour qu'on puisse en attendre des changements bien sensibles. Au contraire, trop de choses se trouvent en pleine évolution ou en pleine ébullition au cours de la crise de puberté.

D'autre part, le malade doit être doué au moins d'une intelligence moyenne, et qui dépasse la moyenne autant que possible. D'ailleurs, l'intelligence ne suffit pas; un certain niveau culturel est encore plus nécessaire. A première vue, cette exigence peut paraître superficielle; mais il faut se représenter que la cure psychanalytique est une cure de caractère verbal, que la parole est le seul pouvoir agissant auquel elle ait recours, en sorte que les chances d'action effective sont directement liées aux capacités d'interprétation. C'est donc au niveau du langage que la joute va s'engager. Il est alors bien normal qu'une certaine culture littéraire, qu'une certaine richesse de vocabulaire, qu'une certaine facilité dans le maniement de la langue, voire de plusieurs langues, apportent une contribution précieuse au travail psychanalytique, et d'autant plus que les structures découvertes par Freud reproduisent toutes les caractéristiques du langage. N'en donnons pour exemple que le texte de Freud cité plus haut à propos de la formation des symptômes, et qui traite de la protestation ou la contradiction qui, installée dans le moi (« *Widerspruch... im Ich* »), poursuit les tendances refoulées et les contraint à s'exprimer (« *nötigt sie jeden Ausdruck zu wählen* »).

Dans l'indication de l'analyse, on tiendra compte également de la personnalité du malade en tant que telle. Il est nécessaire que celui-ci prenne une certaine distance intérieure vis-à-vis de ses symptômes, ce qui souvent n'est pas le cas. En revanche, et contrairement à une opinion assez généralisée, il n'est pas nécessaire d'avoir acquis une compréhension préalable de la psychanalyse, non plus que de vouer une foi aveugle au psychanalyste ou à la méthode. Mais il importe que le malade éprouve le besoin de trouver une solution à ses problèmes névrotiques, et qu'il n'envisage pas cette solution comme une adaptation de son entourage à sa personne. Dans son comportement, il doit également témoigner d'un minimum de continuité et d'une certaine intégrité morale. Enfin, des formes graves d'infantilisme psychologique constituent des contre-indications.

Le recours à la psychanalyse thérapeutique est également limité en raison de sa propre nature à elle. Entreprise de longue durée, elle exige une certaine quantité de travail, et elle finit par être relativement coûteuse. Dès lors, quand faut-il l'envisager ? On peut dire sans exagérer que dans les cas de névrose grave, elle est seule à offrir des chances sérieuses de succès.

Au cours de ces dernières années, on a vu naître plusieurs techniques psychothérapiques, dont une partie d'inspiration freudienne, qui semblent avoir une très réelle valeur. La plupart d'entre elles ne sont encore que rarement appliquées en Belgique ou en France. Rares sont les centres où l'on pratique la psychothérapie de groupe, la psychanalyse de groupe, le psychodrame, la méthode non directive de Rogers. Il reste encore beaucoup à faire dans ce domaine.

Dans le choix entre les différentes techniques, on se laissera guider par tout ce qui a été dit plus haut. La plupart des psychanalystes pratiquent d'autres méthodes encore que celle de la cure-type. Mais on s'imaginerait à tort qu'on peut choisir entre une méthode de longue durée et une autre plus expéditive. Il n'est pas impossible de prévoir la durée d'une psychothérapie, de quelque type qu'elle soit. Après examen approfondi et indication précise, la durée d'une psychanalyse n'excédera sûrement pas le temps qu'exigerait toute autre forme de traitement. Le contraire se vérifie bien souvent, et d'autant plus que rien ne retient le malade d'abandonner le traitement après une guérison même purement symptomatique. Les guérisons à brève échéance ne sont d'ailleurs pas tellement rares en psychanalyse. Ce n'est pas la méthode qui définit la durée du traitement, mais la nature et la gravité du cas. Les circonstances concrètes de la vie journalière du malade l'influencent également. Il faut souhaiter que durant la cure, il continue à vaquer à ses occupations habituelles, qu'il ne perde pas son temps à ne rien faire ou à ressasser mentalement tout ce qu'il a dit ou qu'il aurait pu dire, tout ce que l'analyste aurait dû dire et tout ce qu'il n'a pas dit, etc...

En résumé, les questions qui se posent au sujet de l'indication en psychanalyse sont de l'ordre du diagnostic psychiatrique, de la qualité personnelle du sujet, et du choix entre les différentes techniques psychothérapiques. En tenant compte des réserves déjà formulées, quelles sont actuellement les indications positives de la cure ? Les indications classiques formulées plus haut reflètent une classification nosologique un peu simpliste, et ne correspondent plus à la réalité clinique. Dans la pratique psychanalytique, on ne rencontre que rarement la névrose d'angoisse ou la névrose obsessionnelle à l'état pur. Le plus souvent, il s'agit de formes mixtes. Les formes graves de la névrose obsessionnelle se situent d'ailleurs à la limite des possibilités pratiques. Un syndrome névrotique grave doublé d'une symptomatologie de conversion chez une personnalité infantile ne constitue certainement pas une indication favorable.

En parcourant l'ensemble des cas étudiés dans les premières publications de Freud, on peut constater qu'il s'agissait toujours de cas fort graves, qu'à l'heure actuelle on hésiterait à psychanalyser. Il est vrai qu'il existe une mode même en psychopathologie. C'est ainsi qu'à la fin du siècle dernier, la mode était à l'hystérie caractérisée, avec ses différentes phases, et tout spécialement celle « des positions passionnelles ». On ne la rencontre plus aujourd'hui, ou très rarement; le temps est plutôt aux déformations caractérielles, aux inhibitions graves dans les relations interpersonnelles. Le malade qui puise dans sa souffrance un avantage secondaire important, qui a tiré profit de ses symptômes, ou qui y a trouvé le moyen de terroriser son entourage, ne sera guère prêt à se mettre en peine d'entreprendre une analyse. Au contraire, c'est auprès de ceux qui sont réellement éprouvés du fait de leur symptomatologie, et qui en sont gênés dans la réalisation de ce qu'ils désirent entreprendre, que l'on obtient les meilleurs résultats. C'est pour cette raison que la plupart des cas de perversion sexuelle se présentent très rarement chez le psychanalyste. La perversion n'est généralement pas perçue comme une affection éprouvante puisqu'elle est vécue comme une source de plaisir possible. Dans les rares cas d'exception à la règle, ce sont les symptômes complémentaires qui ont déterminé la décision du malade.

Terminons ce chapitre en dressant une liste de syndromes psychopathologiques qui peuvent plaider en faveur d'une psychanalyse :

1. Les syndromes névrotiques présentant une symptomatologie spécialement marquée d'angoisses ou de phobies.

2. Les syndromes névrotiques présentant une symptomatologie avec prépondérance d'obsessions, de rituels obsessionnels ou de doutes.

3. Les syndromes névrotiques se manifestant spécialement par un état d'inhibition dans les rapports individuels ou de groupe. Les syndrômes ou les tics, ou l'érythrophobie, occupent l'avant-plan.

4. Les dépressions névrotiques et les dépressions réactives. Ces dernières peuvent présenter certaines caractéristiques des dépressions endogènes.

5. Les différentes formes d'inhibitions sexuelles, entre autres, la frigidité, le vaginisme, l'impuissance sexuelle et l'éjaculation précoce.

6. La bisexualité facultative.

7. L'inadaptation chronique.

8. L'anorexie mentale.

9. Certains syndromes psychosomatiques.

La liste est incomplète et les distinctions sont plus ou moins artificielles. En général, il faut attacher plus d'importance à la personnalité malade qu'aux considérations de classification nosologique. L'objet propre de la médecine, qui est l'homme vivant avec toute sa plasticité et sa créativité, ne se prête pas à une systématisation définitive, non plus qu'à une typologie exhaustive. Et en psychiatrie plus encore qu'en médecine, il faut se rappeler qu'il n'existe jamais deux malades identiques. D'ailleurs, la cure psychanalytique est autre chose qu'une arme d'arsenal thérapeutique spécialisée dans le traitement de la névrose et d'autres maladies mentales ou organiques. Elle est avant tout possibilité de révéler une dimension de l'existence, et elle n'est qu'indirectement une nouvelle méthode thérapeutique. Ce qui la caractérise, ce n'est pas le désir de venir en aide, c'est la poursuite d'un savoir et d'une sagesse qui nous permettent d'organiser notre vie. « Nous croyons, dit Freud en une formule épique, qu'il est possible à la recherche scientifique de percevoir quelque chose de la réalité du monde qui nous permettra d'augmenter notre pouvoir et d'organiser notre vie grâce à elle »[39].

Quand bien même la psychanalyse n'aurait aucune valeur curative, et qu'elle ne serait qu'une méthode d'initiation à une compréhension plus profonde de soi-même et de la nature humaine en général, notre civilisation ne pourrait plus s'en passer. Freud déjà croyait qu'à l'avenir, la psychanalyse en tant que science de l'inconscient dépasserait de loin en importance sa valeur thérapeutique[40]. C'est cet inconscient que Freud a interrogé, et dont il a appris par une simple écoute à comprendre le langage et à dire la vérité.

TROISIEME PARTIE

PSYCHANALYSE ET ANTHROPOLOGIE PHILOSOPHIQUE

par A. VERGOTE

> *« Plus l'œuvre d'un penseur est grande, plus riche demeure la part de l'impensé dans cette œuvre de pensée, à savoir ce qui pour la première fois surgit comme non encore pensé, et du fait de cette seule œuvre de pensée. »*
>
> (M. HEIDEGGER, *Der Satz vom Grumde*, pp. 123-124.)

Avertissement.

Dans les pages qui suivent nous allons commenter avec sympathie les conceptions et les théories de Freud. Nous ne présentons pas ici une étude historique systématique. Mais notre propos s'autorise d'une longue fréquentation des textes freudiens. Depuis des années nous avons pu en vérifier le bien-fondé au regard des observations cliniques; nous avons eu souvent l'occasion de les confronter avec de nombreux commentaires et avec les nouvelles théories issues de la psychanalyse ou inspirées par elle. Nous avons la conviction que peu d'écoles nouvelles ont apporté de réelles corrections aux idées de Freud. Leurs critiques trahissent la plupart du temps une méconnaissance de la véritable visée psychanalytique. Sans doute, après la disparition du maître, a-t-il fallu prendre des chemins détournés, avant de retrouver, en un troisième temps, l'accès à son enseignement authentique.

Des études freudiennes, nous avons, pour notre part, tenté de dégager l'impact anthropologique. Notre question est d'ordre philosophique : Que nous apprend de l'homme la psychanalyse ? Lorsque Freud achève son œuvre, il nous laisse de l'homme et de ses ouvrages une expérience et une interprétation psychologique révolutionnaires. Sa théorie est faite de certains concepts et de certaines articulations qui présentent des directives pour une philosophie de l'homme. Nous avons essayé de les saisir en demeurant fidèle à l'enseignement freudien. Nous nous sommes d'abord laissé mettre en question par la psychanalyse. Nous nous sommes gardé de récuser, au nom de principes philosophiques, les fragments de vérité que l'expérience clinique est seule à pouvoir nous proposer. Il n'appartient pas aux philosophes, aux moralistes, et aux théologiens de trier les données d'expérience qu'ils jugent admissibles, pas plus en psychanalyse qu'en physique ou en sociologie. Nous avons refusé toute hybridation entre philosophie et psychanalyse et nous nous sommes résolument installé au cœur de l'expérience psychanalytique pour en saisir les ressources anthropologiques. Notre texte oscille sans cesse entre la présentation des idées de Freud et le projet de penser ce qui est « impensé ».

1. La psychanalyse :
science fondamentale de l'homme ?

Par anthropologie philosophique, nous entendons l'étude philosophique de l'être humain, qui assume les acquisitions des sciences anthropologiques. Les psychologies, expérimentale et médicale, la sociologie, l'histoire des civilisations, la phénoménologie des religions, l'ethnologie, la linguistique, nous ont manifesté l'homme tel qu'il est se faisant lui-même, dans ses rapports avec les autres, avec le cosmos, avec sa destinée dernière, avec son propre corps, ou dans ses expressions intersubjectives et sociales. Il n'est plus possible dès lors, de penser l'être de l'homme sans prendre appui sur une exploration systématique de ses œuvres qui toutes manifestent son essence.

La psychanalyse n'est pas elle-même une vision du monde *(Weltanschauung)*, Freud nous l'affirme à plusieurs reprises[1]. Elle ne prescrit pas de morale. Il lui arrive même d'assurer qu'elle ne s'oppose pas à une conception religieuse du monde. Elle n'est en tout cas pas une philosophie. Il n'empêche que Freud marque de temps à autre des ouvertures de ce côté. Il exprime son regret que les philosophes ne puissent l'aider à élaborer le concept d'inconscient. Il recourt à Platon pour penser l'*éros*. Il reconnaît en Nietzsche et Schopenhauer des précurseurs de ses analyses critiques des comportements humains. On repère dans ses analyses de l'inconscient des références à la critique kantienne de la raison pure. Mais ces rapports à la philosophie restent partiels, utilitaires, et jamais Freud n'a voulu répondre à la vocation de la philosophie qui est de penser pour elles-mêmes les significations vécues. Cette abstinence d'ailleurs ne lui coûtait rien : « J'ai soigneusement évité de m'approcher de la philosophie proprement dite. Une incapacité constitutionnelle m'a beaucoup facilité une telle abstention. » Et cependant c'est la question philosophique, celle de l'énigme de l'homme et du monde, qu'il voulait traiter, par ses études et recherches médicales d'abord, psychanalytiques ensuite. « *L'Hymne à la nature* », naguère attribué à Goethe, a d'ailleurs, de son propre aveu, déterminé cette vocation, qu'il appelle lui-même philosophique[2].

S'il a voulu préserver la psychanalyse d'être une représentation du monde, il n'en était pas moins compromis avec celle qu'il héritait simultanément du rationalisme du siècle des lumières *(Aufklärung)* et du scientisme. Mais il nous semble de peu d'intérêt d'isoler dans ses écrits cette conviction philosophique ultime et partout présente.

LA PSYCHANALYSE MET LA PHILOSOPHIE EN QUESTION

Le vrai génie de Freud et son immense apport à la philosophie se découvrent dans la considération métapsychologique des phénomènes humains, tels que la culture, l'éthique et la religion. Freud a introduit une exigence d'interprétation de l'homme (une herméneutique) qui est appelée à transformer la philosophie; il révèle de nouvelles formations psychologiques différentes des structures à partir desquelles le philosophe avait l'habitude de s'exprimer; il a dévoilé l'humanité à l'œuvre là où aucun philosophe ne l'avait jamais soupçonnée : dans les pulsions, les rêves, les maladies mentales, etc... En mettant l'accent sur l'humanité de ces phénomènes demeurés en marge de la conscience philosophique, il appelle une explicitation philosophique qu'il n'a pas lui-même réalisée et qu'il n'envisageait d'ailleurs qu'avec méfiance.

L'ambivalence de Freud vis-à-vis de toute philosophie, et même vis-à-vis d'une représentation du monde, s'explique sans doute par sa situation historique : il était lui-même l'une des principales charnières qui ont fait passer la philosophie de l'étude de la conscience à l'analyse de l'échange entre la conscience et le monde.

La conscience elle-même doit être interprétée puisqu'elle peut s'illusionner sur ses propres motifs d'agir. Toute idée qui n'a pas été soumise à l'implacable interprétation psychanalytique restera suspecte d'être défense, métaphore, ou dénégation. Toute explication d'un symbole ou d'un rite pourra prêter à discussion : ne dit-il pas le contraire de son sens visé ?

Rien n'est plus déroutant que cette incertitude dans laquelle la psychanalyse nous place. L'homme moderne était déjà habitué à introduire en toute affirmation le coefficient du doute méthodique. Il sait, depuis Descartes, que ses sens et son imagination peuvent le tromper; mais la mise en œuvre de sa critique n'avait fait que renforcer sa confiance dans la raison. En effet, le doute méthodique appliqué renforce l'assurance du « Cogito » : en jugeant les jugements de sa raison, en prenant de la distance par rapport à eux, dans le lieu même de son doute, le philosophe affirmait son pouvoir de juger en raison, non seulement les objets de sa connaissance, mais sa connaissance elle-même. Le doute méthodique restaurait la supériorité de la raison. La psychanalyse, et dans une certaine mesure, la critique marxiste, semblent nous enlever le point d'Archimède qui permettait sinon de dominer le réel par le survol, du moins de maîtriser nos propres affirmations par la réflexion critique. Votre pensée, dit le psychanalyste au philosophe et au théologien, peut exprimer autre chose que l'objet et la vérité que vous visez. Toute la thérapie analytique, ne consiste-t-elle pas à restituer à une pensée son contenu vrai, que le contenu manifeste, conscient, voilait ?

Il peut sembler, à la première lecture d'un ouvrage de psychanalyse, qu'on assiste à un incroyable dénigrement de l'homme, sans aucune mesure avec tout ce que peut offrir le matérialisme scientifique. Jamais mouvement scientifique n'a paru plus résolument antihumaniste. C'est d'ailleurs le motif pour lequel chrétiens et marxistes se sont souvent trouvés engagés dans une commune réprobation de la psychanalyse[3]. Aucun positivisme, semble-t-il, n'a jamais eu cette vertu corrosive que la psychanalyse distille partout où elle s'applique. Tout sentiment n'est-il pas finalement ramené à un désir érotique méconnu ou déplacé ? L'éthique et la religion ne sont-elles pas considérées comme de simples rejetons du complexe d'Œdipe ? L'entêtement à dépister partout les déguisements symboliques du sexuel, l'identification hautaine de la philosophie à un guide de voyage pour gens angoissés[4], l'explication des groupes et des sociétés par le lien homosexuel, tout cela peut paraître un carnaval burlesque d'idées folles, empruntées au monde des aliénés.

LA PSYCHANALYSE, ŒUVRE DE RAISON

On n'a pas tardé à admettre le bien-fondé des analyses cliniques de Freud et, à un moindre degré, le pouvoir de ses principes thérapeutiques. On a même reconnu la fécondité d'un bon nombre de ses idées anthropologiques, comme nous le verrons dans nos références ultérieures à la phénoménologie et l'anthropologie culturelle. On a eu infiniment plus de peine à intégrer ses principes d'interprétation à une anthropologie proprement philosophique. Ceux qui ont tenté de le faire, comme Sartre (*L'Etre et le Néant*), Merleau-Ponty première manière (*Phénoménologie de la perception*), ou les culturalistes américains, ne l'ont fait, la plupart du temps, qu'après avoir apprivoisé la psychanalyse en la dépouillant de ses exigences fondamentales. Ne l'ont-ils pas assimilée à une critique psychologique qui ressortit encore à l'ordre de la raison consciente ? Ils ont essayé de comprendre directement le symptôme hystérique ou la culpabilité morbide, par une réflexion immédiate sur le vécu, comme si leur sens ne pouvait échapper à la conscience. Ces essais de repenser la psychanalyse ne nous ont pas convaincu. Nous tenons que Freud a eu raison de maintenir, contre toute tentative d'assimilation philosophique la stricte vérité de son concept d'inconscient et les exigences herméneutiques qui en résultent. L'anthropologie culturelle, la psychanalyse existentielle de Sartre, et les nouvelles thérapeutiques ont certes leur valeur, mais elles n'épuisent ni ne remplacent la science de l'inconscient, comme elles ne peuvent se substituer dans tous les cas, à la thérapeutique freudienne.

Si nous tenons au concept authentiquement freudien de l'inconscient, tel qu'il se trouve structuré par le complexe d'Œdipe, ce n'est pas pour nous rallier malgré tout à cette réduction de toute pensée à la vérité d'un inconscient qui absorberait en lui toute philosophie rationnelle. L'interprétation par un seul principe, l'inconscient, est encore tributaire d'un rationalisme que l'herméneutique freudienne met en question. Selon Freud, conscient et inconscient doivent être pris corrélativement. Il interprète la conscience par l'inconscient qui lui est de quelque manière inhérent; mais il explique aussi l'inconscient par référence à la conscience qui l'habite d'une certaine façon. La vérité de l'inconscient n'est pas dans cet inconscient lui-même, pas plus que la conscience ne se laisse entièrement assimiler à l'inconscient. La vérité des deux gît dans le devenir de la personne totale. Personne n'eut autant que Freud confiance dans la raison : « L'homme écoute la douce voix de la raison »[5]. Par l'écoute de cette voix, l'homme parvient à transmuer l'inconscient en raison : « *Wo es war, soll Ich werden* »[6] : « Là où c'était, je dois devenir ». L'interprétation de l'inconscient vise à restituer au conscient sa vérité.

La psychanalyse n'est donc pas une anthropologie totale. Il ne s'agit pas non plus de prolonger les expériences de la psychanalyse en une philosophie. Elle ne fournit pas les « bases » d'une philosophie ou d'une éthique. Il faut se défaire de l'illusion spatiale qui cherche dans les « profondeurs de l'âme » les racines irrationnelles qui pourraient, à la surface, s'épanouir en idées métaphysiques. Certains auteurs, comme Frankel *(Der Unbewusste Gott)*, ont voulu surprendre dans l'inconscient la présence du Dieu caché. « En creusant assez profondément, disait un théologien, on trouve Dieu », comme si Dieu, en vertu de l'intensité de sa présence dans l'homme et dans le cosmos, devait se manifester dans l'inconscient. On se réfère alors au concept d'inconscient à l'encontre de ce qu'il signifie.

Mais si la psychanalyse n'est pas une anthropologie, elle n'est pas non plus une simple science positive qui rassemble des faits philosophiquement neutres. Ce sont des faits humains, philosophiquement significatifs, que la psychanalyse observe et explore. Aucune psychologie académique, aucune philosophie officielle n'avaient jamais étudié l'être de l'homme dans une telle plénitude d'existence. Pulsions et désirs, moi et rapports à autrui, culpabilité, jouissances, angoisses et croyances : rien de ce qui est humain n'est resté étranger à la psychanalyse. En un sens, rien ne lui échappe. Limitée par son point de vue et par sa méthode, elle ne l'est aucunement par une définition territoriale. Comme il le dit lui-même, Freud a « appliqué » la psychanalyse à tous les phénomènes humains et culturels. Pour établir ses interprétations cliniques, il faisait souvent appel aux données de l'histoire des religions et aux apports des civilisations archaïques. Il tenait du reste à assurer à ses disciples cliniciens une formation largement anthropologique. Dans « *La question de l'analyse profane* », il esquisse le programme de son futur institut de psychanalyse. A côté de quelques cours fondamentaux de psychiatrie et de sexologie et la formation proprement psychanalytique, il assure une large part aux cours d'anthropologie : « l'histoire de la civilisation, la mythologie, la psychologie des religions, l'histoire et la critique littéraires »[7]. Parce qu'elle est une technique et une étude de l'humain, Freud ne voulut pas réserver la psychanalyse aux seuls médecins. Il craignait même que la formation médicale à elle seule, ne rendît inapte à la compréhension et à la pratique de l'analyse.

Le rapport que la psychanalyse entretient avec la philosophie s'établit sur le plan de la contestation, nullement sur celui de la négation. La psychanalyse ne nie ni l'éthique philosophique, ni la vérité de l'amour, ni l'originalité de la création artistique. Mais elle démystifie l'éthique qui se conçoit comme pureté absolue, l'amour qui verse dans le narcissisme d'une croyance en l'« oblativité », l'amour qui n'est que don de soi, pur de tout désir. En droit, la psychanalyse ne fournit pas de principe extra-philosophique qui permettrait de dominer la philosophie en survol, ou de la miner par une œuvre de sape.

Pour exprimer adéquatement le vrai rapport entre philosophie et psychanalyse il n'est pas d'autre voie que l'interprétation réciproque. En langage de philosophe : leur rapport est circulaire, ou dialectique.

INTERPRETATION ET CONSTRUCTION
SCIENTIFIQUE EN PSYCHANALYSE

Ce que la psychanalyse nous enseigne, ce n'est pas la nature « profonde » de l'homme, au sens métaphysique ou religieux du terme. La dimension des profondeurs dont elle se réclame est d'un autre ordre. Si elle s'en réclame, c'est qu'elle oppose, comme d'ailleurs la philosophie et toute science, le sens apparent et le sens vrai des phénomènes. La psychanalyse n'accepte pas le sens vécu des expériences, selon la vérité immédiate de leur apparition. Mais contrairement à la philosophie, la profondeur visée par la psychanalyse ne doit pas être cherchée dans la signification universelle des phénomènes. Cette profondeur en question réside dans l'action à distance que des structures et des significations vécues dans le corps et dans le langage inconscient exercent sur le comportement de l'homme, sur ses œuvres et même sur ses pensées.

Parce que les vérités ultimes de la psychanalyse appartiennent à cette dimension en profondeur, elles ne sont pas directement accessibles à la prise de conscience, pas plus que les vérités métaphysiques. Toutes deux se situent au-delà des *phénomènes* tels qu'ils se livrent dans leur apparition première.

Freud l'a souvent affirmé : *l'Inconscient,* le *surmoi, le complexe d'Œdipe,* ne se lisent pas sur les hommes et dans les objets perçus, ils ne se déchiffrent pas sur leur horizon. Ce sont des réalités *d'ordre structural, par-delà le psychique;* ils sont *métapsychologiques :* on les construit à partir du donné, pour l'expliquer, tout comme les physiciens élaborent leurs concepts et leurs théories, pour rendre compte des phénomènes observés.

Une psychanalyse popularisée croit pouvoir surprendre sur les phénomènes les reflets univoques de l'inconscient, des rapports œdipiens, ou du narcissisme. De même un certain rationalisme phénoménologique, exprimé avec force par Politzer *(Critique des fondements de la psychologie)*, repris par Sartre et Merleau-Ponty première manière, a même explicitement tenté *d'éliminer* de la psychanalyse *l'inconscient proprement dit.* Ces phénoménologues ont repris à leur compte, en les justifiant par de nouvelles analyses de la conscience intentionnelle, les vieilles objections que, dès le début, les philosophes ont opposées à Freud. Le fait psychologique, assure-t-on, est personnel : le désir, la volonté, l'intelligence..., sont des phénomènes où le *Je* est présent *en acte.* Le désir ne flotte pas en l'air comme le pollen au vent. *Je* désire; le désir est l'émergence d'un Je en acte. « Si le rêve est l'accomplissement d'un désir, il n'est qu'une modulation du 'Je' qui le fait et qui, par conséquent, y est constamment présent »[8].

On voit l'abîme qui sépare Politzer de Freud, et Sartre après lui. Aux yeux de Freud, si je rêve, c'est que *je* me prête à l'avènement en moi du rêve : *ça rêve en moi.* Et c'est au moment où je me ressaisis, où je m'arrache à la puissance onirique pour revenir à moi, que je parviens à appeler par leur nom mes figures de rêve. A ce moment, *ça* ne rêve plus en moi, mais *je me dis que ça a rêvé* et *ça* a réalisé ses désirs — qui, bien sûr, sont *quelque part* les *miens,* tout comme *ça vit* en moi et que *je me laisse* hanter par ces figures de rêve. Mais dès que je les appelle par leur nom, elles se dissipent, comme les esprits que l'on chasse en les identifiant par leur nom.

Les philosophes ont toujours eu beaucoup de peine à situer l'inconscient freudien. Durant des siècles de polémique contre les différentes conceptions positivistes, ils se sont évertués à sauver le sujet humain de la réduction à l'objet. Le sujet qui parle, et qui s'exprime, n'est plus le sujet soumis aux lois physiologiques. En intuitionnant des significations, c'est le sujet lui-même qui se pose en acte. Quand j'ouvre les yeux sur le monde, je ne reçois pas sans plus les plans de couleur et les lignes qui les organisent. Il faut que je fixe une ligne pour que l'espace s'organise autour d'elle, comme un champ magnétique autour de l'aimant. Mais en fixant la ligne, je viens habiter l'espace en un point de repère. Je m'y rends activement présent et j'organise le monde autour de moi : il devient monde habité. Toutes les expériences esthétiques des temps modernes ont mis en lumière l'acte propre du sujet qui se rend présent dans ses perceptions. Inutile de nous étendre ici sur tous les plans où le « Je » en acte institue le sens et le contemple à la fois. La phénoménologie a, plus que n'importe quel autre courant philosophique, opéré le renversement de l'attitude naturelle qui, spontanément positiviste, traite le sujet humain et son langage, ses idées ou perceptions, comme des choses, que l'on explique causalement par leurs antécédents et par le réseau des influences où ils se trouvent insérés. La phénoménologie nous montre que les significations déjà là ne sont que les sédimentations des actes du *Je* qui les a fondées. Si je suis déprimé ou joyeux, ce n'est pas parce que le monde est ce jour-là comme absorbé par les ténèbres ou tout resplendissant de clarté. C'est que moi-même je lui confère ces significations, fût-ce de connivence avec les tonalités qui le colorent.

LE MALENTENDU ENTRE FREUD ET LES PHILOSOPHES ET ANTHROPOLOGUES

Freud a dû lui-même reconquérir péniblement sur la mentalité scientiste de la psychiatrie de son époque, l'être du sujet, l'être psychique, qui n'est pas un être moindre que l'être positif. En des termes analogues à ceux de Husserl, fondateur de la phénoménologie, il s'est attaché à décrire cette réalité psychique qu'il découvrait à l'œuvre en tout l'humain : paroles, amours et haines, angoisses, créations artistiques et même rêves et déficiences fonctionnelles de l'organisme. « Il est bien plus intéressant de connaître le sens d'un phénomène que les circonstances de son apparition... Pour nous ce sens n'est pas autre chose que l'intention à laquelle il (l'acte manqué) sert et la place qu'il occupe dans la série psychique. Dans la plupart de nos recherches, nous pourrions même remplacer le mot 'sens' par les mots 'intentions' *(Absicht)* ou 'tendance' ».

On comprend l'irritation de nombreux philosophes devant la thèse d'un inconscient inaccessible à la réflexion philosophique. Selon leurs critères traditionnels l'inconscient appartient à la série des concepts positivistes, dont ils refusent le vocabulaire, parce que Freud l'aurait repris à une vue biologiste sur la psychologie humaine. C'est pourquoi ils rejettent les concepts énergétiques de Freud, tels qu'ils sont traduits dans les termes suivants : mécanismes économiques des pulsions qui poussent, croissent, se heurtent, se déplacent, déterminent des actes dont le sens échappe au *Je* conscient. La structure tripartite du *ça,* du *moi,* du *surmoi,* leur paraît répondre à un modèle physiciste qu'il serait nécessaire de repenser en une « psychologie à la première personne » (Politzer), à savoir une psychologie des actes posés et des significations conférées par un Je-sujet.

Ce refus, ou cette méconnaissance de la véritable portée de la psychanalyse, n'est pas le propre des philosophes. Les tentatives les plus diversement menées pour assimiler et repenser les découvertes freudiennes témoignent d'une même attitude. On peut citer ici nombre de psychiatres adeptes de la phénoménologie : K. Jaspers, E. Minkowski; les anthropologues culturalistes ou structuralistes, comme M. Mead et même Cl. Lévy-Strauss; les néo-analystes et les socio-analystes (K. Horney, Sullivan...). Tous acceptent que la conscience ignore ses origines, qu'il lui faut bien passer par l'interprétation pour exprimer en vérité ce qu'elle savait, par devers elle-même, en habitant le monde et son corps. Phénoménologues et anthropologues s'accordent à reconnaître qu'il n'est pas d'accès direct à la subjectivité et qu'il faut toujours de quelque façon la construire à partir de ses expressions. Elle est dans sa perception, ses œuvres d'art, son amour, sa religion, ses maladies; elle s'y projette; elle est plus proche d'elle-même dans ses œuvres que dans son intimité psychologique. C'est aussi pour ce motif que les psychologues ont résolument abandonné l'introspection comme méthode de psychologie.

Mais ce que les philosophes ou les anthropologues appellent inconscient, n'est souvent que le *préconscient* au sens freudien; ce que la phénoménologie a thématisé comme le non-perçu dans la pensée, le pré-conceptuel de la perception, le préréflexif de la conscience non théorique. Seule la psychanalyse a posé et maintenu, au moins dans sa lignée freudienne, *l'inconscient vrai,* qui est le refoulé, entendons par-là : *l'inconscient qui ne précède pas la prise de conscience, mais celui qui suit l'aperception et auquel tout accès à la conscience a été refusé.* Les analyses de Sartre (*L'Etre et le Néant*) comme celles de Hesnard *(L'univers morbide de la faute)* ne concernent que la *mauvaise foi,* qui est *refus préconscient* et toujours plus ou moins reconnu comme tel. Si donc une analyse phénoménologique suffit à débusquer la mauvaise foi, elle reste sans prise aucune sur l'inconscient.

L'INCONSCIENT : SENS DU NON-SENS

Les philosophes ont souvent soupçonné l'inconscient freudien d'être une artefact résultant d'une mise en œuvre de notions physicistes par Freud dans le domaine de la psychologie. Ils jugent d'après les critères de la raison, alors que les phénomènes en question sont à la fois déraisonnables et significatifs. Quoi de plus fantastique que ce délire d'un homme intelligent, cultivé, bien adapté à ses responsabilités sociales, et qui s'angoisse de ce que le supplice des rats puisse être infligé à son père dans l'au-delà, si lui-même ne paie pas ses dettes à un certain capitaine, alors qu'il sait fort bien les devoir à une autre personne[10]. La littérature analytique foisonne d'histoires de ce genre, qui, toutes aussi invraisemblables, sont empruntées à des hommes que personne ne viendrait à prendre pour des fous. Il est bien plus commode pour l'intelligence de tout localiser soit au niveau de la raison, soit au niveau du corps physiologique. Freud nous a contraints à admettre le fait de cette région mixte, celle du psycho-biologique, et à reconnaître ses constantes interférences avec la raison et le vouloir du sujet conscient.

Les philosophes ne sont pas en mesure de préjuger de la vérité des constructions métapsychologiques de Freud, pas plus qu'ils ne sont habilités à décider de la vérité des concepts mathématiques, ou des vérités du dogme théologique. L'expérience clinique freudienne est seule capable de nous fournir les pièces à conviction pour ou contre la métapsychologie freudienne. Et les anthropologues qui travaillent sur le terrain des civilisations archaïques ne sont pas davantage des juges autorisés en matière de psychanalyse.

Freud n'a pas facilité la rencontre entre psychanalyse et philosophie. Lui-même était convaincu que l'inconscient véritable constitue une réalité qu'aucune conception traditionnelle de l'homme ne saurait intégrer[11]. Aussi bien n'a-t-il guère estimé les vérités et les valeurs qu'élabore une philosophie de la conscience ou une morale philosophique. Comme on le dit communément, il a trop réduit la vie de la conscience à celle de l'inconscient.

Il apparaît donc opportun de reformuler certaines catégories philosophiques aussi bien que certains concepts freudiens. Notre intention, dans les pages qui suivent, sera de relever les fragments et les principes de la vie humaine que la méthode spécifique de Freud a fait paraître au grand jour, mais qui attendent encore leur pleine intégration à une anthropologie philosophique élargie.

Cette esquisse nous permettra de préciser dans quel sens on peut considérer la psychanalyse comme le fondement de toute anthropologie bien qu'elle ne contienne pas elle-même les principes d'une anthropologie accomplie.

2. Les structures élémentaires de l'humain

L'HOMME, ETRE DE PULSION ET DE DESIR

Quand elles ne sont pas d'origine somatique, les « maladies mentales » sont en réalité des maladies de l'affectivité. L'homme constitutionnellement normal déraisonne lorsque ses liens vitaux avec autrui sont brouillés et déréglés. S'il raisonne correctement, c'est au contraire, que son désir a pu se frayer un chemin vers les autres, et les atteindre en vérité. Ce lien fondamental entre affectivité et raison est affirmé par toute la philosophie moderne. Mais Freud nous a fait voir à quel point la vie de l'esprit est embrayée sur la vie personnelle affective. La psychanalyse propose comme tâche au philosophe de penser comment l'esprit passe par la pulsion, et devient lui-même en la transformant. Cette tâche est à peine ébauchée aujourd'hui. Dès son premier contact avec la psychanalyse, le public s'est offusqué de ce qu'on a appelé le pansexualisme de Freud : celui-ci ne prétend-il pas ramener toute névrose à une problématique essentiellement sexuelle ? Comme si l'homme ne vivait pas d'autres tragédies que celles de la sexualité. La détresse de la solitude, l'impuissance à croire à une destinée supérieure, mérite et démérite à vaincre en soi le monstre de la haine et de l'égoïsme, toute cette dramatique se ramènerait en fin de compte à la petite histoire, un peu sordide, des troubles sexuels ? On sait les dissensions éclatantes qui dispersèrent le groupe des disciples de Freud : Adler, Jung, puis la prolifération d'initiateurs s'évertuant à relever la psychanalyse à un niveau digne de l'homme adulte : celui des liens et des engagements sociaux. Ces critiques ont leur valeur; elles contribuent à maintenir la psychanalyse dans sa pureté; elles la protègent contre les risques de simplifications qu'a entraînés sa vulgarisation.

Mais si Freud a montré de quel poids décisif les expériences infantiles pèsent sur tout rapport adulte au monde et à autrui, il n'en a pas pour autant réduit la dramatique adulte à une fatalité sexuelle héritée de l'enfance. L'expérience clinique lui a fait découvrir, à son corps défendant, que la question sexuelle, posée dans l'enfance, contient toujours tous les éléments de la maladie, et que jamais personne ne tombe vraiment malade psychologiquement à l'âge adulte en raison de l'adversité. Un homme adulte qui souffre peut avoir besoin de conseils, d'encouragement, de discipline. La guérison de la névrose est bien autre chose, et elle ne s'obtient que par une analyse des conflits infantiles que le malade traîne depuis des années sans les identifier. Ces conflits sont toujours marqués par l'ordre sexuel. Tout clinicien en fait l'expérience, souvent à son étonnement répété. Qu'y a-t-il d'humiliant à cela ? Freud nous a tout simplement contraints à modifier notre idée de l'esprit et du corps. L'homme est d'abord, chronologiquement et structuralement, un être de pulsion et de désir. Cela n'implique pas que son être spirituel serait seulement périphérique. La psychanalyse met précisément en question cette partition de l'être humain en régions inférieure et supérieure, basse et élevée, centrale et superficielle. Freud n'a pas toujours su lui-même articuler l'efficacité opérative de l'enfance avec celle de la vie adulte, mais c'est vers une compréhension structurale du rapport entre pulsion et activité consciente qu'il nous a orientés.

La libido, puissance d'union

Parce que nous sommes chair, la sexualité s'étend à toutes nos relations avec autrui, et, par autrui, à notre rapport au monde. Cela n'implique pas que le travail, l'art ou la politique se réduisent à une simple avant-scène, figurative, et que notre vraie consistance réside dans le sexuel au sens strict du terme. Dès l'origine de notre vie psychique, le rapport de personne à personne est *fondamentalement sexuel,* en ce sens qu'il est entraîné dans *un désir qui dépasse le strict besoin* d'autrui, à savoir la demande de tendresse, de chaleur ou de nourriture. Et des fantasmes sexuels demeurent sous-jacents à tout rapport vécu au monde. En ce sens, il reste toujours un élément sexuel proprement inconscient. Nous ne nous y attarderons pas; il relève d'un approfondissement trop technique. Nous nous étendrons davantage sur une autre réalité, plus saisissable lors d'une première approche de la psychanalyse : celle de la libido comme source d'affectivité, de désir et de valeurs.

Même si l'enfant n'a d'emblée le savoir vrai ni d'autrui ni de la dualité des sexes, il est différemment sensibilisé aux figures paternelles et maternelles, et son évolution psychologique sera dominée pendant longtemps par la découverte progressive de la polarité père-mère, et par les échanges fraternels faits de jalousie et d'imitation. Tous ces désirs et demandes trouveront plus tard une expression plus adéquate dans les liens sexuels. C'est pourquoi, on peut à bon droit parler dès le stade de l'enfance, de la libido, de la pulsion sexuelle, marquée par le principe du plaisir. Et comme cette pulsion constitue la dynamique de toute la vie psychique de l'enfant, et que c'est elle qui l'oriente vers autrui et vers le monde, on comprend qu'elle représente la destinée fondamentale de l'homme et que ses vicissitudes premières conditionnent toute l'histoire de nos relations à autrui et au monde. Ces vicissitudes de la libido, Freud nous les décrit dans son étude de 1914 sur le *Narcissisme*. Il nous y montre comment elle est en expansion chez l'homme normal et comment, sous l'effet de l'angoisse, elle peut se rétracter et rentrer en elle-même, jusqu'à couper définitivement les ponts qui relient l'homme à l'univers : c'est le destin du schizophrène.

Cette expérience clinique est fondamentale pour le philosophe. La *conscience intentionnelle,* celle qui vise le monde réel, apparaît donc comme *doublée,* à l'intérieur, *d'un rapport affectif,* dont la matière première se trouve être *la libido.* Pour le phénoménologue, il n'y a pas lieu de s'en étonner; il doit bien le savoir, la pensée objective, scientifique, n'est pas première; elle n'est qu'un prélèvement sur la visée intentionnelle globale, qui rassemble, en une gerbe diversifiée, tous nos intérêts orientés vers les qualités du monde. Nous hantons d'abord le monde par nos projets avant de l'observer par un regard neutre.

La quête du plaisir, consciente et aussi proprement inconsciente, est donc le dynamisme originaire qui travaille l'homme et l'oriente vers la plénitude, offerte par le contact affectif avec la mère. Au fond de l'adulte dort cet enfant prématuré, aspirant au bonheur dans une union totale, dans une fusion affective. A cette aspiration, il prêtera la voix de diverses expériences de fusion : mystique cosmique où sujet et objet se suppriment dans l'évanescence de leurs frontières; l'expérience amoureuse qui tend à annuler le monde, le temps, la distinction du bien et du mal, celle du masculin et du féminin. Ce n'est pas pour rien que l'amour humain est l'emblème du bonheur, que ce soit dans les mythes du paradis ou que ce soit même au sommet de l'union mystique chrétienne (le symbole nuptial de l'union de l'âme et de l'Epoux divin).

Certes, les concepts philosophiques de totalité et de bonheur, et les concepts mystiques d'union, ne se réduisent pas à la libido sexuelle, mais celle-ci constitue leur étoffe commune, et leur matrice symbolique. Il n'est pas indifférent pour le philosophe et le théologien de le reconnaître. Bien des vues philosophiques sur le bonheur et sur le mal, en effet, ne se sont pas suffisamment dégagées de ces expériences initiales et de ces fantasmes inconscients. Les systèmes philosophiques qui conçoivent la séparation et la multiplicité comme le mal essentiel, et ceux qui visent à atteindre un moment de parfaite coïncidence de l'esprit avec lui-même, sont encore sous l'emprise de cette expérience narcissique. Ils gardent au fond d'eux-mêmes la nostalgie d'une totalité affective dans l'indistinction de leur être et des autres. La philosophie a dû fournir des efforts soutenus pour valoriser la diversité des êtres, et pour reconnaître la vertu du manque actif de l'être spirituel. Ces efforts témoignent de la difficulté qu'il y a à se détacher du lien primordial.

La psychologie freudienne a reconnu dans la libido l'étoffe originaire de tous nos rapports institués avec autrui et avec le monde. Elle nous a fait prendre au sérieux la présence active, en toute manifestation de l'esprit, du désir à contenu pulsionnel. C'est d'ailleurs grâce à la psychanalyse que la philosophie contemporaine s'est penchée sur ces faits primordiaux que sont notre désir, notre corps, notre affectivité. « A mesure que l'on approche du demi-siècle, il est toujours plus manifeste que l'incarnation et autrui sont le labyrinthe de la réflexion et de la sensibilité — d'une sorte de réflexion sensible — chez les contemporains »[12].

L'enfant, le primitif, le malade

L'objection de sexualisation universelle aurait du poids si l'on reportait dans l'enfance les facteurs sexuels tels qu'on les constate chez l'adulte. Assurément certaines expressions de Freud sont pour le moins ambiguës. Parler de régression chez un adulte malade, n'est-ce pas situer dans l'enfance des attitudes et désirs fragmentaires que l'on observe en clinique, comme si ces attitudes gisaient là depuis l'enfance, inchangées, inassimilées dans la personnalité qui s'est formée ? Ce serait là réifier de manière indue la vie mouvante et toujours en devenir de l'enfant. Le parallélisme que Freud a souvent établi entre le primitif, l'enfant et le névrosé, garde néanmoins sa valeur. Il nous manifeste que l'évolution humaine n'est pas seulement d'ordre biologique. Tout l'être humain, psychique aussi bien que biologique, est inséré dans la trame de la vie, et participe en tout à ses pulsions. Ceci n'implique nullement que l'enfant ou le primitif serait un adulte malade en modèle réduit. L'enfant est l'adulte en prématuration, et la vie de l'adulte, malade aussi bien que normal, s'est formée à partir de ces pulsions primitives. Elles ont subi des transformations radicales, mais des sédimentations se sont déposées qui nous permettent de retrouver, chez l'adulte, une parenté avec le primitif et l'enfant. Le mécanisme du refoulement nous atteste d'ailleurs qu'il ne faut pas concevoir la régression comme un retour pur et simple à l'enfance. Les pulsions refoulées ont subi de par leur isolement même, une modification substantielle. Elles ont été arrachées au contexte vivant dans lequel elles s'inséraient chez l'enfant comme chez le primitif. On ne peut donc penser le rapport entre la pulsion sexuelle et la vie du sujet adulte, que par la médiation du concept de symbolisation et d'évolution, c'est-à-dire du devenir et du temps qui se fait histoire. Mais avant d'analyser ces concepts, essentiels pour la philosophie et pour la conception psychanalytique de la personne, nous nous pencherons sur le corps vécu, qui est proprement le lieu de la dynamique des pulsions et le moyen de leurs symbolisations.

LE LANGAGE ARCHEOLOGIQUE DU CORPS

De nombreuses réflexions philosophiques se cristallisent aujourd'hui autour du thème du corps vécu, lieu nodal de notre insertion dans le monde. Plusieurs courants convergent ici : les analyses phénoménologiques de Husserl et de Merleau-Ponty, l'auscultation littéraire du corps par les écrivains de notre premier demi-siècle, tels Gide et Proust, l'essor de la psychophysiologie et de la psychologie Gestaltiste. La psychanalyse surtout a bouleversé les idées que l'on se faisait du corps. Il suffit de mesurer la distance que la médecine a franchie depuis le début du siècle, lorsqu'elle se limitait à l'étude du corps anonyme de la physiologie. L'après-guerre a vu l'éclosion d'une nouvelle orientation médicale : celle de la psychosomatique; elle est venue consacrer la prise de conscience de l'unité du corps fonctionnel et du psychisme.

Le corps symbolique

C'est par le corps que nous sommes présents à autrui, et, avec lui, au monde. C'est dans le corps que naissent les intentionnalités par lesquelles nous invoquons la présence des autres et leur donnons les significations qu'ils prennent dans notre vie. Si le monde lui-même nous est présent dans ses structures spatiales, ses couleurs, ses qualités de lumière et de pesanteur, c'est que notre être total l'habite par la médiation du corps. Ce n'est pas mon œil qui voit : c'est moi, par mon regard, qui est aussi bien mouvement d'appréhension, mise à distance et fixation par l'œil. De même nous ne sommes pas à autrui par l'organe particulier qu'on appelle le sexe, mais par notre corps entier, qui est le moi incarné, le moi en chair, qui forme et transmet nos désirs et nos intérêts. C'est mon corps total et non simplement mon œil qui est le centre de mon regard.

Le corps vécu est donc symbolique : la main, le pied, le front, la poitrine, l'œil, la bouche, la stature et le mouvement sont plus que des fonctions physiologiques et des constructions anatomiques; ce sont *des modes d'être à autrui et au monde,* par la préhension, la démarche et le saut, l'affrontement et la maîtrise, le désir, le don et le refus. La dichotomie de l'esprit et du corps-robot, que nous avons héritée d'un Descartes simplifié, est définitivement dépassée par une philosophie et une psychologie du corps animé. Le concept de la chair a été restauré, et remplace aussi bien celui du corps objet de la philosophie mécaniste, que celui d'un esprit ayant directement accès à lui-même, tel que le pensait une philosophie trop « spiritualiste ».

Cette notion de la chair nous permet de situer l'inconscient freudien et ses échanges avec la vie de l'esprit. Le corps vécu porte nos désirs et assied nos intentionnalités et nos valeurs. Non pas que toute vérité et toute valeur soient simple modulation accessoire du corps ! Mais toutes elles trouvent en lui leur modèle, leur matrice symbolique. L'union et la séparation ne se pensent qu'à travers le symbolisme du corps affectif; de même que la dépression, l'exaltation, la plénitude, la fécondité, le face à face de la présence, la possession ou l'abandon.

Il n'est pas de concept qui exprime les valeurs culturelles, éthiques ou religieuses, sans se couler dans les métaphores des corps vécus. La psychanalyse nous a fait prendre au sérieux ce rapport substantiel. Plus qu'aucune autre discipline, elle nous a dévoilé *le corps* comme le *gardien de nos métaphores existentielles.* Le corps animé entre dans la substance même de la raison, et quand il a été perturbé ou diminué, au temps de sa prématuration, avant l'âge de raison, les valeurs humaines s'en trouvent déformées ou faussées; car elles doivent être nourries et orientées par ses fonctions métaphoriques. Il y a des gens qui se donnent difficilement à autrui. L'amour les angoisse. Ils ont l'impression, vague, fugitive, à peine entrevue dans un tourbillon de sentiments, qu'en se donnant, ils se diminuent, ou s'exposent à l'agression de l'autre. Si quelqu'un en appelle à leur bienveillance, ils se raidissent, une approche un peu intime leur fait l'impression d'une intrusion et d'une menace. Les mouvements affectifs de défense résonnent même dans leur attitude corporelle : on les voit tendus, un peu furtifs, mesurés dans leur démarche, élevant à peine la voix, saccadés dans leurs gestes. En fait, leur corps n'est pas seulement l'enveloppe expressive de leurs sentiments. Tout au fond d'eux-mêmes, tellement enfoui en leur corps vécu, qu'il faut des mois d'analyse pour l'y déceler, il y a l'extrême angoisse d'une blessure mortelle au corps. Le corps est resté le gardien d'une crainte d'atteinte vitale, tombée dans l'oubli de la conscience. Et ce qu'on appelle *caractère*, ce faisceau de schémas de comportements, est au fond une *sédimentation du corps vécu*, très ancienne mais toujours active, et qui rayonne dans la sensibilité, dans les images énergétiques et dans les significations des mots.

Il n'est plus possible, depuis la psychanalyse de méconnaître l'essentielle inhérence de l'esprit au corps. Et non seulement au corps fonctionnant physiologiquement, mais à la chair et à ses pouvoirs d'expression, de possession, de désir et de jouissance. La reconnaissance de cette inhérence est même la condition pour que les valeurs culturelles puissent s'instaurer. Méconnaître le corps, c'est diminuer les possibilités de l'esprit.

Le corps informé par le langage

Le lien substantiel du corps animé et de l'esprit s'exprime dans la structure même du langage, et reçoit de lui, en retour, ses significations. Le *langage* est *essentiellement symbolique* en sa structure même. Le corps vécu affectivement se coule en lui; et le langage, en retour, a le pouvoir de modeler le corps, d'y déployer ou d'y comprimer ses virtualités.

Un exemple classique peut nous en convaincre. Quand Robert avait quinze ans, sa mère lui faisait des confidences pénibles sur ses souffrances maternelles. La plus douloureuse pour elle était, disait-elle, d'avoir à « subir la passion brutale » de son époux; elle y accédait « pour avoir des enfants ». Cette confidence cristallisait en Robert des sentiments présents, induits depuis des années par toute l'attitude de la mère. Il a reçu cette parole comme l'interdit auquel il avait à se conformer, dans toute son affectivité, et dans son attitude corporelle. Il a réprimé en son apparition physique toute apparence masculine et s'est assimilé un idéal physique de corps féminin, timide, raffiné, doux, maniéré.

La parole se fait corps en l'homme. C'est pourquoi la psychanalyse du corps vécu est toujours l'analyse de l'expression langagière; et cette expression en acte dans l'analyse, restitue au corps animé ses virtualités perdues. Par la seule vertu de la parole dite et vécue, le malade accède au pouvoir d'aimer et de travailler. La psychanalyse force le philosophe à mettre l'étude du langage au centre de son anthropologie. *Par le langage, il a accès au corps vécu* et aux échanges entre le corps et l'esprit. Aujourd'hui, la linguistique prend de plus en plus conscience d'être au carrefour des sciences qui étudient les faits humains, faits sociaux et religieux aussi bien que psychologiques. Elle rassemble en une étonnante unité les sciences de l'homme qui risquaient de s'isoler dans leur accomplissement technique.

Il arrive souvent que la psychanalyse freudienne surprenne, heurte même, par ses interprétations. Le corps humain paraît s'y désarticuler en des organes et des membres qui se promènent dans un monde fantastique, ou n'importe quelle partie du corps peut assumer n'importe quelle fonction. Mais le plus déroutant, à la première lecture des textes, c'est que toutes ces fonctions semblent parfois absorbées par la seule fonction érotique. Celle-ci paraît se cacher en toutes les autres et l'on dirait que tous les mots d'esprit, toutes les transpositions métaphysiques, sont destinées à voiler une onirique du sexuel. L'impression d'arbitraire et d'obsession sexuelle est fatale. A moins qu'il n'y soit quelque peu familiarisé par des ouvrages ethnologiques, aucun lecteur ne s'attend à cette présence de l'érotique en tout phénomène humain. Mais lentement, même en l'absence d'une expérience clinique contraignante, l'évidence s'installe : qu'y a-t-il de plus normal que cette inhérence pulsionnelle de tout phénomène humain ?

Cette présence fluide du sexuel n'exclut d'ailleurs pas les autres symbolisations : celles de la mort, de la haine, de l'ambition. Au contraire, l'interprétation freudienne nous présente toujours l'extraordinaire unité du faisceau des pulsions et des rapports humains : le sexuel est lié à l'agression, à l'ambition, à la mort, et ces phénomènes à leur tour se renouent entre eux et avec l'érotique.

L'impression de calembour et d'obsession sexuelle s'impose à la lecture des écrits psychanalytiques avec une intensité d'autant plus grande qu'il y est presque toujours question de cas plus ou moins pathologiques. Dans ces cas, les puissances pulsionnelles de la libido sexuelle avaient été profondément méconnues, et précocement refoulées; aussi reviennent-elles avec une insistance obsédante, s'insinuant partout, sous les masques les plus divers. La libido à laquelle on avait voulu imposer le silence, crie maintenant par tous les membres du corps et par des mots qui en deviennent les métaphores.

Ces glissements de sens, plus ou moins aberrants et parfois burlesques, restent tout de même significatifs et constituent un trésor inépuisable pour une phénoménologie du corps vécu. Sans cette expérience, l'œuvre de Sartre n'eût jamais pu s'écrire, non plus que celle de James Joyce ou celle de Claude Simon. Les échanges des significations du corps et du langage attestent que le langage le plus fondamental est le langage métaphorique, celui qui privilégie d'autres modes d'expression que les relations logiques; ce sont « la ressemblance, l'accord, le contact, le ' *de même que* '; le rêve dispose, pour les représenter, de moyens innombrables »[13]. Ce langage que parlent le corps et l'affectivité n'est pas rivé aux lois de la logique, et dispose, de ce fait, d'une liberté indéfinie pour établir des équivalences linguistiques et des échanges de signifiants.

Empruntons un exemple à l'étude de Freud sur le cas de « *l'homme aux loups* »[14]. Un jour, au cours de la psychothérapie, il déclare à Freud : « J'ai rêvé qu'un homme arrachait à une *Espe* ses ailes... Vous savez bien, cet insecte qui a des raies jaunes sur le corps et qui peut piquer. Ce doit être une allusion à Grouscha, à la poire rayée de jaune — (une jeune bonne du temps de son enfance). — En allemand, guêpe se dit *Wespe*. Le malade a donc coupé le mot d'une lettre, et l'a, de ce fait, réduit à ses propres initiales : « Mais *Espe*, c'est moi S.P. » Or Grouscha, lors d'une petite scène exhibitionniste du tout jeune S.P., avait menacé celui-ci de lui couper son pénis, ce qui avait fortement renforcé son angoisse de castration. — Ainsi la punition symbolique que lui infligea Grouscha, la guêpe, mutile le mot de son initiale pour en faire l'emblème du malade : S.P. l'homme châtré. Le mot lui-même est symbole du corps vécu.

Restituer aux symboles leurs virtualités

Certains mots, certains organes corporels sont des carrefours de significations. Le refoulement y opère des glissements de sens que seule une interprétation peut expliciter, dégager. C'est parce qu'il y a un langage archéologique du corps vécu et de la chaîne verbale, qu'une expression non reconnue dans sa visée symbolique est possible. Interpréter un rêve, un symptôme, un lapsus, c'est restituer aux métaphores le sens qui avait été refoulé, c'est lui rendre le droit de citoyenneté dans l'univers humain. Par l'interprétation, le langage et le corps reconquièrent leur vraie puissance symbolique, et sont en mesure de déployer toutes leurs virtualités. Les langages logiques apparaissent alors comme l'expression maîtrisée de tous les pouvoirs des métaphores fondamentales. L'homme qui dispose de ses symboles, dispose de la plénitude de ses forces créatrices. « Pour libérer la parole du sujet, nous l'introduisons au langage de son désir, c'est-à-dire au *langage premier* dans lequel, au-delà de ce qu'il nous dit, déjà il nous parle à son insu et dans les symboles du symptôme tout d'abord »[15].

Le corps et le langage sont donc symboliques à deux niveaux : celui du langage fondamental qui est métaphore, et celui du déguisement refoulant qui use du premier. Depuis Freud, plusieurs psychanalystes ont tenté de compléter les analyses freudiennes, en étudiant les vertus dynamiques du langage fondamental. On pense ici à Binswanger *(Le rêve et l'existence)*, Boss *(Der Traum und seine Auslegung)*, von Gebsattel *(Prolegomena zu einer Medizinischen Anthropologie)*. Malheureusement, ils se situent trop souvent dans la perspective jungienne ou phénoménologique, qui s'attache d'abord au sens global des écrits oniriques ou des délires. La véritable dimension de l'inconscient leur échappe parfois faute d'une *distinction* adéquate *entre la phrase poétique et le rébus onirique.* « La censure ne s'attaque qu'au lien entre deux pensées qui, isolées, lui échappent »[16]. Des métaphores sont déconnectées et réinsérées en des chaînes qui distendent leur liaison. En s'attaquant à chaque métaphore séparément, pour en déployer les sens cachés, l'analyse freudienne parvient à les restituer dans ces chaînes signifiantes, d'où elles avaient été bannies. La vraie dimension des profondeurs se surajoute au niveau de la métaphore.

Nous pouvons conclure ce paragraphe en établissant une équivalence entre le corps vécu et le langage fondamental. « La parole... est un don de langage, et le langage n'est pas immatériel. Il est corps subtil, mais il est corps. Les mots sont pris dans toutes les images corporelles qui captivent le sujet »[17].

L'HOMME PATHIQUE ET LE LIBRE VOULOIR

Freud n'a jamais douté du déterminisme psychologique. Pour lui l'idée de liberté psychologique est un résidu, le corrélat de l'arbitraire de la conscience. Quand les raisons de notre agir sont absentes, le vide de la conscience engendre l'impression de liberté. Cette conscience de liberté est trompeuse. Elle profite du travail de l'inconscient, elle lui reprend les pensées et actions qu'il a préparées, et se donne l'air d'agir de son propre chef[18].

La liberté vide de l'impression

Nous donnons raison à Freud pour son analyse de l'impression de liberté. Seulement nous devons bien reconnaître chez lui une confusion entre la notion du sentiment de liberté expérientielle, et le postulat métaphysique de la liberté de la conscience. Depuis Kant, la philosophie sait bien qu'il n'y a pas d'accès direct et intuitif à la conscience. Le vrai concept de liberté ne s'obtient pas par l'intuition introspective. Il est l'aboutissement d'un raisonnement métaphysique. La liberté au sens philosophique du terme n'est pas une notion privative. Elle représente au contraire la plénitude d'un être qui se possède, qui sait se produire dans l'existence et poser des actes qu'il fait vraiment siens. La véritable liberté suppose la conscience et l'approbation des motifs de l'action. Elle est à l'opposé de l'arbitraire. Mais de par sa nature même la psychanalyse ne se meut pas sur le terrain métaphysique, et c'est à tort qu'à la thèse métaphysique de la liberté humaine, on opposerait l'analyse clinique de l'impression de liberté.

Le projet psychanalytique s'oriente du reste lui-même vers une affirmation de la liberté. A la cure psychanalytique, Freud assigne la tâche de « *créer pour le moi malade la liberté* de se décider de telle ou telle façon »[19]. Freud n'a pas approfondi ces notions positives de liberté et de délibération qu'il emprunte au langage commun. Il s'en est tenu, dans ses convictions philosophiques, au principe positiviste du déterminisme. C'est d'ailleurs la seule thèse que le psychologue scientifique puisse adopter comme principe heuristique. Sa tâche, en effet, n'est pas de penser l'émergence de significations et de valeurs nouvelles, mais de révéler les enchaînements déjà réalisés qui font la densité des projets humains.

La liberté accomplie de la parole

La situation clinique mettait Freud en mesure d'examiner les raisons cachées qui mènent les hommes à leur insu. Freud n'a pas contesté sans plus que l'initiative humaine puisse fonder des significations nouvelles lorsqu'elle s'appuie sur des motifs conscients. Mais il a puissamment accentué les interférences entre motifs conscients et inconscients. Le criminel et le saint, aux yeux de Freud, ne se distinguent pas aussi radicalement que ne le croit la société. Tout homme a des raisons qu'il ignore, et il ignore dans quelle mesure elles pèsent sur ses décisions. Dans une mesure que personne ne sait définir, elles sont les conséquences quasi inévitables des pulsions qui les hantent.

L'homme est d'abord traversé par des forces qu'il subit, il est un être pathique. Par ses pulsions, la nature l'habite, le travaille, et expérimente en lui ses raisons que nous ignorons largement. Cette raison naturelle et latente de la nature est admirablement évoquée par Freud en conclusion de son étude sur L. de Vinci :

« Nous avons encore trop peu de respect pour la nature qui, selon les paroles sibyllines de Léonard, paroles qui annoncent déjà celles d'Hamlet, "est pleine d'infinies raisons qui ne furent jamais dans l'expérience". — Chacun des hommes, chacun de nous, répond à l'un des essais sans nombre par lesquels ces "raisons" de la Nature se pressent vers l'existence »[20].

Une volonté naturelle englobe et oriente la volonté comme acte. *La volonté est d'abord sentiment, pathos, pouvoir d'être affecté.* La conception que Nietzsche se faisait de la volonté s'accorde bien avec l'optique freudienne : la volonté est la forme affective primitive, celle où racinent tous les autres sentiments[21].

La volonté comme puissance de décision s'effectue dans la première, au moment où l'homme parvient à maîtriser ses pulsions en les exprimant dans la parole.

Dans plusieurs textes cliniques profonds, Freud nous montre le sujet se retournant sur lui-même, et se ressaisissant dans l'expression des pulsions qu'il subit. L'enfant qui jette et reprend sa bobine, en scellant son geste par la parole dichotomique « Fort ! (au loin) — Da ! (la voilà) » [22], nous livre le prototype même de la maîtrise en instance de réalisation. Délaissé par sa mère, et souffrant de son désir de la voir réapparaître, l'enfant maîtrise, en l'exprimant, le sentiment qu'il subit. C'est lui maintenant qui en dispose, puisqu'il l'articule consciemment. Réduire la psychologie freudienne de la guérison à une décharge d'énergie est un contresens. Si décharge il y a, elle n'est jamais dans *l'acting-out** mais dans l'expression. Autant dire que le terme de décharge est tout à fait impropre dans ce contexte. En réalité, le terme de décharge ne s'applique qu'à l'équilibre pulsionnel conçu en termes métapsychologiques. L'étude de

---

* Le fait de passer à l'acte aveugle par lequel une pulsion tend à se décharger; exemples : la fugue, l'exhibition, l'homicide.

H. Piron, en tête de ce volume, a suffisamment montré que jamais un malade ne guérit par un mouvement qui actualise la pulsion dans le comportement, mais toujours par *le renoncement à l'acting-out (Versagung)*, et par *l'assomption des pulsions dans une expression totale* : rationnelle et vécue. La théorie psychanalytique de la création artistique est conçue dans les mêmes termes; nous y consacrerons plus loin quelques considérations.

Il y a beaucoup à tirer, pour une philosophie de la volonté, de cette expérience psychanalytique de l'expression libératrice. Elle n'a rien de romantique : Freud n'y reprend pas les idées qui avaient cours, à son époque, sur l'épanouissement de la personne par la création artistique. Son analyse demeure strictement technique : il étudie l'homme situé dans la polarité du pathique et de la parole. La vraie liberté ne s'obtient pas par une maîtrise qui va à l'encontre du pulsionnel, mais par l'expression, c'est-à-dire par une liberté qui va dans le sens des pulsions.

Freud a reconnu ce moment essentiel d'une liberté qui est assomption expressive de l'inconscient. Il ne l'a pas développé et explicité. Sa méfiance à l'égard de toute finalité de la volonté consciente était trop forte. Sans doute y aurait-il ici à prolonger la psychanalyse de l'inconscient et de l'accès à la liberté, par l'étude philosophique des figures de l'esprit que parcourt la conscience libre, quand elle accueille et exprime le pathos toujours présent. Une philosophie de style hégélien serait sans doute la mieux indiquée pour compléter la thèse freudienne de l'expression libératrice.

Les ambivalences du moi fort

L'expression est une forme de maîtrise; c'est elle qui libère de l'angoisse et prévient, ou guérit, le refoulement pathogène. Car la pulsion et le désir angoissent l'homme qu'ils envahissent. *L'angoisse de la pulsion* est l'angoisse *fondamentale.* Le sujet y subit une évanescence qu'il craint d'être mortelle, jusqu'au moment où il peut dire l'expérience pulsionnelle et la circonscrire par son expression. La théorie de la maîtrise par le moi fort, ne dit que très inadéquatement la vraie liberté par l'expression, et risque même de l'entraver.

Nombreux cependant sont les psychanalystes qui furent tentés de centrer la psychologie de l'homme adulte normal sur la notion de la force du moi. A notre sens, cette perspective trahit l'essentiel du message freudien. Quant au philosophe, il ne peut guère apprécier, lui non plus, cette conception qui met à la base du système un concept trop naturaliste. Les psychanalystes devraient se rendre compte de l'ambiguïté essentielle qui vicie cette théorie.

La philosophie du libre vouloir, telle qu'elle s'est élaborée dans la ligne cartésienne d'une philosophie de la conscience, attribue au moi le pouvoir d'être présent à lui-même, et de tirer de sa propre substance ses projets et décisions. C'est moi qui, en connaissance de cause, décide de... N'est-ce pas là la vraie liberté : pouvoir affirmer dans le tête-à-tête avec soi-même, le contrôle de ses sentiments et de ses passions ? N'est-ce pas en maîtrisant mes passions et en me déterminant à mes actes, que je me possède moi-même ? Certains textes freudiens paraissent d'ailleurs s'orienter dans ce sens : « là où c'était, je dois devenir »[23]. Pour Freud aussi, le moi doit acquérir assez de force pour pouvoir résister à ses pulsions.

La pensée moderne a fortement éclairé cette présence réflexive du moi à lui-même, et son pouvoir d'autodétermination. Nous ne voudrions pas contester la vérité de cette métaphysique de la subjectivité. Il reste que la psychanalyse a montré, d'une part que le centre de gravité du sujet ne réside pas dans le moi, et d'autre part, que le moi est instance pulsionnelle avant d'être conscience de soi. C'est pourquoi il peut se leurrer sur lui-même et sur ses décisions. La connaissance qu'il pense avoir de lui-même peut entrer dans la stratégie de sa propre méconnaissance. Souvent il croit coïncider avec lui-même, être maître de son comportement, alors qu'en réalité la position de ses actes n'est dans une large mesure, et à son insu, qu'opposition aux pulsions qui l'angoissent.

Le moi, en effet, est d'abord cette autre *force pulsion-nelle* — la pulsion de conservation — qui s'oppose à la libido. Il est la puissance qui censure et qui introduit des coupures dans les émois libidinaux, de peur de se trouver entraîné par eux à la dérive. Le conflit psychologique est donc inhérent à la diversité des pulsions qui composent l'inconscient. Et le moi que l'on dit fort, et qui se croit tel, n'est souvent que le moi qui se contracte sous la domination de la pulsion de conservation de soi. Il prend souvent pour de la force ce qui est en réalité défense angoissée devant l'abandon à la pulsion libidinale.

La sagesse populaire et la spiritualité religieuse ont toujours su qu'il faut plus de force du moi pour s'abandonner que pour se contrôler. La psychanalyse du moi et de sa force est venue confirmer cette intuition.

Certains idéaux éducatifs religieux, ou même psychothérapeutiques présentent une parenté saisissante avec cette forme de pathologie de la volonté qu'on appelle névrose obsessionnelle. Ces idéaux ont noms de : maîtrise de soi, contrôle des sentiments, affirmation de soi, force de volonté. Ils posent en idéal la pureté d'une décision entièrement rationnelle et l'élimination du poids de l'involontaire sur le volontaire. Le comportement humain serait dénué de valeur éthique dans la mesure où il n'aurait pas sa source en lui-même, c'est-à-dire dans une raison et une volonté entièrement maîtresses de leurs moyens.

Cette psychologie de la force du moi trouve son expression philosophique dans une vaste tradition de la philosophie spiritualiste qui a exploité la découverte de la subjectivité opérée par Descartes en philosophie. Nous pouvons la résumer en cette belle formule de M. Blondel : la perfection vers laquelle tend la volonté réside dans la coïncidence de la volonté voulante avec la volonté voulue.

Le rôle salutaire de la blessure narcissique

Ce n'est pas ici le lieu de rappeler le renversement de perspective qu'a opéré la philosophie de Heidegger. Son refus de chercher la forme absolue de l'être dans l'être-sujet du moi, trouve, au plan psychologique, sa confirmation dans la critique du moi que la psychanalyse a instaurée. D'avoir décentré le moi de lui-même, a valu à Freud l'hostilité de beaucoup. Il savait d'ailleurs qu'il n'existe pas de vérité qui mortifie à un tel point le narcissisme de l'homme. Mais ce n'est sans doute pas par hasard qu'au moment où culminait la philosophie du moi, Freud ait, selon sa propre expression, infligé à l'amour-propre de l'homme moderne la troisième des blessures narcissiques que la science moderne devait lui porter, après la blessure cosmologique, avec Copernic, et la blessure biologique, avec Darwin.

Mais si la vraie liberté n'est pas dans la force de contrôle du moi, où peut-on la trouver ? Et ce moi, qui se croit lucide et fort, qui se donne pour tâche de se décider, n'est-il pas simplement, pour reprendre le mot de Nietzsche, le fantôme du moi que nous avons dans la tête et qui nous détermine de beaucoup de manières[24] ?

Nombreux sont les textes de Freud qui discréditent le moi. Nous pourrions prolonger notre étude par ces admirables analyses du narcissisme auxquelles nous avons consacré quelques pages dans la première partie de ce volume. On y voit que, construisant ses barrages contre le pathos de son affectivité, le moi n'est pas non plus l'esprit cristallin qui se pose dans l'être. Il devient par le réseau des références spéculaires qu'il tisse avec autrui. Les autres lui présentent des reflets idéaux de lui-même, qui le déterminent dans son devenir. Nous l'avons vu dans la première partie de ce volume : l'amour que l'homme porte d'abord à lui-même, dans son narcissisme primaire, il le transfère sur son idéal du moi, et sur les autres qui lui en présentent les modèles. Le pathos de la libido s'introduit dans l'instance même du moi en formation, au moment où le moi veut se rendre maître de cette libido.

Il fallait qu'on nous montre une bonne fois la faiblesse congénitale du moi. La pensée philosophique, qui par vocation se cantonne dans la raison, s'illusionne trop vite sur sa maîtrise réflexive. L'expérience l'oblige à repenser le moi et la liberté dont la psychanalyse nous montre qu'ils sont liés à leur situation pathique.

Cette même expérience psychanalytique apporte les éléments essentiels pour une philosophie de la liberté créatrice. Même si Freud ne les a pas lui-même reconnus, sa technique y fait constamment appel : ce sont, conjointement, la symbolisation et la temporalité de l'expression.

LE TEMPS DE L'EXPRESSION SYMBOLIQUE

Dans la psychologie freudienne, le passé l'emporte à ce point sur l'avenir, que le présent est essentiellement répétition. Certes, Freud a hérité du romantisme l'idée d'un inconscient chaos primitif et créateur, dont la nature intime nous échappe presque entièrement. L'inconscient est une réalité énergétique qui habite l'homme et seules quelques pointes en émergent dans sa conscience. La description que Freud donne des pulsions illustre cette vision reprise à ce que le romantisme peut donner de meilleur : « La doctrine des pulsions est, pour ainsi dire, notre mythologie. Les *pulsions* sont des *êtres mythiques, grandioses dans leur indétermination.* Tout en ne pouvant jamais cesser d'en détourner le regard, nous ne sommes pas certains de bien les saisir. Vous savez de quelle manière la conception populaire se mesure avec les pulsions. On accepte juste assez de pulsions, et d'autant d'espèces différentes, qu'on en a besoin : pulsion d'imitation, de jeu, pulsion sociale et bien d'autres encore. On les prend indifféremment, on confie à chacune une besogne particulière, puis on les congédie. Nous sentions depuis longtemps, que derrière cette multitude de petites pulsions étalées se dissimulait quelque chose de puissant, de sérieux, quelque chose dont il ne fallait s'approcher qu'avec précaution »[25].

Pourtant les exposés plus techniques de Freud, ne rendent pas suffisamment compte de cette vue si riche en possibilités psychologiques et philosophiques. Freud était trop méfiant envers tout finalisme évolutif. Mais somme toute, on n'a qu'à s'en réjouir. Certains de ses disciples ont voulu tout de suite introduire le concept d'une énergie psychique téléologique. Mais, dans leur système, l'esprit scientifique s'est dilué dans les fictions de l'énergétisme bio-psychique. Ils n'ont pas su combiner la rigueur de l'analyse des déterminismes psychologiques, et la vue prospective sur le devenir humain. Témoin de ce danger, la psychologie jungienne, de laquelle toute réelle dynamique est finalement absente, parce que le véritable conflit y est supprimé.

L'homme « se faisant »

Pour Freud, l'inconscient primitif n'a pas de structures; celles-ci lui adviennent. Pour Freud, au contraire de Jung, l'évolution psychique de la libido ne travaille pas sur un modèle inné. En ce sens, il n'y a pas de « nature humaine » à ce niveau : aucune forme d'existence proprement humaine n'est d'avance inscrite dans les forces motrices qui constituent l'équipement originel de l'homme. Seules forment notre destin : nos pulsions qui sont indéterminées, et se distinguent donc radicalement des « besoins » : notre anatomie, et notre insertion dans la situation œdipienne.

L'existence proprement humaine n'est pas inscrite dans les pulsions, comme une cause finale qui oriente le devenir. Et cependant, elle *doit* en résulter, car, par leur nature conflictuelle, les pulsions orientent l'homme vers une structuration de son être. Freud n'est pas le matérialiste pour qui l'humanité ne serait qu'un épisode de l'évolution biologique; il n'est pas non plus « spiritualiste » : il ne postule *pas de forces finalisées d'un autre ordre que le pulsionnel*. Pour Freud, il n'y a pas de pulsion interne vers un achèvement *(Vervollkom-mung)*[26]. La vie de l'homme pose justement l'avène-ment d'un sens humain. Non pas un sens qui jaillirait de la liberté d'une raison qui se possède, au sens où, chez Sartre, l'existence précède l'essence; le sens humain se fait d'abord et essentiellement au niveau de l'incon-scient, dans l'âge qui précède l'avènement de la raison.

Toute attitude humaine répète des prototypes. L'amour des parents, premier objet d'attachement, reste le modèle de toutes les expériences amoureuses ultérieures. L'autorité du père se fait voix intérieure dans la conscience morale, et elle définit le modèle selon lequel l'homme conçoit Dieu. La psychanalyse va jusqu'à conférer une signification para-digmatique aux rapports précoces avec les excréments : notre maniement adulte de l'argent reproduit ces rap-ports[27]. L'angoisse de la mort est une autre face de l'angoisse infantile de la castration. Mais alors toute la vie de l'esprit, de l'économie, de la science, n'est-elle qu'un surplus contingent qui renvoie en fin de compte à quelques structures inconscientes élémentaires ?

Le propre de Freud a certainement été de tenir les valeurs humaines pour inséparables des infrastructures inconscientes qu'elles répètent. Mais les modes de la répé-tition ont été insuffisamment thématisés par Freud. Il y a dans sa théorie, non dans sa pratique, une confusion gênante entre la répétition compulsionnelle, complexuelle, du refoulé, et la mise en œuvre dans une symbolique libératrice des structures élémentaires. Ce malentendu a pesé sur toute l'histoire de la psychanalyse. Il a provoqué la rupture avec Jung comme il a déconcerté les moralistes et les croyants, heurté les esthètes, et provoqué le refus de la plupart des philosophes.

Il appartient peut-être à notre époque de penser le devenir de l'homme tel qu'il ne cesse de ressaisir, en des modulations créatrices, sa proto-histoire. La philo-sophie contemporaine est préparée à cette tâche. Elle a fortement pensé l'être du temps, la dimension de l'historicité et les symbolisations du langage. Elle a liquidé les idéalisations de la conscience absolue, et mis en valeur le caractère situationnel de la conscience humaine : l'homme qui s'élance dans ses projets, reste rivé à la terre; car elle est le berceau de son temps et la matrice de toutes ses significations. La psychanalyse de son côté, apporte aux philosophes contemporains l'histoire des structures qu'elle seule sait étudier en leur genèse : la formation de nos rapports à autrui et à l'existence telle qu'elle se réalise dès avant la prise de conscience.

Le normal et le pathologique

Freud a déjà inauguré cette œuvre, par la manière dont il analyse les principes constitutifs d'un devenir pathologique. L'homme, à l'origine, n'est ni malade ni normal; il devient l'un ou l'autre, et en vertu des mêmes lois de part et d'autre. On ne peut assez déplorer l'objection pourtant obstinément répétée, selon laquelle la psychologie freudienne représenterait une extension indue du pathologique au normal. Ce reproche témoigne d'un esprit positiviste qui déforme gravement toute la psychanalyse. Il constitue une négation de son caractère scientifique propre, qui est dans la construction des concepts théoriques fondamentaux, indispensables pour comprendre aussi bien le normal que le pathologique. Pour expliquer le pathologique, Freud reconstruit son histoire à partir des principes qui la rendent possible. Du même coup, il dégage les configurations qui auraient pu donner lieu au devenir normal. Lui-même a fortement exprimé cette méthode constructive, qui est d'ailleurs le propre de toute science. Il a bien précisé que pour comprendre le pathologique dans ses intentions significatives, il faut partir des *éléments structuraux antérieurs à la bipartition en normal et pathologique*[28].

Le pathologique n'est pas constitué d'autres éléments que le normal : mêmes pulsions, mêmes conflits. Seulement le conflit y est bloqué en des contradictions qui n'ont pas réussi à s'échanger, à se compénétrer, à se restructurer dans leur rapport tensionnel.

Un exemple peut l'illustrer. Prenons le cas d'un obsessionnel chez qui le doute ronge toutes les décisions, qu'il s'agisse d'une orientation d'avenir, du choix d'une maison, de l'organisation de la journée de travail. Ce doute l'amène à toujours s'en remettre au hasard ou à la décision d'une personne constituée en autorité. Il remplace ainsi par une autorité sociale, l'argument décisif qu'il cherche vainement pour sortir de l'angoisse de l'arbitraire. A l'égard de son père, le même sujet nourrit à la fois une admiration profonde et une haine puissante. Il ne tolère aucun défaut chez son père, il l'admire trop et il le condamne pour ses défauts réels. A cette ambivalence à l'égard du père correspond, chez lui, une hésitation analogue à son propre sujet. Il a une confiance mythique en ses possibilités, et l'ambition qu'il nourrit prend ombrage du pouvoir dont dispose un pape ou un roi. En même temps, il ne se reconnaît aucune valeur réelle. Dans son imagination, inconsciente pour la grande part, il est déchiré entre deux pôles absolus : d'un côté, celui de la toute-puissance, du délire des grandeurs, de l'aspiration érotique envahissante; de l'autre côté, celui de son néant, de son insignifiance, de la grandeur dans le renoncement. Il est terriblement ambitieux, mais également timide et sombre. C'est là le premier conflit. Un deuxième s'y ajoute et s'en nourrit : celui des rapports au père. Il veut être comme le père, et se substituer à lui. Il a besoin de soutenir son image, pour pouvoir se modeler sur elle; mais il doit la détruire, s'il veut se l'assimiler. Pour devenir lui-même, le fils s'identifie au père; mais l'identification est si totale qu'elle l'aliène à lui-même et le vide de sa substance.

Le désir de toute-puissance donne à cette ambivalence une force dramatique, et le désir d'effacement intensifie sa culpabilité. L'obsessionnel vit sur une contradiction

fondamentale qui suscite des polarités toujours renouvelées et qui toujours se dédoublent : celle de l'amour et
de la haine, de la tendresse et de l'agressivité de l'identification, de l'égoïsme et de la générosité, de l'érotisme
et de l'ascétisme. Par elles-mêmes, ces polarités ne sont
pas morbides; elles font la trame et la dynamique de
tout humain. Mais chez lui, chacun des pôles se pose
dans la démesure de son inflation affective et imaginaire.
Ils ne se sont pas corrigés mutuellement parce qu'un
refoulement précoce a éjecté l'agressivité, la haine, la
jalousie, du circuit des échanges. Un des pôles est profondément enfoui dans l'inconscient, et seuls ses rejetons
se produisent au jour de la conscience, trop déguisés
pour que le sujet puisse s'y confronter.

Le passé refusé ou intégré

Freud a très bien vu que le névrosé s'efforce d'oublier
son passé. Et c'est pour cette raison que le passé agit en
lui à son insu et le détermine à des actes dont les raisons
lui échappent.

Cette thèse freudienne est lourde de conséquences
psychologiques et philosophiques. Elle laisse entendre que
l'homme normal, dans la mesure où il reconnaît son passé,
le répète tout autrement que celui qui veut l'oublier. Nous
pourrions dire, *il* le répète, alors que dans le névrosé *ça* se
répète en lui. Chez le névrosé, l'inconscient est comme une
chambre noire où la même alchimie des conflits pulsionnels se reproduit sans cesse, entraînant la vie consciente
dans le rythme de son éternel recommencement. Chez
l'homme normal, les conflits ont engendré des structures,
où chaque pôle pulsionnel est délimité par l'autre et
ramené au réel du monde mesuré. Pour l'homme normal,
le père n'est pas le modèle parfait, ni le délégué des
pleins pouvoirs. En face de lui le fils ne se sent pas
disparaître dans le néant. Aussi n'a-t-il ni à l'aimer comme
sa propre vie, ni à le haïr comme celui qui le prive de

sa propre personnalité. Et les pulsions, qui menaçaient de le tenailler, se détendent. Par le fait même, le père peut prendre figure de dépositaire d'un pouvoir qui ne lui appartient pas en propre. Il n'est ni le père tout-puissant ni l'autorité absolue. Il participe seulement à la « Paternité ». La rivalité entre le père et le fils peut tomber et le fils peut se sentir reconnu par le père. La révolte et le heurt intérieur des contraires ont pu faire sortir les relations humaines de l'absolu informe de l'imaginaire, pour les ramener à la vérité des relations concrètes. Le rapport de paternité et de filiation se structure dans une *réconciliation par reconnaissance réciproque*. Nous dirions que la paternité est devenue une valeur symbolique.

Symbolisation et temporalité sont donc liées. Les pulsions reconnues dans leur virulence imaginaire entrent dans l'histoire de la structuration symbolique. Les pulsions méconnues et refoulées restent agissantes dans leur démesure inaltérée. Goldstein l'a bien vu, quand il reprochait à Freud d'identifier le passé à ce temps figé de la pathologie[29]. L'inconscient pathologique est un segment isolé dans une *Gestalt* qui est en train de se construire contre lui, au lieu de s'établir avec lui, en l'intégrant.

La parole structurante

La reconnaissance intégrante ne peut se faire, nous l'avons déjà vu, que par l'expression; elle est le contraire du refoulement. Des éléments pulsionnels tendent à l'extension imaginaire indéfinie, mais l'expression par le langage les établit dans un réseau de rapports qui se délimitent fonctionnellement. La haine et la déception, une fois dites, perdent leur abomination et leur force destructrice; l'amour qui lui aussi s'affirme et se justifie les délimite. D'autre part, la tendresse qui tendrait à l'absolu, par son inscription dans le discours, trouve son lieu en se situant dans les limites de la convenance réelle.

C'est pourquoi toute cure psychanalytique passe par la parole et par elle seule. Cette parole psychanalytique certes, est d'abord délestée de toute réalité. Elle donne libre cours à l'imaginaire, et permet ainsi la résurgence du passé refusé. Le cabinet du psychanalyste n'est cependant pas une machine à rêver, car il y a un réel unique mais essentiel celui-là : la présence de l'analyste. Par ses questions et interprétations, il aide à ouvrir le passé du malade qui tend toujours à se refermer sur lui-même. Il représente l'Autre véritable, celui qui échappe à la captation imaginaire du malade. Certains stigmatisent ces rapports artificiels de la cure psychanalytique, et veulent promouvoir une cure par la présence personnelle, la bonté, l'amitié. Mais ils oublient que c'est justement dans ces rapports prétendument réels, que le malade projette sur les autres son passé méconnu, et qu'il importe de lui rouvrir en premier lieu l'accès aux autres. C'est pourquoi, dans la psychanalyse, l'autre se fait pure écoute : celle à laquelle enfin pourra s'adresser une parole vraie, une parole qui n'est plus la prisonnière du passé, mais sa gardienne; une parole à laquelle le passé donne à penser et à parler, dans un échange vrai avec un Autre vrai[30]. Il ne s'agit donc pas, en psychanalyse, de refuser toute signification à la parole et à la conscience ! Elles sont bien autre chose qu'une apparence creuse. Certes, Freud a écrit, sur la conscience et sur ses œuvres, bien des textes d'allure positiviste. Les intentionnalités conscientes qui s'établissent dans l'amour, l'éthique, la religion ou la politique, n'ont pas, à ses yeux, beaucoup de poids existentiel. Il ne leur reconnaît, semble-t-il, pas beaucoup de signification pour eux-mêmes. Or, s'il appartient à la psychanalyse de découvrir le sens latent des phénomènes, n'est-il pas vrai qu'alors le principe d'une phénoménologie de la conscience semble rejeté ?

La psychanalyse en acte reconnaît cependant à la parole consciente le pouvoir d'assumer le passé et de rejoindre les autres hommes dans une communication effective d'amour et de travail, de création artistique. Ce principe devrait permettre de situer la vérité du freudisme. L'analyse des structures inconscientes établie par Freud, ne concerne que la protohistoire; elle est une archéologie, une étude des prototypes des attitudes humaines. Il reste à la philosophie de poursuivre l'étude d'une autre histoire : celle des figures de l'esprit qui prennent le relais de la protohistoire, et qui déploient les possibilités de ses principes.

Si l'amour n'est pas seulement recherche de l'objet perdu, certes, l'inconscient reste le gardien d'un objet primordial et prototypique. En ce sens, il n'est jamais dépassé. C'est la dépendance structurale que Freud a voulu sauvegarder, à l'encontre des psychologues et philosophes de la conscience. L'attachement à l'objet primordial reste inscrit dans l'affectivité, en même temps que sa perte définitive. Cette présence et cette absence reconnues par devers lui, confèrent à l'homme le pouvoir de s'adresser à un autre et de l'aimer. L'homme malade, lui, n'est pas capable d'amour, parce qu'en toute personne il recherche, sans le savoir, l'objet perdu et son amour déçu tourne en haine, ou en demande insatiablement répétée.

CONCLUSION

Freud a reconnu dans la conscience le lieu de l'erreur autant que de la vérité. Le malin génie dont Descartes redoutait les astuces se trouve en l'homme lui-même : en la puissance démoniaque de son inconscient. En l'appelant par son nom, Freud l'a exorcisé. Il a reconnu que le noyau de l'homme n'est pas l'esprit, mais la pulsion et le désir. Il a montré quels échanges s'établissent entre le langage archéologique du corps symbolique et le discours de la raison. Il a dénoncé les illusions du langage volontariste du moi. Son impression de liberté, la force de sa volonté, son aspiration à la maîtrise sont, eux aussi, en grande mesure, des efforts pulsionnels. A l'homme qui se pense puissance agissante et créatrice, Freud rappelle la pesanteur insoupçonnée de son passé.

Une anthropologie philosophique se doit de reprendre ces thèmes et de les repenser en corrélation avec ceux auxquels le Freud sceptique a trop dénié la spécificité : la liberté créatrice, la puissance réflexive de la conscience, la raison dans le discours, la finalité de ce qui est « à être », qui repose en fin de compte, sur les pulsions elles-mêmes. La psychanalyse freudienne, parce qu'elle est une psychologie de l'expression symbolisante et libératrice, contient des fragments précieux pour une telle anthropologie philosophique renouvelée, que l'on peut considérer comme l'une des grandes tâches du présent.

Ces interprétations et ces indications, nous pouvons maintenant les appliquer à la psychanalyse, déjà amorcée par Freud, de deux œuvres culturelles privilégiées : l'éthique et la religion.

3. L'éthique de la psychanalyse

A mesure que la pensée de Freud allait en s'approfondissant, elle s'étendait progressivement aux vastes domaines de l'anthropologie culturelle et de l'histoire des religions. Ce serait fausser le freudisme que de tenir ces études pour des essais un peu trop aléatoires de « psychanalyse appliquée ». Freud ne réduit pas l'art, ni la religion, aux simples reflets des petites histoires sentimentales et érotiques de l'individu. S'il a consacré aux œuvres culturelles des études si poussées, c'est que ces phénomènes culturels manifestent le pouvoir structurant de l'inconscient. Ce n'est pas l'homme qui les produit, mais eux aussi produisent l'homme. Ils précèdent l'individu et l'animent par leur mouvement de symbolisation. Dans l'optique freudienne, ce n'est pas l'individu qui explique la culture, mais au contraire, il est formé par la culture. Les individus, dit Freud, dans *Malaise dans la civilisation,* sont saisis dans de vastes mouvements qui les dépassent, qui se déroulent au-dessus d'eux, et qui déterminent leur destin[31]. L'éthique, l'art, la politique et la religion font partie de ce mouvement englobant.

Nous allons étudier la psychanalyse de ces phénomènes culturels en nous appuyant sur les écrits de Freud. Mais nous prendrons nos distances à son égard là où il est trop marqué par l'héritage positiviste. Par son hypothèse de travail, la psychanalyse est attentive au passé contraignant que les phénomènes culturels recèlent, et risque de cantonner l'homme dans la conservation de sa protohistoire. Or il ne fait pas de doute que l'initiateur de la psychanalyse, opposé à toute finalité spirituelle autre que celle de la raison scientifique, n'a eu d'attention que pour l'implication du passé dans le présent des attitudes éthique ou religieuse, et n'a pas su reconnaître suffisamment qu'elles ouvrent aussi l'homme à un avenir original.

L'AVENEMENT DES STRUCTURES SYMBOLIQUES

Au départ, l'homme est un être amoral, puisque pulsionnel. Il est le lieu de conflits pulsionnels qui convergent vers l'avènement de l'être éthique. Aux yeux de Freud, l'homme ne possède en lui aucun principe inné de tendance vers le bien (voir chapitre II). Son devenir n'obéit pas à un modèle inscrit qui dirigerait ses gestes vers leur perfection spirituelle. Et cependant il n'est pas possible que les éléments constitutifs de l'être éthique soient distribués au hasard, puisqu'ils doivent être intégrés dans une histoire significative. Dès lors, on pourrait postuler *un foyer au moins virtuel d'émergence des lois éthiques*, que l'on pourrait désigner comme l'orientation transcendantale vers le bien. Mais on se livrerait alors à un raisonnement d'ordre *métaphysique*, étranger à la discipline psychanalytique et que Freud a écarté, assurément par souci d'une saine méthodologie, mais également faute de distinguer le psychique du métaphysique. *Science positive, la psychanalyse est* de ce fait *rétrospective :* elle observe l'histoire qui s'est faite, elle analyse les éléments psychiques qui sont nécessairement entrés dans sa composition. Il ne lui arrive donc jamais d'adopter une optique prospective; elle comprend le présent en fonction du passé, mais elle n'a pas autorité pour anticiper rétrospectivement dans le passé les principes nécessaires du futur.

Ainsi donc, du point de vue du psychologue, l'homme est au départ un être amoral, mais il dispose d'éléments psychiques qui vont se nouer et donner lieu à l'émergence d'une conscience éthique. Le philosophe qui se penche sur ce devenir éthique, peut à partir de l'orientation vers le bonheur, postuler au départ une ouverture au bien, et affirmer qu'elle rend compte au moins du fait lui-même de la vie éthique. Mais la raison philosophique doit se distinguer du principe psychologique : elle ne se réfère en effet à aucun fait observable à l'origine. Ce principe philosophique justifie l'*émergence du sens éthique* comme tel, mais il n'explique d'aucune façon l'histoire concrète du sens éthique, et il ne supprime pas la *nécessité d'un déterminisme psychologique*, tel que l'étudie la psychanalyse. Parler de besoin moral inné, c'est risquer de confondre le métaphysique et le psychologique et verser dans une imagerie pseudo-scientifique, digne de l'ancienne *vis dormitiva*.

Dans les pages qui suivent, nous adoptons le point de vue psychanalytique. Nous rassemblons les éléments épars dans l'œuvre de Freud, qui, de proche en proche, vont trouver leur articulation dans la conscience éthique. Nous redécouvrirons ainsi les questions philosophiques renouvelées par ce contact direct avec les structures élémentaires de la morale. Les considérations éthiques de Freud sont audacieuses, insolites, provocatrices pour un public bien pensant. Elles ont au moins le mérite de nous apprendre que la conscience morale se conquiert de haute lutte. Mais pourrait-il en être autrement chez un être qui, profondément inséré dans l'évolution, n'attend pas que celle-ci soit achevée en lui pour se frayer ses propres chemins ?

La loi du père

Le complexe d'Œdipe est à l'origine de toute la civilisation : morale, religion, politique[32]. Autrement dit : l'éthique commence par la violence et le mal. Cela ne veut pas dire qu'il n'y avait, avant le complexe d'Œdipe, aucun lien d'amour unissant l'enfant aux parents. Au contraire, on l'a trop souvent oublié, c'est par la dialectique de la tendresse et de la violence que le sujet pourra s'assimiler la loi du père et que celle-ci déposera en lui le germe de la conscience morale.

La *tendresse* n'est pas une sublimation de la sexualité, comme Freud l'a parfois pensé, et comme ses disciples l'ont inlassablement répété. Elle est la *forme primaire de l'amour* avant l'éveil de la sensualité[33]. Elle est la réponse affective à la protection parentale, et marquée par la soumission à l'autorité, elle se trouve au principe de l'identification.

La sensualité, par contre, tend à la possession de l'objet. A la différence de la tendresse, qui est amour sur le mode de l'être, elle est amour sur le mode de l'avoir. Ces deux courants libidinaux doivent s'unir, pour qu'un vrai rapport d'amour hétérosexuel puisse se former. Beaucoup d'unions conjugales doivent leur malheur à une irrémédiable opposition de ces deux composantes. Le dualisme dans la libido est donc originel et source de conflit. Il se transfère à tous les rapports affectifs qui vont se tisser au cours de la vie, à commencer par les relations parentales. Une synthèse spécifique devra s'élaborer avec chaque nouveau type de rapport affectif : dans les relations au père, à la mère, aux frères, à la femme ou à l'homme aimé. Dans cette généalogie des sentiments, le rapport libidinal au père constitue le fondement du sentiment moral. Dans la relation au père le dualisme inhérent à la libido se renforce d'une signification symbolique en référence à la mère et à la société. Le père apparaît d'abord comme le possesseur de la personne qui, pour l'enfant, détient la promesse de la jouissance. En s'interposant entre l'enfant et la mère, il fait éclater une union « naturelle », une union de fusion affective. Il a, lui, le droit à la possession, et, par le fait même de ce droit, il exclut l'enfant. Il représente ainsi indissociablement le rival et le modèle : celui qui interdit, mais qui fait reporter à l'avenir un bonheur analogue. Il introduit la séparation légale et la dimension temporelle.

Nous ne nous étendrons pas davantage ici sur le *complexe d'Œdipe*. Précisons seulement qu'il n'est *pas une maladie mais un conflit structurant pour les relations affectives* de l'enfant. « Complexe », il l'est en ce sens que du fait de ses relations triadiques (enfant - père - mère), la libido de l'enfant va s'organiser; elle se transmue d'une part en rapports de libido hétérosexuelle, d'autre part, en conscience morale, par l'intériorisation de la loi du père.

L'agressivité qui accompagne l'amour de possession objectale, se tourne inévitablement contre l'interdit externe. On sait la violence de cette agressivité, ne fut-ce que par le mythe d'Œdipe ou par les romans de Dostoïevski. Cette agressivité n'est pas pathologique, et n'est pas nécessairement pathogène. Pour devenir morbide, elle doit avoir été violemment refoulée. Dans ce cas, elle couve dans l'inconscient, comme le prouve l'expérience clinique; elle y développe une puissance d'agression qui se transpose sur toutes les figures qui prennent le relais du père. Ou bien elle se tourne contre le sujet, avec une mortelle violence destructrice (la *culpabilité morbide* dans l'obsession et dans la mélancolie du deuil). Par contre, si les circonstances de la vie, et les dons affectifs du sujet lui ont permis d'accéder à la préconscience, l'agressivité pourra, dans ce cas, se dépolariser vers divers centres; elle perdra sa virulence et donnera naissance à de nouveaux rapports affectifs. Elle se tourne en partie contre le sujet lui-même, et devient, à l'intérieur de son psychisme, cette force d'auto-accusation qui reprend l'interdit paternel. Remarquons que la tendresse favorise l'identification, et, de ce fait, rend possible l'intériorisation de la loi. Dirigée par la conscience morale, la même agressivité se portera aussi vers la conquête du monde. Enfin, elle communiquera son énergie au désir sensuel, et l'orientera vers la promesse d'avenir en imitation du père.

L'exigence de la mesure

Le conflit originel de la libido et de la pulsion de conservation favorise lui aussi l'assimilation intérieure de la loi du père. Nous avons vu, au chapitre précédent, que l'angoisse fondamentale est celle de la pulsion. Deux tendances contraires écartèlent le sujet : le plaisir et la conservation ; le mouvement (qu'exprime très bien le terme allemand de pulsion : *Trieb*) et la stabilité (la conservation, le maintien de soi). Ce conflit intérieur au sujet se transfère lui aussi sur les relations affectives. Nous avons déjà évoqué l'angoisse devant l'abandon qui paralyse les relations amoureuses de certaines personnes ; chez d'autres, ces mêmes angoisses peuvent inhiber toute attitude d'abandon dans une ligne de confiance religieuse. Ces angoisses reproduisent l'angoisse prototypique de la première expérience libidinale : celle qui s'adresse à la mère. Les cliniciens savent quels fantasmes longtemps méconnus accompagnent ces inhibitions : fantasmes d'être dévoré, ou d'être morcellé, de se noyer, d'étouffer. Ils expriment le retentissement de l'angoisse primordiale sur le corps vécu. Le transport libidinal trop intense dans l'union en dualité mère-enfant, est, pour l'enfant, comme un arrachement à soi-même.

Le *conflit* est donc installé *au cœur même de la libido*[84], et il surgit avant même que ne s'introduise de l'extérieur la violence de l'interdit. Certains psychologues ont cru que le conflit et l'agressivité étaient seulement les séquelles d'une frustration d'amour. Ils oublient que, d'après l'expérience clinique, un excès d'amour est aussi nuisible que la frustration. Nous allons d'ailleurs le voir, il n'y a pas d'amour qui, dans l'inconscient, ne soit frustré; les séparations, inévitables, découvrent dans l'homme le manque fondamental. Ce manque, pourtant, n'est pas sans plus privation; il est un vide actif, et détermine la dynamique de l'amour. L'agressivité n'est pas une suite de la frustration, elle est aussi originelle que la libido, et elle introduit, dès le début, un élément conflictuel supplémentaire dans la tension entre libido et pulsion de conservation de soi. La théorie qui ne voit dans l'agressivité que le résultat d'une frustration, s'appuie, bien sûr, sur une certaine expérience clinique. La frustration indue peut, en effet, engendrer des formes d'agressivité spécifiques. Mais portée au niveau d'une explication générale, cette théorie n'a pour elle que sa couleur de bienséance rassurante. L'agressivité n'est pas pour l'homme un accident subi; elle constitue une force de son être. Et c'est parce que les forces pulsionnelles sont à la fois originaires et conflictuelles, qu'elles contiennent le principe de la nouveauté qui s'appelle : la loi. Dans la psychanalyse, les pulsions ne sont jamais considérées à part, mais toujours comme insérées dans un double système : celui de leurs tensions intérieures et celui de la coexistence humaine des sujets. Là se trouve la réponse à la question si souvent posée : une théorie des pulsions peut-elle justifier la production de l'ordre éthique ? La réponse, au plan de la genèse psychologique, est dans le caractère en quelque sorte dialectique du système pulsionnel travaillant sur la trame de la communauté humaine. C'est pour ordonner le chaos des pulsions qui se détruiraient mutuellement, que le sujet cherche une loi. *Il exige l'arbitrage d'une mesure.* Il veut qu'une délimitation soit imposée aux formes duelles, qui de soi tendent vers l'illimité.

Ne prenons pas ceci pour une vue de théoricien. Les cliniciens savent le drame de certains schizophrènes qui cherchent, par tous les moyens symboliques, à délimiter leur être, à organiser leur monde[85]. Ils connaissent aussi la révolte et l'angoisse de ceux qui ont été frustrés de l'autorité légale, et leur désir de trouver le modèle qui pourra donner forme à l'informe.

Et comme la mère est l'objet fondamental qui symbolise la satisfaction de la libido, dans une plénitude affective qui aspire le sujet tout entier, il faut en premier lieu que le chaos pulsionnel soit ordonné par rapport au lien maternel. Il faut que l'interdit s'interpose entre la mère, avec ce qu'elle symbolise, et l'enfant. Le conflit interne s'incorpore, de ce fait, à celui de la constellation œdipienne, pour en recevoir sa résolution.

Plaisir et réalité

La libido est marquée par le principe de plaisir. On aurait tort de s'en offusquer : le plaisir, dans ce contexte, ne s'est pas encore différencié du bonheur. Il exprime cette *plénitude de jouissance immédiate* qu'opère la présence charnelle des êtres et des choses. Pour la libido, le temps n'existe pas, ni autrui, ni le monde extérieur. Etant *en deça de ces différenciations,* le principe de plaisir n'a pas encore la connotation hédoniste d'une réduction du bonheur au plaisir. La libido se vit dans le moment même, elle n'a pas encore le savoir d'un achèvement de tout l'être, dans une histoire nouée avec d'autres.

L'amour commence donc par un égoïsme qui est pure absence d'altruisme. Il commence aussi par une *omniprésence à soi-même*. De ces origines, l'amour adulte qui a été introduit dans le temps vécu avec autrui, garde encore le souvenir. Il est toujours désir; même quand il s'épanouit en lien et en échange amoureux, il est encore désir en tant que désir du désir d'autrui. Il n'y a pas de don humain qui ne soit échange et participation, et la théorie contemporaine de l'amour oblatif contient la menace d'un leurre, et cache souvent une angoisse devant le désir. L'opposition entre possession et don, *eros* et *agape,* est fausse, sur le plan humain, et elle pèse lourdement sur les rapports amoureux de nombreux perfectionnistes. La libido est donc à la fois jouissance et désir de l'objet de jouissance. Le terme allemand qui signifie plaisir, *Lust,* dit l'un et l'autre. Au premier moment de la libido, le sujet vit ce plaisir dans une union fusionnelle avec le monde et les autres. A cette phase Freud a donné le nom de *narcissisme originaire :* le moi qui a son origine dans la pulsion de conservation, se prend lui-même pour l'objet de son amour, et même, il identifie à lui-même toute source de jouissance. Il vit en jouissance dans l'indistinction d'une totalité diffuse. En même temps, il rejette comme inexistante toute source de déplaisir. Aussi en cette phase de dominance du principe de plaisir, le sujet vit dans une plénitude avec laquelle il coïncide.

De nombreuses observations cliniques ont amené Freud à poser comme un universel ce principe de la libido narcissique, et cela en dépit du refus indigné d'un grand nombre de ses disciples. La suite de l'histoire de la psychanalyse a confirmé l'importance clinique et la vérité théorique de la thèse du narcissisme.

Les objections partent souvent d'une exigence de vérification directe, alors que le concept de narcissisme est une *construction théorique :* elle se justifie par son pouvoir de rendre compte de multiples phénomènes observables. La distance entre la théorie et le fait est d'autant plus grande, en psychanalyse, qu'il s'agit de rendre compte d'une histoire, et que, selon le mot de Husserl, l'histoire est oubli de ses origines. Mais si l'histoire n'est pas entièrement achevée, on peut encore observer dans ce cas des manifestations quasi directes de ses principes conducteurs. Ainsi en va-t-il du narcissisme. Les primitifs, qui, pour une certaine part de leur être évidemment, sont encore proches du premier moment de l'existence libidinale, se caractérisent entre autres par une forme de *pensée* dite *magique.* Certains névrosés, de leur côté, présentent également des traits de pensée magique : ils ont l'impression que leurs pensées ou leurs désirs se réalisent automatiquement. Pour les deux groupes le geste symbolique du meurtre entraînera la mort effective. Cette pensée, Freud l'appelle, d'après l'expression d'un de ses malades, la toute-puissance de la pensée ou des désirs[86], et il la relie au narcissisme[87]. En effet, le monde clos du plaisir permet la réalisation imaginaire de tous les désirs, d'autant plus que le sujet exclut de son champ affectif tout objet qui lui résiste. Le monde se plie aux demandes du sujet, puisqu'il se limite à ce qui lui acquiesce.

La raison nous apprend à être juge du réel extérieur, et du leurre affectif. Le moi, siège de la perception, introduit contre la libido le *principe de réalité*[88] qui, dans la perspective génétique de Freud, est essentiellement principe de limitation. Freud conçoit le réel en opposition à la toute-puissance des désirs. Contre la pensée magique, qui émane de la libido, notre perception nous impose la reconnaissance des lois du monde physique, biologique et social. Le réel se définit ainsi par la technicité[89]. Vivre dans le réel, c'est vivre selon les lois que l'esprit scientifique a établies. C'est accepter la rareté du plaisir, la nécessité de l'effort, le renoncement au paradis perdu des objets libidinaux infantiles, et surtout la dure réalité de la mort. Il faut faire « son éducation pour la réalité » en vue d'obéir aux exigences de l'efficacité. La *maladie mentale* est, entre autres, l'*incapacité au travail,* par défaut de *renoncement aux plaisirs indéfinis.* L'homme ne peut guère changer les circonstances de sa vie, auxquelles il impute souvent sa névrose. A ses malades révoltés, Freud répond : « Il n'y a pas de doute que le destin pourrait plus facilement que moi vous délivrer de votre maladie. Mais vous serez en mesure de vous convaincre vous-même que beaucoup sera gagné si nous réussissons à transformer votre misère hystérique en un malheur commun »[40].

La raison et la science opposent ainsi la loi du réel au principe du plaisir. C'est la troisième source de la conscience morale. Freud ne l'a pas explicitement introduite dans ses études sur la conscience morale. Mais si nous mettons bout à bout tous les énoncés sur l'éthique, il appert que le principe de la réalité, ou *l'honnêteté de la raison,* est son principe éthique fondamental. Il est même appelé, nous le verrons dans un instant, à se substituer à la conscience morale explicitement reconnue : celle qui est faite de l'inéluctable culpabilité résultant de la violence.

La loi de la vie ou la sexualité génitale

Voyons d'abord quelle est la signification psychanalytique de la célèbre « génitalité »* La sexualité apparaît déjà chez l'enfant, sans autres normes que sa polarisation successive sur différentes zones corporelles : bouche, anus, organes sexuels. Lentement la libido investit le corps vécu de l'enfant. Certes, tout le corps est animé, et tout entier, il médiatise la participation affective de l'enfant avec les autres. Aux différents âges cependant, certains organes présentent une prégnance particulière. Le besoin de nourriture étant primordial, la liaison sensible avec la mère se cristallise au début dans la bouche, et le sein est le premier objet d'une volupté intense, qui retentit dans le corps tout entier. Avec le développement des muscles et de l'agressivité, c'est la fonction physiologique de l'excrétion fécale qui attire l'autoérotisme. L'anus succède à la muqueuse buccale, comme centre de localisation de la volupté. L'évolution ultérieure ne met jamais entièrement fin à ces deux phases, orale et anale. Les perversions les font encore jouer à ciel ouvert, et l'analyse des névrosés dévoile leur permanence dans l'inconscient de l'adulte. Chez l'homme normal, elle sont intégrées dans la nouvelle structure du corps vécu qu'opère l'épanouissement sexuel

---

* La sexualité, dans sa phase ultime, où elle est orientée vers le rapport hétero-sexuel complet.

de l'enfant vers trois ou quatre ans. Cette phase coïncide avec l'établissement des liens œdipiens, et reçoit d'eux sa consécration humaine. La sexualité, dorénavant, ayant animé le corps tout entier par les liens affectifs qu'elle tisse avec autrui, est entrée dans le monde socialisé. Elle s'est différenciée en amour d'objet et en amour d'identification, comme nous l'avons exposé dans le paragraphe sur le moi et le narcissisme. Elle a appris a renoncer à l'immédiat pour s'orienter, en vertu de la loi du père, vers un avenir de travail et de sublimation. Ainsi se prépare un amour adulte capable d'instaurer une nouvelle communauté et d'assumer la loi de la vie par la fécondité.

On le voit, on ne peut parler d'une maturation spontanée dans la sexualité. Au contraire, la prématuration essentielle de l'enfant le rend disponible pour des possibilités de sensations voluptueuses très diverses. Aucun finalisme inscrit dans la libido ne conduit l'homme à la sexualité telle que l'entend la définition usuelle : l'union charnelle en vue de la procréation, de deux personnes de sexe opposé. La libido se déploie dans ses différentes composantes : le regard, l'agressivité, l'introjection*, la génitalité. Toutes elles peuvent donner lieu à des perversions, si la libido se fige dans une de ses composantes ou phases. Mais dans tous les cas, la libido dépose dans le psychisme chacune de ses étapes comme un centre actif, un prototype de conduite sexuelle. Ces types de comportement libidinal peuvent être intégrés dans le rapport normal hétérosexuel; ou bien, ils peuvent être sublimés; dans la curiosité intellectuelle, dans la possession économique, dans la productivité du travail[41]. Ce sont autant de liens intersubjectifs, qui sont prédestinés par l'organisation affective du corps animé et sexualisé, et qui acquièrent une valeur morale dans leur intégration sociale.

---

* Terme technique qui exprime l'incorporation imaginaire et affective de l'image de l'autre, pendant la formation de l'idéal du moi.

Il est donc faux de prétendre que seule la génitalité est l'aboutissement d'une préparation psycho-biologique à un rapport moral avec autrui. C'est oublier la force de sublimation qui réside en chaque phase. La phase génitale comporte cependant le privilège, pour autant qu'elle est structurée par le complexe d'Œdipe, de soumettre l'homme à la loi de la vie[42]. Par elle il s'insère dans le cycle vital; s'il dépasse son autoérotisme, et accepte d'être porteur de la semence de la vie, il se situe comme individu dans un cycle biologique qui, pour un temps, lui délègue sa puissance de fécondité. Ainsi l'homme peut-il sortir de son narcissisme. Au fond, dans la conception freudienne, la génitalité est une manière d'accepter le principe de la réalité et d'humaniser le principe de plaisir.

La doctrine freudienne des stades de la formation sexuelle aboutissant à la génitalité, a souvent offert aux moralistes les coordonnées psychologiques pour une morale de générosité parentale et d'amour désintéressé. Leur conception évolutionniste et optimiste d'une morale qui serait en consonance avec l'évolution bio-psychologique de l'homme, peut effectivement se réclamer de certaines idées de Freud, et elle se justifie en quelque mesure par l'expérience clinique. Mais une synthèse éclectique de psychologie et de pensée éthique, qui généralise ce principe de « maturation » sexuelle et morale, contient plus d'illusion que de vérité, et, sous l'apparence de bienséance et de naturalisme rassurant, elle cache le vide d'une vraie pensée éthique. En effet, faut-il donc être capable d'amour génital pour être un héros ou un saint ? Les valeurs morales sont multiples et elles ne sont pas toutes déterminées par l'état d'achèvement de la sexualité. Il reste vrai, et c'est important du point de vue de l'éthique, que la génitalité sexuelle conditionne de quelque façon l'amour. Freud a développé davantage cette donnée. Il était pessimiste quant à l'authenticité de l'amour. Nous y reviendrons. Une philosophie de l'amour doit en tout cas retenir trois données essentielles de la psychanalyse. D'abord, l'amour est médiatisé par la sexualité et son principe de plaisir; il n'est pas élan spirituel, il est d'abord pulsion et désir, et ne sera vraiment amour que s'il est capable de symboliser et de sublimer, sans la nier, la libido. Ensuite, *l'amour s'inscrit dans une évolution libidinale;* il est préfiguré par le corps tel qu'il est animé dans ses différentes zones. Troisièmement l'amour hétérosexuel, par le complexe d'Œdipe, se forme et se différencie en identification et désir de possession. Les concepts très éthiques mais abstraits d'*oblativité**, de *réciprocité*** , de *reconnaissance****, sont viciés s'ils n'ont pas intégré ces faits premiers. Le refus des structures pulsionnelles rend un son éclatant de haute spiritualité, mais il dissimule la présence dévorante des pulsions non assumées.

Conclusion

La formation de la conscience morale est donc extrêmement complexe. Elle se réalise par la formation progressive de nombreux éléments psychiques. La dualité des pulsions, libido et pulsion de conservation, ouvre dans le sujet l'exigence d'un arbitrage légal. Le double rapport au père, de tendresse et d'agressivité, amène à la violence, à la nécessaire culpabilité par le retour sur soi de cette agressivité, et à l'acceptation intérieure de la loi du père. L'intelligence en éveil impose la loi de la réalité, et le renoncement au principe de plaisir. La libidinisation successive des zones corporelles peut donner lieu à des sublimations de différents ordres. Et à son achèvement,

---

* L'amour don de soi pur de tout désir.
** L'amour qui donne en retour ce qu'on a reçu de l'autre; connote de nouveau le pur don, et l'idée de retour s'ensuit.
*** L'acceptation de la valeur unique de l'autre, sans la connotation d'un désir mutuel et échangé.

le corps libidinal entre dans l'œdipe; il y apprend à se soumettre à un autre principe de réalité : le cycle de la vie.

L'essence de l'éthique, du point de vue de la psychanalyse, est donc l'honnêteté raisonnable. La morale de Freud est celle du renoncement et de la rationalité. Le moi est le médiateur et l'arbitre de tous les conflits : ceux qui divisent les pulsions et ceux qui opposent le sujet aux lois.

Mais alors, le moi ne contient-il pas de principe positif d'aspiration au bien ? Les sublimations et l'amour n'offrent-ils pas à l'éthique la voie pour dépasser une rationalité formelle et résignée ? Il nous semble qu'ici non plus Freud n'a pas développé toutes les possibilités que la psychanalyse offre à une philosophie morale. Il a contesté le finalisme éthique spirituel[48], et la psychanalyse ne peut que s'y opposer. Seulement nous croyons qu'il y a une nouvelle synthèse à opérer entre le renoncement d'une morale de l'honnêteté et les virtualités du principe de plaisir. Ici également, il manque à Freud cette théorie développée de la symbolisation*, qui peut assumer les principes éthiques de la psychanalyse, et les pousser plus avant. Le moi, en effet, peut, sans se trahir, s'enrichir des structures de l'inconscient, et passer d'une éthique de la raison à une éthique du bonheur et de l'amour. Freud n'a pas voulu prendre cette voie, qu'il avait pourtant indiquée à plusieurs reprises, par crainte de se leurrer, à l'instar des morales idéalisées ou hédonistes, dont il dénonçait la duperie. Le radicalisme éthique de Freud lui a cependant permis de dégager le principe fondamental de l'éthique, et de conserver dans la pureté la dynamique morale de la psychanalyse. Les écoles qui ont voulu le corriger sur ce point, ont, pour la plupart, trahi l'exigence éthique et humaniste de la psychanalyse et le principe dynamique d'une philosophie morale.

---

* Voir plus haut sur : *Le réel, l'imaginaire et le symbolique.*

RAISON OU BONHEUR
LES PRINCIPES DIRECTIFS DE LA MORALE
FREUDIENNE

Les hommes sont malades à cause de leur intolérance pour le malheur. Ils aiment leur délire comme ils s'aiment eux-mêmes[44]. Leur universel narcissisme les porte à se leurrer sur la dureté de l'existence humaine, et plutôt que d'affronter l'angoisse et le destin, ils préfèrent se réfugier dans la névrose et le délire. Ce choix n'est cependant pas l'effet d'une décision lucide; la conscience elle-même plonge dans le narcissisme et porte l'homme à l'illusion sur lui-même. Aussi faut-il que l'homme conteste à la conscience son privilège de vérité, qu'il la décentre d'elle-même pour en reconnaître les mirages. Elle est le lieu d'une vérité possible, pourvu qu'elle reconnaisse son inhérence à la vie pulsionnelle. Il lui faut conquérir sur elle-même sa propre vérité par une *œuvre de contestation et d'assomption*. Le ressort principal qui anime l'éthique est cette exigence de purification. La psychanalyse s'inscrit dans ce mouvement de démythification.

Cette expérience technique ne permet plus de parler de la morale comme avant. Par son effort pour mettre en œuvre le principe radical d'une éthique de l'honnêteté, Freud nous rappelle la technique de la purification mystique de saint Jean de la Croix. Ils présentent tous deux les mêmes accents nihilistes, parce que tous deux ils combattent dans l'homme l'amour de soi. Sans cesse en lutte contre les systèmes qui consacrent le narcissisme, Freud a été à l'extrême du nihilisme. Sa virulence éthique constitue à la fois sa pureté et son étroitesse. Et cependant, dans quelques textes, il reconnaît, par-delà la négativité, le moment détendu de l'accueil. Expliquons-nous.

La vérité négative

Nous avons esquissé plus haut les quatre processus psychologiques qui transforment en conscience morale les tensions pulsionnelles habitant le cœur de l'homme. Ils ont en commun d'opérer le passage des pulsions dans la conscience et de les soumettre à ses pouvoirs de reconnaissance et d'arbitrage : « Là où *c'était*, *je* dois devenir. » Non pas que le moi soit pure conscience. Hanté par le narcissisme, le moi est d'abord puissance de refoulement[45]. Doué de la faculté de percevoir le réel, il peut devenir la puissance de la contestation. Par sa nature spécifique, la conscience est donc la faculté négative : celle qui mesure la démesure imaginaire de la vie pulsionnelle, et la traduit devant le tribunal de la réalité. Comme lieu d'échange entre le pulsionnel et l'imaginaire d'une part, le monde réel d'autre part, le moi n'a pas de contenu propre. Il ne se définit donc pas par une orientation vers un bien, ou par une exigence de bonheur. Pour ce qu'il est en lui-même, c'est-à-dire raison, il introduit dans la vie humaine le vœu de la vérité.

Freud ignorait la tradition de la philosophie critique. Dans sa docilité à l'expérience clinique, il a cependant retrouvé, et de la façon la plus radicale, le thème essentiel de cette philosophie : que le jugement est le lieu de l'erreur autant que de la vérité, mais qu'en se jugeant elle-même dans la réflexion critique, la conscience peut devenir le lieu de la vérité établie avec sûreté. Des thèmes connus de la philosophie contemporaine, ceux de la mise à distance et de la négativité, pourraient fort bien prolonger la philosophie implicite de la psychanalyse sur la raison négative.

La psychanalyse met surtout en lumière le moment négatif, par lequel l'homme aliéné à lui-même prend possession de lui-même. Elle n'en reste cependant pas à l'affirmation de cette négativité formelle. De notre précédente analyse, il ressort que la conquête de vérité s'opère dans trois directions : contre son égocentrisme originel, l'homme doit se décider à rentrer dans l'ordre légal; contre ses aspirations hédonistes, il doit reconnaître la souffrance existentielle; contre le perfectionnisme narcissique, il doit admettre les exigences de sa vie pulsionnelle.

L'ordre légal

L'ordre légal oppose d'abord sa violence à celle du sujet. Freud nous a montré que, selon l'expression de Nietzsche, l'homme est par nature un être insurrectionnel. Aussi la loi prend d'abord pour lui une forme négative. Un optimisme bien pensant s'insurge parfois contre cette idée, et s'en prend à tout ce qui en morale offre un relent de surmoi et d'interdit. Mais a-t-on assez remarqué que le décalogue lui-même ne formule positivement que le respect de l'ordre paternel (Dieu et les parents) ? Dans tous ses autres commandements, il oppose aux désirs humains la contestation prophétique, dont la première, la plus fondamentale, est l'interdit de tuer. Cette négativité de la loi ne reste cependant pas extrinsèque, comme nous l'avons déjà vu. La loi morale vient du dehors. Elle est *l'interdit opposé au désir agressif d'avoir tout et d'être tout.* La tendresse pousse à l'identification au législateur; d'autre part, l'agressivité qui conduit à l'insurrection est ressentie par le sujet comme dangereuse, et se retourne en partie contre lui-même, après s'être assimilé la loi extérieure. C'est ainsi que se forment à la fois la reconnaissance intérieure de la loi et l'auto-accusation nécessaire. La culpabilité est en premier lieu cette autocritique de la violence originaire.

Cette genèse de la conscience morale est spontanée, affective même, puisqu'elle s'appuie sur la tendresse, l'identification imaginaire et le retour sur soi de l'agressivité. La conscience morale comprend donc une instance proprement psychique qui précède en grande mesure l'éclosion de l'intelligence. La raison en recevra l'écho, mais sans pouvoir l'élucider entièrement. De ce fait, la conscience morale, elle aussi, appartient pour une large part, à l'inconscient. Le moi moral y plonge ses racines. C'est ce que Freud exprime par le terme de surmoi, ce qui dit à la fois le caractère pulsionnel, inconscient, et la nature d'autorité extrinsèque. Ceux-ci secrètent ensemble la conscience morale comme instance psychique. La clinique comme l'ethnologie nous ont d'ailleurs habitués à concevoir des interdits compulsionnels en ce sens que leurs motivations échappent à la conscience, en tout ou en partie. La vocation éthique de l'homme selon la psychanalyse consiste à conquérir ce domaine de l'inconscient pour la conscience, et à remplacer les motifs inconscients (les tabous) par des lois consciemment et librement acceptées.

Cette conquête n'est jamais achevée, parce que l'inconscient n'est jamais aboli. Comme nous l'avons dit lors de notre deuxième chapitre, l'inconscient contient les prototypes de tous nos sentiments et comportements. Et la reconnaissance consciente des lois morales se fait selon les modèles qui ont été inscrits en notre psychisme au cours de l'organisation de nos rapports et conflits pulsionnels. Ici également, la moralité réside dans ce pouvoir d'élaborer des motivations conscientes; celles-ci donnent un contenu nouveau aux schémas et en développent certaines virtualités.

Freud lui-même a souligné l'analogie entre son analyse de la conscience morale et la philosophie morale de Kant. Tous deux en effet, ils ont fondé la morale sur la loi. Pour l'un comme pour l'autre, la conscience morale est formelle, en ce qu'elle n'a pas de substance propre. Elle est la négativité introduite par la loi et la raison dans l'imaginaire et dans le pulsionnel. Dans les deux systèmes, la positivité de la morale vient de l'ordre auquel la raison se soumet. En tout ceci, la psychanalyse n'a pas innové. Mais elle nous fait assister à l'émergence de la loi, alors

que la philosophie se donne pour tâche de thématiser
la loi au niveau des structures mentales.

Nous croyons que beaucoup des malentendus concernant le légalisme négatif du surmoi proviennent de ce
que les critiques n'ont pas eux-mêmes rigoureusement
analysé la dynamique spécifique de la conscience morale,
et qu'ils sont généralement sous l'emprise d'un vague pla-
tonisme des « valeurs morales ».

La *théorie* freudienne *du surmoi* comporte donc quatre
éléments essentiels : *la genèse affective de la conscience
morale, son caractère originairement inconscient, sa fonction formelle de négation, et sa structure d'identification.*
Ces quatre éléments heurtent évidemment plusieurs opinions reçues. On croit généralement que la conscience
morale, qui est la dignité essentielle de l'homme, fait
partie de la « nature », au sens qu'elle serait une faculté
innée, qui appartiendrait au domaine spécifique de la
raison consciente. Elle serait motivée par la visée de
valeurs éthiques positives (matérielles, dirions-nous par
opposition au formel). Enfin elle serait le noyau de
l'autonomie personnaliste.

On sait les circonstances qui opposent, sur ces quatre
points, les systèmes de philosophie morale. Ce n'est pas
le lieu ici de les évoquer. La leçon essentielle que la psychanalyse apporte à la philosophie morale est sans doute
que *l'autonomie, la positivité et le caractère raisonnable
de la conscience morale, sont des données terminales*
et non pas premières. La vraie moralité consiste essentiellement dans la formation de la conscience morale.
L'inconscient prédestine l'homme à cette enquête, et la
psychanalyse elle-même est fondamentalement une entreprise de formation éthique. Sans doute, Freud prête-t-il
à confusion, quand il appelle conscience morale cette
structuration psychique qui la précède et rend possible la
vraie moralité. C'est avec raison qu'on a introduit la
distinction entre conscience morale et conscience prémorale[46]. Encore ne faut-il pas vraiment les dissocier : la

frontière est glissante, car la vraie conscience morale assigne une tâche jamais achevée, puisqu'elle s'appuie sur sa préformation dans l'inconscient.

La question du bonheur

Le renoncement au mirage du bonheur, l'acceptation de la dureté de l'existence est le second principe de la morale psychanalytique. Freud n'a jamais préconisé un hédonisme quelconque, et c'est par une curieuse ironie du sort qu'on lui a imputé une morale libertine. Si la psychanalyse libère les malades d'un surmoi écrasant, elle ne s'attaque pas moins aux désirs sauvages de plaisirs sensuels dormant dans l'inconscient de tous les malades. Le dualisme et, à d'autres moments, la collusion de l'érotisme effréné et de la loi tyrannique déchirent précisément l'inconscient du malade. Au plan de l'existence vécue, ils se traduisent par cette stérile oscillation entre, d'une part, les demandes de plaisir répétées, et produites avec ressentiment, et, de l'autre, l'impossibilité, l'interdiction même de jouir du plaisir réellement offert. L'expérience clinique montre que les symptômes se ramènent à des compromis entre ces deux forces inconscientes et antagonistes : ils sont le plaisir, mais déguisé, fût-ce dans l'angoisse, le doute, ou la plainte. Aussi la psychanalyse reconnaît-elle pour seul procédé thérapeutique valable celui de la *Versagung*, la « frustration »[47]. On peut regretter que ce terme évoque en français l'idée d'une frustration active; pour Freud au contraire, la *Versagung* prescrit au malade de renoncer aux actes impulsifs, et à l'analyste de se garder d'acquiescer à toute demande de consolation, de plaisir, ou d'encouragement. Par la non-satisfaction et l'expression de ses demandes de plaisir déguisées, le malade peut, de proche en proche, reconnaître leur véritable teneur. Il s'étonne devant l'abîme de recherches de plaisir qu'ouvre en lui sa vie pulsionnelle; il reconnaît leur irréalité, leur caractère fétichiste; et il apprendra à vivre dans leur insatisfaction.

Deux caractéristiques des pulsions causent la souffrance morale de l'homme : leur démesure congénitale, qui est coextensive au narcissisme; ensuite, leur information par les premiers objets de leur satisfaction. Aussi la conscience du monde réel est-elle nécessairement traversée par celle du manque. La santé mentale implique l'acceptation de la limitation du bonheur, limitation ressentie comme extrême au regard des demandes qui sourdent des pulsions. La santé est le fruit d'un travail de renoncement qui nous fait faire notre deuil de l'objet perdu et que symbolise la coupure du lien maternel. Rappelons-nous ici ce monument consacré à la recherche du temps perdu qu'est l'œuvre de Proust. Elle s'ouvre sur le souvenir du baiser maternel, le soir, au moment du coucher du petit Marcel; le souvenir de ce paradis perdu est, pour reprendre l'expression de Sartre, « l'humus signifiant » des recherches qui se poursuivent à travers quinze volumes.

« La possibilité de telles heures ne renaîtra jamais pour moi. Mais depuis peu de temps, je recommence à très bien percevoir, si je prête l'oreille, les sanglots que j'eus la force de contenir devant mon père... En réalité ils n'ont jamais cessé... »[48].

Pour Freud, apprendre à vivre, c'est reconnaître ce passé présent en nous, et transformer en présent voulu l'héritage reçu. Le malade, dit-il, veut oublier le passé; c'est pourquoi, il reste rivé à lui. L'éthique de l'honnêteté est une éthique du deuil nécessaire. Non que le malade soit un coupable; au contraire, sa fixation à la promesse de plaisirs comblés, l'empêche d'accéder au stade éthique. Mais le travail prééthique de la guérison implique chez l'adulte la position éthique du renoncement.

C'est au-delà du deuil que les plaisirs réels deviennent accessibles. Et Freud n'a pas manqué de les honorer. Pour lui, c'était le plaisir du travail, de la recherche scientifique, de l'amour humain, de la création artistique : dans des plaisirs où la libido s'est décantée par l'union de tendresse et de sensualité, et par la sobriété du principe de réalité. La morale freudienne est une morale régie par la reconnaissance de l'économie des pulsions. Il n'y a pas d'harmonie entre les demandes pulsionnelles et les objets de plaisir. Leur rareté impose la limite et la souffrance. La célèbre tolérance bienveillante de la psychanalyse n'a rien d'hédoniste. Elle comporte, au contraire, nous le verrons bientôt, le renoncement au plaisir le plus subtil : celui de la perfection morale.

Philosophie et psychanalyse se rencontrent ici. La philosophie morale du bien et du bonheur s'est toujours mesurée avec la dualité plaisir - bonheur. Et la philosophie de la volonté a fortement souligné le caractère extatique de la volonté : elle tire son origine d'un manque et tend vers l'objet désiré; elle est désir du bien, même du bien total. Mais souvent la philosophie a voulu supprimer le manque : elle présente souvent le bonheur comme le repos dans le bien total possédé. La psychanalyse éclaire d'une lumière aiguë les concepts de manque et de désir, de plaisir et de bonheur. Elle constate dans tous les rapports humains, du sexuel au cognitif, l'inadéquation du désir et de l'objet. Aussi, la notion de plénitude possédée, telle qu'elle a été souvent pensée en philosophie, nous semble dériver d'une secrète recherche du paradis perdu. Il n'y a pas de plénitude du bonheur qui supprime le désir dans son assouvissement. Nous croyons essentiel d'introduire en philosophie la notion du manque propre au désir et à la volonté. La plénitude désirée ne peut pas s'identifier à celle qui comble le manque. Levinas dit fort bien, dans un très beau livre « *Totalité et Infini* », que la plénitude du bonheur est dans l'amour où le désir se creuse par la présence de l'autre[49]. Si l'homme accepte le deuil et le manque, il peut dépasser une vaine recherche de la totalité, et instaurer son désir dans le manque même. D'ailleurs les mystiques ne rejoignent la présence du Dieu tout Autre qu'au-delà du total renoncement au monde et à Dieu lui-même.

Freud s'est aperçu de cette transmutation possible de l'amour et du plaisir. Mais il s'est arrêté au seuil du chemin qu'il avait lui-même tracé, et il s'est résolu à une froide résignation devant l'impossibilité d'une telle tâche.

Malaise dans la civilisation, publié en 1930, trois ans après la critique de la religion *(L'Avenir d'une illusion),* est centré sur le problème du bonheur et de l'amour. Les hommes, dit Freud, demandent à la vie le bonheur. Ils « veulent être heureux et le rester ». Cette aspiration comporte « un but négatif et un but positif : d'un côté éviter douleur et privation de joie, de l'autre rechercher de fortes jouissances ». Mais « on serait tenté de dire qu'il n'est point entré dans le plan de la "Création", que l'homme soit "heureux". Ce qu'on nomme bonheur au sens le plus strict résulte d'une satisfaction soudaine de besoins ayant atteint une haute tension, et n'est possible, de par sa nature, que sous forme de phénomène épisodique ». Le bonheur, au sens strict, tel qu'il est recherché spontanément, est donc conditionné par l'économie des pulsions, et de ce fait, il est soumis à la loi de la rareté.

Freud parcourt ensuite les diverses techniques inventées par le malheur des hommes, en quête d'un bonheur illusoire et décevant : les moyens toxiques, les déformations délirantes de la réalité, et l'illusion religieuse. Il existe cependant une attitude réaliste, et qui « maintient fermement la tendance primitive et passionnée à réaliser un bonheur positif » : c'est « l'instauration des relations affectives avec les objets ». « J'ai naturellement en vue cette conception de la vie qui prend pour centre l'amour et où l'on escompte que toute joie vient d'aimer et d'être aimé. » Seulement, personne n'est menacé par la souffrance autant que celui qui aime. Deux types d'amour sont pourtant à distinguer : « l'amour sexuel, qui fonde la famille; il procure à l'individu les plus fortes satisfactions de son existence et, à vrai dire, constitue pour lui le prototype de tout bonheur »; d'autre part, l'amour amical, à but sexuel inhibé et sublimé. Ce dernier est exigé par la civilisation : « inhibé quant au but, (il conduit) à des amitiés qui importent fort à la civilisation parce qu'elles échappent à maintes restrictions qui frappent le premier, par exemple à son exclusivité. » Cependant, cet amour d'amitié implique la restriction de la vie sexuelle, et nuit donc au bonheur de l'individu. A moins que l'homme n'y trouve son bonheur, dans cette *forme supérieure où l'amour se détache de son objet, et réalise son bonheur dans l'art d'aimer lui-même.* Il n'échappe pas à Freud que c'est là le sens de l'amour chrétien, et Freud reconnaît que saint François d'Assise en est le modèle exemplaire. « Principe de plaisir et religion pourraient bien se rejoindre en ces régions lointaines où l'on néglige de différencier le moi des objets et ceux-ci les uns des autres. »

La maxime évangélique, « tu aimeras ton prochain comme toi-même », promet le bonheur par l'amour idéal, mais elle est irréalisable pour la grande majorité des hommes. La plupart du temps le prochain n'en est pas digne, dit Freud. La violence fait partie de l'existence. Et le précepte dépasse les possibilités de l'économie pulsionnelle des hommes.

Nous avons tenu ici à suivre de près le texte de Freud, pour l'enseignement qu'il contient sur sa conception du bonheur, et pour son aveu de découragement et de scepticisme. Le texte dit fortement la nécessité de restreindre les plaisirs pulsionnels, pour réaliser le bonheur dans un amour transformé. Mais il pèche par la démesure puritaine de ses exigences. Le bonheur résultant du renoncement aux plaisirs immédiats, non au désir, est sans aucun doute une tâche à   très longue échéance pour cet être issu de l'évolution biologique qu'est l'homme. Mais Freud est bien impatient lorsqu'il y renonce d'emblée. Quand il s'agit de la raison, il admet plus volontiers que l'homme est seulement en route, et il espère que la douce voix de la raison finira par se faire entendre. Pourquoi pas celle du bonheur, même s'il n'est que promesse ?

Le renoncement au perfectionnisme

Le renoncement concerne également l'idéal perfectionniste. S'adressant à une société puritaine, Freud a résolument affirmé la nécessité d'équilibrer plaisir et renoncement. A la stupéfaction de son ami, le psychiatre suisse L. Binswanger, Freud, faisait cet aveu : « *l'esprit est tout...; l'humanité a toujours su qu'elle a de l'esprit; moi je devais lui montrer qu'il y a aussi des pulsions...* Mais les hommes sont toujours insatisfaits, ils ne peuvent attendre, ils veulent toujours des choses d'emblée entières et achevées »[50]. Quand on relit les réactions indignées que suscitaient les *Trois essais sur la théorie de la sexualité,* on comprend qu'il importait de rappeler à l'homme sa réalité corporelle et pulsionnelle. L'expérience clinique d'aujourd'hui peut bien présenter d'autres manifestations symptomatologiques, elle n'en est pas moins concluante : l'homme est toujours malade par une méconnaissance, inconsciente bien entendu, de ses pulsions et désirs. Et comme nous l'avons expliqué précédemment, ce puritanisme n'est que simulacre de la morale; au fond, il est de nature narcissique; le névrosé est coincé par le conflit inconscient des deux grandeurs antagonistes : la pulsion et le surmoi, qui tous deux, relèvent du même narcissisme figé dans le refoulement. Ethique dans son apparence, cette conduite est psychique dans sa réalité.

La civilisation impose à l'homme des exigences toujours accrues. Elle est un mouvement qui tout en passant en nous, nous dépasse et nous entraîne, en intensifiant progressivement le sentiment de culpabilité, à des restrictions toujours plus sévères[51]. « Pour notre famille, nous sommes tous devenus nerveux parce que nous désirions être meilleurs que ne nous le permettait notre origine libidinale », disait un malade à Freud[52]. Ce puritanisme cache un intense narcissisme : jamais le moi ne s'aime autant que lorsqu'il aime son propre idéal.

Le moi conscient doit donc être médiateur en plusieurs directions. Par sa prise de conscience, il doit se dégager de l'excès pulsionnel tout autant que de la sévérité de son idéal[58].

Il resterait à montrer comment cet échange entre les pulsions et l'idéal, médiatisé par la raison, les transforme tous deux. Ainsi prennent forme ce qu'on appelle les valeurs morales. La psychanalyse lègue à la philosophie la tâche d'étudier la généalogie des figures morales, en tenant compte de leur enracinement dans la généalogie des instances psychiques prémorales. Freud en a reconnu la difficulté. Son traité des sublimations n'a jamais paru, et n'a sans doute jamais été rédigé. Et sa psychologie de l'amour ne dépasse pas quelques indications occasionnelles éparses dans son œuvre. Mais il a accompli conjointement l'œuvre de démystification et d'analyse des dynamismes qui donnent naissance à la conscience morale.

Freud et les moralistes

Freud fait figure de provocateur. Il nous rappelle Socrate pour ses contradictions dialectiques et pour son appel à la conscience morale interrogative. Héritier typique du siècle des lumières, il n'a guère cru cependant au progrès de l'humanité : les conflits entre les pulsions sont aussi constants que la nature humaine, et sont d'ailleurs des forces dynamiques. Le seul progrès qu'il reconnaisse gît dans l'espoir que la douce voix de la raison se fasse un jour entendre.

On a pu le comparer à Bentham, le porte-parole de l'utilitarisme anglais, qui prônait en morale le principe de plaisir. Ils ont en commun la conviction que le plaisir motive l'action, et la conception économique que ce plaisir est commandé par la loi de la rareté. Mais à la différence des utilitaristes, Freud ne croyait pas à un ordre qui résulterait de l'économie libérale et d'une sorte de marché des plaisirs. Il tenait la loi pour aussi nécessaire à la vie pulsionnelle de l'individu qu'à la construction de la société. En outre, il prônait l'éducation en vue de la dure réalité, et il dénonçait la vanité de l'hédonisme.

Freud s'apparentait à Hobbes par sa vision pessimiste des rapports entre l'homme et la société. L'homme n'est pas naturellement bon, comme le croyait Rousseau. Il est par nature égocentrique et anarchiste, et la société doit lui imposer la contrainte. Mais pour Freud la société est aussi l'œuvre de l'homme. Elle émane du besoin affectif de s'unir aux autres, de la tendresse et de la dépendance parentale; elle exprime, dans sa légalité, la partie « supérieure » de l'homme en lutte contre ses pulsions. Le contrat social, invoqué par Hobbes ou par Rousseau, ne répond pas seulement, pour Freud, à un calcul prudemment utilitaire; il exprime la culpabilité ou la loi du père.

En fin de compte, en raison de son principe de réalité, on a pu attribuer à Freud la paternité d'une morale de l'adaptation sociale, du style Dewey ou de la tendance néo-analyste (Karen Horney, Erich Fromm). Certes, le concept freudien de sublimation, c'est-à-dire de déplacement des tendances pulsionnelles sur les objets culturels et sociaux, contient une exigence d'adaptation sociale. Mais on ne peut oublier que, pour Freud, la société n'est pas elle-même productrice des biens culturels; elle en est la condition, et elle en est un effet. L'homme lui-même doit la constituer.

Mais c'est ici qu'on découvre le point faible du freudisme. En effet, pourquoi produit-il les valeurs culturelles ? Est-ce dans le seul but d'échapper à la tension pulsionnelle, insoluble par une autre voie ? Du point de vue de la généalogie psychologique, c'est bien entendu la dynamique de l'inconscient qui suscite les œuvres de la conscience. Il reste que, passées dans la conscience, et transformées par leur jeu dynamique, les pulsions donnent naissance à une créativité d'un nouvel ordre. La philosophie doit ici prendre le relais de la génétique psychanalytique. De l'aveu de Freud lui-même, *la psychanalyse laisse entier le mystère de la création artistique*[54]. N'est-ce pas vrai pour la création proprement dite de toute œuvre culturelle ? On ne fait donc pas une anthropologie avec la seule psychanalyse. Mais on ne peut plus la faire sans elle.

4. La religion du Père
face à la raison et à la nécessité

NOTRE OPTIQUE

Totem et Tabou (1912) est à l'origine de l'anthropologie
psychanalytique. Ce livre inaugure l'étude psychanalytique des rites, mythes et symboles des différentes civilisations. Il est aussi la première grande œuvre que Freud
a consacrée à la religion; et dans son idée elle contient
l'essentiel de ce que la psychanalyse peut dire à ce sujet.
Totem et Tabou a suscité dans le monde des ethnologues,
des anthropologues, des phénoménologues de la religion,
des oppositions violentes en raison des raccourcis historiques accusés de simplisme, comme pour l'arbitraire de
ses hypothèses. L'homme religieux contemporain ne s'y
est pas reconnu, pas plus que dans les autres œuvres
freudiennes de psychologie religieuse. Lorsque dans *Moïse
et le Monothéisme* par exemple, Freud affirme que dans
le Christianisme la religion du Fils a remplacé celle du
Père[55], le simple fidèle s'interroge au même titre que le
théologien éprouvé : D'où Freud a-t-il bien pu tirer
pareille interprétation mythique ? Ne va-t-elle pas à
l'encontre de tout le Nouveau Testament, non moins que
de la tradition théologique prise dans son ensemble ? Et

de même, lorsqu'il assimile l'Eucharistie au repas totémique[56], si peu informé que l'on soit en matière théologique, comment ne pas récuser un tel parti pris de synthèse élaborée sur de pures apparences ? Il ne manqua
d'ailleurs pas de psychanalystes, de psychologues, et de
philosophes, croyants ou incroyants, pour tenter de remédier aux méprises et aux lacunes de la psychologie religieuse de Freud, par la distinction traditionnelle entre
religion pathologique, objet légitime de la psychanalyse, et
religion objective, phénomène irréductible à l'analyse des
symptômes obsessionnels ou paranoïaques. Freud n'était
pas à même d'introduire cette distinction : il était lui-
même strictement athée, et il ne rencontrait dans sa
clientèle que des croyances mesquines, obsessionnelles,
ou purement sociologiques. Au Pasteur O. Pfister il écrivait : « Vous avez devant vous, des êtres jeunes, en proie
à des conflits tout frais, des êtres qui, fixés sur votre
personne, sont prêts à la sublimation et notamment à la
forme la plus commode dont elle soit susceptible : la
sublimation religieuse. Vous avez la chance de pouvoir
conduire ce transfert sur votre personne jusqu'à Dieu,
de rétablir ainsi ces temps heureux, heureux du moins
sur ce point, où la foi religieuse étouffait la névrose.
Pour nous, cette issue n'existe pas, notre clientèle, de
quelque origine qu'elle soit, est irréligieuse. Nous le sommes aussi nous-mêmes pour la plupart de façon tout à fait
radicale, et comme les autres voies de la sublimation
qui nous tiennent lieu de religion ne sont pas accessibles
à la majorité de nos patients, notre cure se déroule le
plus souvent dans le sens d'une issue par la satisfaction »[57].

Cet essai de conciliation sans risques, par la distinction entre religion normale et pathologique, est une
manière trop facile de tirer son épingle du jeu. On n'a
pas le droit de méconnaître la prétention, vitale pour
le freudisme, d'examiner la nature même de l'attitude
religieuse et non seulement telle ou telle de ses formes
décadentes. C'est *l'homme tout entier, avec sa civilisation,*

son éthique et aussi sa religion, qui est l'objet de la psychanalyse aussi bien que de la philosophie. On sacrifierait d'ailleurs le nœud vital de la psychanalyse à prétendre séparer rigoureusement la religion *normale* de ses manifestations *pathologiques.* La considération génétique doit en effet les saisir *préalablement à cette distinction,* pour les suivre en leurs interférences. La psychanalyse concerne donc la religion en ses diverses manifestations. Pourtant, elle n'épuise le sens d'aucun phénomène culturel, puisque son *point de vue spécifique* est défini par *la structure œdipienne.* Et les formes de l'esprit qui s'y enracinent n'en ont pas moins leurs critères intrinsèques, philosophiques et théologiques. Pour faire droit à la visée de la psychanalyse, il faut donc se garder de la réduire à cette psychanalyse timide qui n'exige un droit de regard que pour les conduites d'échec. Mais il faut aussi se délivrer de son penchant au totalitarisme de l'esprit, pour lequel les valeurs culturelles et religieuses ne seraient qu'apparence vide. Ce qui vaut pour l'art vaut également pour la religion. Freud lui-même n'a pas réservé la possibilité d'une religion dont le sens excède les significations révélées par la psychanalyse. Il croit radicale son analyse du phénomène religieux, alors qu'il reconnaît à l'art une autonomie et une vérité inaliénables; la création artistique comme telle, dit-il, échappe à la psychanalyse. Sa prétention à parvenir, dans le cas de la religion, à une compréhension intégrale, le force à tirer ses modèles explicatifs du seul champ analytique, et à défigurer gravement les données historiques elles-mêmes. Des exégètes dont on ne peut suspecter l'objectivité, ont relevé l'arbitraire historique des thèses de Freud sur le judéo-christianisme. Ethnologues et historiens de leur côté se sont indignés des nombreuses affirmations non justifiées ou controversées, sur l'animisme, le totémisme, l'histoire d'Israël.

Nous ne discuterons pas les thèses et hypothèses historiques de Freud. Nous affirmons la possibilité d'une religion qui est rapport d'existence de l'homme à Dieu. Mais nous nous proposons d'examiner les *structures inconscientes* que la psychanalyse considère comme *antérieures et sous-jacentes aux rapports vécus de la religion.* Nous nous refusons donc également à identifier la psychanalyse à l'étude du pathologique, et à identifier le rapport religieux aux structures révélées par la psychanalyse. Ainsi notre optique demeurera fidèle à celle que nous avons adoptée dans l'étude de l'amour et de l'éthique. Nous maintenons toute sa force à l'analyse structurale et génétique, spécifique de la psychanalyse, et nous la confrontons à une réflexion philosophique sur la religion. Par contre, les extrapolations et contrevérités historiques de Freud lui-même ne nous retiendront guère, puisque dans ces chapitres notre seul but est de mettre en valeur l'apport de la psychanalyse à une anthropologie philosophique.

LA NOTION DE LA RELIGION SELON FREUD

Inconsistance de la philosophie religieuse

Pour Freud, la religion n'est ni une spéculation philosophique ni une expérience affective mystique; elle est le culte du Père tout-puissant, législateur et providence protectrice. Freud juge très sévèrement les philosophies religieuses[58]. Pour lui, comme pour un de ses maîtres en la matière, Roberton Smith, le rite, ou le culte, précède la doctrine. Celle-ci ne porte pas en elle-même sa vérité. Au contraire, elle peut être en grande mesure une méconnaissance du véritable noyau significatif de la religion. Ici, comme ailleurs, la psychanalyse veut vérifier les prétentions idéologiques du moi, en les rapportant au contenu inconscient. Toutes les qualités de Dieu, toute-puissance, unicité, éternité, bonté, ont une signification « économique » pour la vie pulsionnelle de l'homme[59], tout comme les qualités que l'homme reconnaît à l'objet de son amour ne sont pas de simples pensées mais engagent son corps et son affectivité profonde. Freud va évidemment très loin dans la lutte contre ce que nous pouvons appeler l'idéalisme. En religion pas plus qu'ailleurs, il n'admet un finalisme proprement idéal. Ce parti pris extrême se manifeste jusque dans la définition restrictive qu'il donne de la religion. Une religion philosophique n'est pas vraiment une religion. Elle n'est qu'une pâle idéalisation privée de ce qui fait le cœur de l'homme religieux. Pour Freud les philosophes se targuent d'accéder à une idée toujours plus pure et plus haute de Dieu; mais ils substituent une ombre sans consistance à la densité de la doctrine religieuse. D'après lui, les systèmes de philosophie religieuse distendent à ce point les sens des termes théologiques qu'ils ne retiennent presque plus rien de leur sens original.

La poursuite d'une vérité spéculative n'a à ses yeux aucune portée réelle. Des deux mouvements qui se partagent l'intelligence, la poursuite d'un ultime fondement de sens et la recherche du lieu natal des significations en l'homme, Freud ne retient que celui-ci. Aussi cherche-t-il la vérité de la religion dans ses phénomènes les plus primitifs : animisme, totémisme, tabou, et non dans les grands systèmes plus élaborés. A l'encontre de la tendance idéaliste de la philosophie, il affirme ses vérités analytiques, sans imaginer qu'elles puissent être partielles.

Cette dépréciation de toute tradition spéculative éclate dans les notices de Freud sur le monothéisme égyptien de Amenhotep IV et sur les philosophes grecs. Il ne veut pas admettre que le monothéisme d'Israël soit l'effet d'« une évolution spontanée vers une spiritualité plus haute[60] au cours d'une civilisation s'étendant sur plusieurs siècles ». Car « des conditions analogues n'ont pas amené le peuple grec, si hautement doué, à embrasser le monothéisme, mais ont entraîné la dissolution du polythéisme, et les débuts de la pensée philosophique ». Et de même, pour lui, le monothéisme égyptien « n'était... qu'un effet secondaire de l'impérialisme; Dieu n'était que le reflet d'un pharaon exerçant sans contrainte, sur un immense empire, une autorité illimitée. Chez les Juifs, les conditions politiques s'opposaient à ce que le dieu national exclusif se muât en Dieu universel ». La question qui s'impose dès lors, en l'absence de révélation et de spéculation philosophique, était donc : « D'où vint à ce misérable et impuissant petit peuple l'outrecuidance de se proclamer le fils chéri du Seigneur ? »[61]. La réponse à l'énigme du monothéisme judaïque ne peut se trouver, selon Freud, que dans la reviviscence d'un passé latent et insistant, selon les lois établies de la psychanalyse. Tout à la fin du livre, Freud reprend la même question de l'origine du monothéisme. Après avoir posé tous les mécanismes de l'inconscient qui auraient contribué à constituer la religion, il s'avoue contraint à un aveu : « Tout ce qui a trait à la création d'une religion... est empreint d'un caractère grandiose que toutes nos explications ne suffisent pas à éclairer. Il doit y avoir un autre élément, quelque chose qui comporte peu d'analogie et n'a nulle part d'équivalent, quelque chose d'unique qui ne se peut mesurer que d'après ses conséquences et dont l'ordre de grandeur est celui de la religion elle-même »[62]. Cette grandeur se manifeste surtout dans le vaste mouvement vers le monothéisme. Et comme ce monothéisme comporte une spiritualisation et un renoncement aux intérêts narcissiques de la part des peuples croyants, Freud se trouve devant l'alternative : ou bien d'admettre un mouvement proprement religieux, qui va se spiritualisant en vertu même d'une dynamique proprement religieuse, ou bien d'invoquer un dynamisme inconscient tout à fait exceptionnel, et qui n'a plus de commune mesure avec les lois ordinaires du refoulement.

Les psychanalystes et psychologues contemporains qui se donnent la tâche facile, et expliquent la religion en invoquant la névrose obsessionnelle, feraient bien de méditer sur les exigences autrement sérieuses de Freud. Ils noteront avec intérêt que Freud ne se contente plus ici de s'appuyer, comme pour l'explication du monothéisme d'Amenhotep IV, sur la seule infrastructure politique. Visiblement, il prend trop au sérieux le monothéisme judaïque. L'introduction du monothéisme par la religion d'Amenhotep IV n'était qu'une manière de déplacer le vrai problème. Ici Freud ne se contente plus de cette explication du type culturaliste.

Aucune influence historique, aucun intérêt libidinal, ni aucun processus inconscient habituel n'expliquent donc le monothéisme juif. Mais la recherche proprement religieuse aussi est inconsistante aux yeux de Freud : « L'argumentation religieuse est basée sur une hypothèse optimiste et idéaliste. Jamais on n'a pu établir que l'intellect humain possédât une aptitude particulière à discerner la vérité ni que l'esprit humain tendît spécialement à accepter la vérité. Nous savons au contraire, que l'intelligence humaine s'égare très facilement à notre insu et que nous ajoutons aisément foi, sans nous soucier de la vérité, à tout ce qui flatte nos désirs et nos illusions. Voilà pourquoi notre adhésion n'est pas totale. Nous aussi pensons que la solution proposée par les croyants est vraie, mais vraie *historiquement* et non pas *matériellement* »[63]. Freud entend par là : qu'il n'y a pas en réalité de Dieu Tout-Puissant, mais que son image est la transposition idéalisée de la gigantesque figure du père primitif du clan. Pour Freud la recherche philosophique n'a donc jamais porté le mouvement religieux. Et quand elle s'est introduite, elle a usurpé et vidé le patrimoine religieux.

Le narcissisme mystique

La mystique, elle non plus, ne représente pas pour Freud la vraie religion[64]. Une fois encore, l'originalité de la position de Freud le met à part des autres psychologues de la religion. Proche assurément de la plupart d'entre eux par son refus de fonder la religion sur la raison, il s'oppose à eux lorsqu'il dénonce la « mystique » comme aussi étrangère à la religion que la philosophie. Malheureusement, comme nombre d'entre eux (W. James, A. Westerman-Holstyn)[65] il entend par mystique une expérience de l'univers : le « sentiment océanique » ou une conscience indéfinie de fusion. Il reconnaît en elle la permanence d'un sentiment du moi très primitif, remontant à la phase narcissique où s'estompent les frontières entre le moi et le monde. Les psychanalystes ont parfois cherché la vérité psychologique de la religion dans la nécessité qui s'impose à l'homme de faire d'une façon ou l'autre l'expérience affective de son enracinement dans le tout d'où il tire sa substance; ce lien avec la totalité, il pourrait le vivre affectivement par régression affective à l'état infantile, soit dans le sentiment mystique, soit dans l'expérience poétique ou amoureuse. Pareille vision romantique était étrangère à Freud. Celui-ci était trop marqué par le judaïsme pour confondre Dieu avec le lien cosmique retrouvé par régression affective. Trop confiant dans la raison, il gardait l'espérance qu'elle pourrait un jour capter dans le réseau des lois scientifiques la totalité du réel. L'intuition romantique d'un lien profond et affectif avec le réel n'était pas étrangère, pour autant, à sa personnalité extrêmement complexe. Et il est émouvant de lire dans les notes trouvées sur son bureau après sa mort, cette toute dernière phrase, qui rejoint l'origine même de sa vocation scientifique, l'*Hymne à la Nature* attribué à Goethe : « Mystique, cette obscure autoperception du règne qui s'étend au-delà du moi : le Ça »[66].

Ces quelques indications occasionnelles de Freud sur la psychologie de l'expérience « mystique » ont une portée beaucoup plus grande qu'il ne le soupçonnait. Plusieurs phénomènes religieux, d'ordre plus ou moins extatique, comme la glossolalie, le mythe du paradis perdu, la conception du mal comme séparation, s'expliquent en effet eux aussi par ce puissant désir qu'a l'homme de retrouver l'unité originaire, en deçà de toute différenciation[67]. Freud ne s'est pas personnellement attardé à leur étude. Sa *psychologie* était tout entière *dominée par la loi* et *la paternité*, et il ne s'étend sur la *signification du lien maternel* que dans quelques rares textes. Son étude sur L. de Vinci en est un remarquable échantillon. Il est significatif que cet admirable essai se termine sur une déclaration de respect envers la nature « pleine d'infinies raisons qui ne furent jamais dans l'expérience ». Le lien maternel, en effet, est au fond le lien avec la Nature d'où l'homme émerge. Freud situe le propre de l'homme, non dans son inhérence à la nature, mais dans la civilisation qui se fait par lui, quand les forces pulsionnelles se nouent en lui, et donnent ainsi naissance à des structures nouvelles marquées par le langage et la loi, ou, ce qui résume tout, par la paternité[68].

La religion dans sa vérité psychologique, ne consiste pas, pour Freud, dans ses liens cosmiques, mais uniquement dans ses références sociales, ou plutôt : structurales.

Freud contre Jung

Pour Freud la religion est l'un des emblèmes de ce dépassement de la nature qui polarise son intérêt. Et c'est sur ce terrain, à notre avis, qu'il s'oppose radicalement à Jung, comme à deux autres de ses disciples préférés : Rank et Ferenczi. Jung a reproché à Freud son rationalisme irréligieux et son pansexualisme. Mais la psychologie jungienne n'a au fond rien conservé de la véritable visée freudienne. *Jung n'étudie pas le devenir humain.* La psychologie jungienne est une statique. Elle veut, en tant que thérapie, remettre l'homme en contact vécu avec ses sources, qui sont la nature. C'est pourquoi cette *psychologie* est *à la fois essentiellement religieuse, et en même temps, plus éloignée du christianisme que celle de Freud.* Elle tend à restaurer le lien originaire, religieux, de l'homme avec la nature et avec ses principes éternels que sont les archétypes.

Cette dimension manque à Freud. Ou plutôt, il la renie et la relègue dans le domaine de l'illusion et du délire narcissique. Sans doute Freud a-t-il méconnu, par ce refus, une part de la vérité de l'homme. Et ce n'est pas par hasard que dix ans après Jung, deux autres des disciples préférés de Freud, Rank et Ferenczi, ont à nouveau *centré leur psychologie et leur thérapie sur le lien maternel, symbole de l'immersion humaine dans la nature.* Ils furent progressivement amenés eux aussi à se désolidariser du maître viennois. Attribuant la pleine positivité au lien maternel et à l'union cosmique, ils ont dû renier le négatif opérant de la psychologie freudienne : celui des conflits interpulsionnels et celui de la paternité symbolique.

Pour Freud Dieu est le Père à l'égard duquel l'homme confesse ses liens de dépendance et d'obéissance. Dieu est au-delà de la phase de l'indistinction narcissique, mais Il est aussi en deçà des spéculations qui Le dissolvent en une abstraction dévitalisée. Freud avait la droiture de prendre au sérieux la qualité essentielle que l'homme adulte attribue à son Dieu : celle de la paternité. Et comme cette notion n'est pas une donnée innée dans le système pulsionnel, il ne sert à rien d'inventer, comme certains psychologues contemporains, un quelconque « besoin religieux » à côté d'autres besoins précis, tels que le besoin d'amour, de connaissance, d'affirmation de soi, etc... Pour Freud, il n'y a en l'homme que deux besoins élémentaires : manger et aimer. Et ces besoins, nous l'avons vu, sont immédiatement traversés et dilatés par les deux pulsions fondamentales qui s'y insèrent : la pulsion de conservation de soi et celle de la libido, d'où naissent toutes les attitudes humaines. — Nous faisons abstraction ici du dualisme sur lequel le dernier Freud va étager toute sa métapsychologie : la pulsion de la libido et celle de la mort —. Il s'agit de comprendre, dès lors, comment l'idée de Dieu s'est formée, par une structuration de la vie pulsionnelle.

Dans une perspective analytique, *la genèse de l'idée de Dieu-Père* et de l'attitude religieuse, doit correspondre à celle qui a structuré la réalité symbolique de la Paternité. Nos analyses antérieures de la *signification structurante du complexe d'Œdipe* trouvent ainsi une nouvelle application dans le domaine religieux. Mais il reste un surplus de signification. L'homme identifie le symbole de la paternité à une personne existante qui serait réellement le Père Tout-Puissant. Ce *passage du symbole à l'affirmation de la réalité du Père* s'explique lui-aussi, selon Freud, par l'effet psychologique du passé vécu.

Dans un premier temps, nous analyserons, du point de vue de la psychanalyse, les éléments qui composent le symbole de Paternité divine. Nous y joindrons immédiatement nos réflexions d'ordre philosophique. Dans un deuxième temps, nous reprendrons les constructions explicatives de Freud sur l'histoire réelle de la croyance religieuse, et l'avènement de la foi monothéiste. Nous essayerons de dégager la vérité psychanalytique de l'immense construction hypothétique de Freud sur le meurtre du père primitif.

LA PATERNITE DE DIEU

Les sources de la religion sont nombreuses, dit Freud, et il est impossible au psychanalyste de les recenser toutes. Freud ne s'est pas donné le ridicule de se prétendre exhaustif. Il a cependant suivi deux lignes de recherche qui aboutissent toutes deux à composer l'idée de la paternité de Dieu : c'est, née du besoin, la croyance en la Providence paternelle, et, d'autre part, l'assomption de la culpabilité issue de la révolte œdipienne.

Dieu Providence

« Nous comprenons que le *primitif a besoin d'un dieu* créateur du monde, chef de sa tribu et protecteur personnel. Ce dieu a sa place derrière les aïeux disparus dont la tradition a conservé quelque souvenir. L'homme des époques tardives, celui de notre temps, par exemple, se comporte de la même manière. Lui aussi reste infantile et, même à l'âge adulte, a besoin de protection. Lui aussi, sent qu'il ne peut se passer de l'appui de son dieu »[69]. Ces lignes condensent l'argument du petit livre que Freud a consacré à la question, sous le titre : *l'Avenir d'une Illusion* (1927).

Dans cette œuvre Freud analyse ce qu'on peut résumer dans l'expression : les *« besoins religieux »* de l'homme. Ces besoins ne sont pas innés comme tels. Ils résultent du dynamisme pulsionnel du sujet. Leur vérité, dans cette optique psychanalytique, se mesure à leur lien avec les dynamismes originaires. Ces besoins religieux prolongent originale, mais par-delà leurs propres possibilités. Aussi, ces pulsions premières, dans le mouvement de leur quête n'ont-ils d'autre vérité que celle de leur point de départ. En langage populaire : inventées pour les besoins de la cause en question — pour satisfaire aux pulsions primaires — les vérités religieuses ne sont qu'*illusions et sublimations compensatoires*. Si l'homme était en mesure de donner une réponse positive aux demandes de ses pulsions, il s'en contenterait, et ne chercherait pas outre; mais devant l'échec de sa quête originelle, il pose l'existence d'un surmonde où il trouvera satisfaction pour ce dont il manque ici-bas. Nous pouvons résumer la pensée freudienne en ces termes : l'homme passe à la dimension verticale, celle du ciel, parce que ses désirs n'aboutissent pas sur le plan qui constitue leur lieu et leur but, le plan horizontal des relations humaines.

Les frustrations qui mortifient les désirs humains sont de deux ordres : ses pulsions sont inhibées par la société, et la nature oppose à ses désirs la loi de la nécessité. Pour chacune des blessures affectives, la religion propose la compensation d'un bonheur surhumain. Mais suivons la pensée de Freud, telle qu'il l'expose dans *l'Avenir d'une illusion*. Elle demeure une *critique très valable d'un certain fétichisme religieux*.

Au fond de son cœur tout homme est révolté contre la société, en raison des restrictions qu'elle lui impose fatalement. Elle reste au service de l'individu; mais comme elle brime ses désirs et ses libertés, elle se voit contrainte de se défendre contre lui. Freud ne croit pas la société capable de se réconcilier pleinement l'homme[70].

A la différence de Rousseau, il pose que les pulsions agressives, destructrices, sont congénitales à l'homme. Et la thèse marxiste d'une harmonie dernière, qui résorberait tous les conflits dans la reconnaissance spontanée de l'homme par l'homme, continue, aux yeux de la psychanalyse, le vieux rêve narcissique; il projette dans l'avenir la nostalgie d'un passé narcissique auréolé par une harmonie plénière et indifférenciée, qui subsistait au sein de la dualité enfant-mère[71]. La rupture nécessaire de ce lien duel inaugure une discordance définitive. L'homme veut la société et l'appelle à l'existence; elle est son œuvre éthique et elle le définit dans son humanité même. Cette société, il se l'impose contre ses pulsions, comme le seul moyen de les équilibrer. La souffrance narcissique des privations, et le mouvement intérieur de révolte seront donc aussi éternels que l'homme et la société.

Pour compenser ces privations et se réconcilier les individus, la civilisation s'efforce de développer un patrimoine spirituel. Elle tend à intérioriser les interdits, par la formation de la conscience morale. Au plan de l'économie libidinale, cette formation est valable en ce qu'elle permet à l'homme, frustré dans son amour-propre, de le placer dans son idéal moral et d'aimer les interdits sociaux comme une part de lui-même. Aucune civilisation cependant ne réussira jamais à résorber dans le narcissisme moral, la douleur du conflit et de la privation. Les créations artistiques non plus, si puissante que soit leur capacité de satisfaction narcissique, ne suffisent à combler les manques. La civilisation doit donc proposer une compensation encore plus puissante : c'est la religion, qui promet le dédommagement complet par ses récompenses dans l'au-delà.

La religion constitue d'autre part la seule compensation pour cette autre douloureuse blessure narcissique qu'est l'impuissance de l'homme envers la nature. La souffrance et la mort sont pour lui un destin inévitable. Freud reprend ici un thème vieux de deux mille ans. L'angoisse de la maladie et de la mort amène l'homme à conjurer son destin et à lui donner une figure humaine plus tendre : celle du père-providence. Tout comme le primitif et comme l'enfant, l'homme de notre civilisation humanise la puissance grandiose de la nature. Il lui prête une intention, afin de pouvoir la conjurer, et d'en attendre protection et bonheur, même au-delà de la mort.

Trois composantes affectives entrent donc dans la constitution de la religion. La *pulsion de conservation* pousse l'homme à surmonter son angoisse de la mort par le postulat d'une survie. Ensuite, comme l'enfant et le primitif, l'homme adulte religieux a foi dans la réalisation effective dans l'ordre réel de ses aspirations de protection, de récompense et d'immortalité. Son narcissisme est la source de cette croyance; car, selon l'expression consacrée, le narcissisme se manifeste dans la *toute-puissance de la pensée et des désirs*. En troisième lieu enfin, la *nostalgie primitive du père*, dérivant de son attachement infantile, rend possible la croyance de l'adulte en une figure paternelle toute-puissante. Aussi, dans son impuissance réelle à se dédommager de toutes ses privations, l'homme s'en remet-il à un père tout-puissant, maître de la vie et de

la mort, seigneur de l'éternité, législateur et gardien de
la société.

La figure du père est encore ancrée dans la nostalgie
de l'homme par le complexe d'Œdipe qui a définitivement fixé l'enfant au père législateur. Mais nous remet-
tons l'étude de ce deuxième moment au paragraphe
suivant. Freud reconnaît que, pour l'essentiel, sa critique
reprend les idées des philosophes athées. Il ajoute à leurs
thèses un fondement psychologique dans l'économie pulsionnelle. Il le reconnaît : sur la religion, la psychanalyse
ne dit pas davantage que la philosophie. Et de fait,
l'analyse freudienne n'est pas ici originale. *L'Avenir d'une
Illusion* présente un parallélisme déclaré, jusque dans le
déroulement dialogal de l'exposé, avec le « *Dialogue con-
cerning natural Religion* » de David Hume (1751). Nombre de ses textes ont aussi leur pendant chez Feuerbach.
Mais Freud a le mérite d'appuyer ses critiques rationa-
listes sur une analyse de la vie pulsionnelle. Depuis,
l'expérience clinique a confirmé l'importance de l'inconscient en bien des formes de l'attitude religieuse, qui
trouvent pourtant à s'insérer dans des cadres théologiques
fortement charpentés.

Trois caractéristiques de la religion, selon Freud, viennent confirmer son interprétation psychanalytique du
phénomène religieux. Dans son évolution d'abord, la religion voit sans cesse se rétrécir son domaine; elle doit
abandonner à la raison scientifique et technique des zones
d'elle-même toujours plus vastes : les forces de la nature,
la maladie, voire même le monde de la moralité. Partout
où progresse la raison, la religion doit reculer. N'est-ce
pas la preuve qu'elle est fondée sur l'ordre du sentiment
et non de la raison ? En outre, le refus de mettre en
question les doctrines religieuses témoigne, lui aussi, d'un
attachement essentiellement affectif; l'homme tient à la
religion par toutes les fibres de son être inconscient, et
ne jouit d'aucune liberté psychologique à son égard. En
aucun autre domaine, l'homme n'apporte si peu d'esprit

critique et n'émet ses jugements avec une telle légèreté. N'est-ce pas le signe que la religion est un pur produit du désir humain ? Freud va jusqu'à mettre en question la sincérité intellectuelle des croyants. Enfin, l'homme exige que ses lois morales aient un caractère solennel et une autorité indiscutable. Il ne veut pas reconnaître leur nature humaine. Les interdits prennent une force et une extension comparables à la phobie. La religion lui est socialement nécessaire.

La religion ne reflète pas seulement l'immaturité de l'esprit. Elle est la construction des désirs. Elle peut se *comparer à la névrose obsessionnelle* en ce qu'elle est fondée dans la toute-puissance magique du désir et dans l'obéissance compulsionnelle aux lois. Elle n'est pourtant *pas une névrose individuelle.* Bien au contraire, comme névrose de la civilisation, Freud estime qu'elle épargne à maints individus de tomber dans la névrose personnelle. Et les phénomènes qui autrefois prenaient forme de possessions démoniaques par exemple, donnent lieu aujourd'hui, en notre époque post-religieuse, à des manifestations d'hypocondrie[72].

On peut également comparer la religion au délire : elle est projection d'un monde illusoire et méconnaissance du monde réel que la raison impose à l'homme. Mais ici encore, parce qu'il est collectif, le délire n'est pas une forme ordinaire de la pathologie clinique.

La religion apparaît donc comme un stade de l'évolution de l'humanité. En affirmant sa nécessité psychologique et sa contingence dans le devenir de l'humanité, Freud rejoint Feuerbach. Il participe à la conviction du siècle des lumières que la Raison imposera finalement à l'homme l'honnête reconnaissance de *l'Ananke,* du destin, de la nécessité du monde réel. Il ne témoigne nulle part du simplisme d'un Voltaire, qui tenait toute institution et toute dogmatique religieuse pour de la superstition au sens banal du terme. La religion est aussi nécessaire, à certains moments de l'humanité, que les croyances infantiles dans la vie psychologique de l'enfant.

Un accent assez étroitement rationaliste est cependant indéniable dans *L'Avenir d'une illusion*. Freud lui-même a avoué, dans l'introduction de son *Malaise dans la civilisation*, que *L'Avenir d'une illusion* analyse surtout la religiosité populaire. A celle-ci Freud oppose la « mystique » et la pseudo-religion des philosophes, comme s'il n'existait pas de grandes traditions vraiment religieuses. Par contre, la dernière œuvre publiée de son vivant, *Moïse et le monothéisme*, pose le problème religieux en allant droit à la tradition biblique. Si nous avons longuement analysé *L'Avenir d'une illusion*, c'est que la psychanalyse vulgarisée s'est surtout inspirée de cette œuvre. Elle s'inscrit dans la grande tradition moderne de démystification de l'homme par le progrès de la raison, et à ce titre elle apparaît très proche de la critique marxiste. Qu'il nous suffise, en guise de preuve, de citer le célèbre texte de Marx : « La religion est l'esprit d'un monde sans esprit, le cœur d'une société sans cœur, elle est l'opium du peuple. » Elle est l'illusion dont se berce l'humanité frustrée dans ses désirs. *Freud va plus loin que Marx* cependant : pour lui, *la frustration n'est proprement ni sociale ni culturelle; elle est constitutive de l'humanité,* nécessairement blessée au cœur dans son affectivité. Aussi, la sagesse que Freud propose à l'humanité ne doit-elle pas se chercher dans la satisfaction illusoire d'une réconciliation future, mais dans une morale de l'honnête renoncement devant la nécessité reconnue.

L'instauration du règne du Père

« *L'Avenir d'une illusion* » est un intermède d'inspiration plutôt rationaliste, encore que la psychanalyse en élargisse les perspectives. Dans *Totem et Tabou* (1913), dans *Malaise dans la civilisation* (1930) et finalement dans *Moïse et le monothéisme* (1939) Freud instaure une critique proprement psychanalytique de la religion, une critique qui tente de reconstruire les moments décisifs de son avènement. La religion qu'il considère n'est plus le fossile d'une croyance populaire trop facile. La religion à l'étude de laquelle il se voue ainsi avec insistance, et avec la passion de ses découvertes analytiques, c'est *la religion* saisie *dans sa puissance dramatique : le totémisme et la tradition judéo-chrétienne.* Ancrée dans la culpabilité, cette religion est un rite d'expiation et d'appropriation, c'est la religion du Père. Il n'y a plus trace alors de cette aisance rationaliste qui fait de *l'Avenir d'une illusion* une œuvre de l'*Aufklärung*. La religion n'apparaît plus comme un simple moment de la civilisation; elle est aussi originaire que la civilisation elle-même. *Elle appartient à la genèse même de l'humanité au titre d'œuvre civilisatrice.* Cette fois, la psychanalyse ne s'attaque plus au sens du sacré, ou à la confiance naïve de l'adulte infantile à l'égard d'une providence finalement plus maternelle que paternelle. Elle se penche sur la *mystérieuse constitution du symbole de la Paternité.*

Pour mieux saisir la démarche directe de Freud dans son originalité, nous avons jugé utile de distinguer deux plans : le plan du symbole de la paternité de Dieu, et ses implications psychologiques; le plan de la croyance réaliste en l'existence d'un Dieu Père. Par cette distinction, nous tenons à sauvegarder ce qu'il peut y avoir de vrai dans la psychologie religieuse de Freud, car nous sommes loin de la réduire à un simple recueil d'opinions ethnologiques ou exégétiques à mettre au rang des multiples élucubrations de l'histoire des religions. Bien sûr, la documentation scientifique de Freud était extrêmement lacuneuse. Il avait lui-même l'impression de « danser sur les pointes ». Et l'on peut regretter chez lui cette insouciance à l'égard de la vérité historique. Mais cette reconstitution historique largement imaginaire, prenons-la comme un mythe, dont l'interprétation nous révèle une vérité d'ordre structural.

Notre distinction correspond d'ailleurs à la propre démarche de Freud, dans la deuxième partie du troisième livre de *Moïse et le monothéisme*. Il y décrit d'abord le progrès de la spiritualité dans la religion, sous le signe de la paternité, pour l'interpréter ensuite, par la thèse prétendûment historico-analytique du meurtre du père primitif. Nous suivrons le même ordre, et nous dégagerons la signification analytique de la paternité pour le phénomène religieux, normal aussi bien que morbide.

Grandeur de la religion

L'insertion dans la trame familiale, la présence des pulsions de tendresse, d'agressivité, et de conservation de soi, la démesure propre au narcissisme : toute la constellation primitive conduit l'enfant à l'agression envers le père, à l'intensification de la tendresse, au renoncement des pulsions, et à l'intériorisation de la loi. Le père physiologique lui est encore inconnu, mais la fonction symbolique du père s'introduit dans son devenir humain comme principe d'humanisation. Ainsi déterminée, l'évolution éthique de tout homme passe par d'inévitables moments de délire des grandeurs, de toute-puissance narcissique du désir, par le crime symbolique (agression contre le père non encore reconnu dans sa fonction symbolique), par la culpabilité (retour sur soi de l'agression et répression de celle-ci), enfin par l'identification au père. Cette identification comporte un moment d'aliénation qui se manifeste dans une obéissance rituelle compulsive*. Mais elle est aussi la voie vers une structuration psychologique achevée, comme nous l'avons exposé dans le chapitre sur l'éthique de la psychanalyse.

Si l'on voulait juger ce devenir selon les critères de la psychologie adulte, on pourrait dire que le devenir éthi-

---

* Le terme désigne un acte automatique d'obéissance, dont le manque provoque l'angoisse; voir l'exemple des scrupuleux.

que de l'homme se construit à travers une succession
d'états pathologiques qui se corrigent l'un l'autre jusqu'à
l'avènement de la conscience morale, moment où l'homme
reconnaît la loi structurante du père. Mais ce serait fixer
en symptômes morbides des états évolutifs, et désarticuler
le faisceau de pulsions qui constitue un unique mouvement
de structuration. Il ne serait pas moins gratuit de prendre
à la lettre l'expression allégorique de Freud faisant de
l'enfant un pervers polymorphe. Le morbide se définit
précisément par la fixation d'un état pulsionnel, que le
refoulement a soustrait au devenir, et qui s'introduit
dans l'évolution du sujet comme un corps étranger et
actif[73].

Le mouvement de structuration qui fait passer l'homme
de la vie pulsionnelle originaire à la conscience éthique,
se retrouve à la source de la religion. Celle-ci ajoute
évidemment une dimension nouvelle : la croyance en
l'existence d'un Père réellement tout-puissant, tenu pour
le principe d'où dérivent toute fonction paternelle et
toute loi. Mettons pour le moment cette croyance réaliste
entre parenthèses, pour nous attacher à l'étude de la
religion dans sa structure essentielle : sa façon de reconnaître, légalement et rituellement, la fonction symbolique
du Père.

D'après Freud, la culpabilité est au cœur même de la
religion. Mais comme nous l'avons déjà dit, à propos de
l'éthique, il s'agit là d'une culpabilité prémorale : celle
même qui rend possible, à partir de l'agression et du désir
de tout avoir et de tout être, l'accès à l'éthique, par le
renoncement et la reconnaissance de dette. Loin de faire
de la culpabilité la séquelle malheureuse d'une religion
diminuée, comme le voudraient certains psychanalystes
tel Hesnard[74], Freud la situe à l'origine même de la
conscience religieuse. En se soumettant entièrement aux
critères d'une phénoménologie de la conscience, la psychanalyse de Hesnard s'interdit de saisir la véritable
genèse, et elle se voit contrainte de réduire toute culpa-

bilité soit à l'effet secondaire d'une religion obsessionnelle, admise sans explication comme une donnée de fait,
soit à la mauvaise conscience.

Mais, ce qui échappe totalement à Freud, c'est qu'au
plan religieux la culpabilité reconnue puisse devenir, par
l'intériorisation de la loi, la reconnaissance de la Paternité
de Dieu comme source d'existence. Ainsi la culpabilité
reconnue achemine l'homme religieux vers la véritable
réconciliation. *Dans l'optique de Freud, la figure paternelle de Dieu reste marquée* d'une façon décisive, dans
son contenu et dans sa signification, *par le rapport primaire, sans parvenir à dépasser l'ambivalence infantile.*
Expliquons-nous. La religion judaïque se caractérise par
un progrès de spiritualité, corrélatif de l'exaltation de
Dieu et de la croissance de la confiance en lui. L'interdiction mosaïque de toute représentation de Dieu, l'obligation d'adorer un Dieu invisible, la défense d'abuser du
nom de Dieu, sont des moments décisifs de l'histoire de
la religion et de la civilisation. La religion y achève son
évolution : l'instauration du règne de la paternité.
L'homme, par cette loi, poursuit son renoncement aux
satisfactions pulsionnelles et reconnaît que son Père est
vraiment le Père absolu. Freud souligne qu'une évolution
parallèle s'est produite dans la religion grecque, puisque
dans le procès qui termine l'Orestie, les jeunes dieux nés
de Zeus ont pris la place des divinités archaïques nées
de la mère.

Les législateurs religieux d'Israël et après eux, les prophètes, représentent la fonction paternelle. Par leur personnalité et par leur attitude ils évoquent le Père au
service duquel ils agissent sur le peuple de Dieu. Ce qui
fait leur grandeur, ce n'est pas leur puissance physique,
mais leurs qualités d'esprit : « fermeté dans les idées,
puissance de la volonté, résolution dans les actes, c'est
cela qui fait partie de l'image paternelle »[75].

La reconnaissance de la fonction paternelle, avec son
exigence de renoncement aux perceptions et satisfactions

sensorielles immédiates, exerça, d'après Freud, une influence déterminante, non seulement sur la spiritualisation progressive de la religion, mais autant sur le progrès
culturel. Transformés par cette reconnaissance de la fonction paternelle, les hommes en viennent à se vouer au
règne de l'esprit : à la culture, au langage, et à l'intelligence, par opposition aux perceptions immédiates; aux
institutions sociales, par opposition aux satisfactions pulsionnelles. « Ce passage de la mère au père (...) marque
une victoire de la spiritualité sur la sensualité et par-là un
progrès de la civilisation. En effet, la maternité est révélée par les sens, tandis que la paternité est une conjecture
basée sur des déductions et des hypothèses. Ce fait de
donner ainsi le pas au processus cogitatif sur la perception sensorielle fut lourd de conséquences »[76].

Sur la base des données psychanalytiques, Freud a situé
l'essence même de la religion dans cet avènement du règne
spirituel et civilisateur du Père. Cela n'empêche pourtant
pas la religion de rester lourdement marquée par ses origines pulsionnelles. Pour réaliser pleinement le règne de
la raison, l'humanité doit faire un pas de plus : renoncer
aux satisfactions de la religion, et entrer dans le règne
de l'éthique de l'honnêteté. Elle doit renoncer à toutes
les illusions narcissiques et à la facilité de la libération
rituelle de la culpabilité originaire par le moyen de la
religion.

Misères de la religion — Narcissisme et intolérance

Freud était strictement athée et n'a jamais reconnu
aucune réalité d'existence au Père tout-puissant. Ce qui
est plus gênant, c'est qu'il n'a pas su reconnaître aux
croyances dogmatiques la vérité de leur signification. Sa
critique des misères narcissiques de la religion a toutefois
l'inestimable mérite d'introduire dans la psychologie de
la religion le ferment d'une exigence spirituelle. Elle
oblige les croyants à une plus grande fidélité aux exigen-

ces dogmatiques de leur foi. Son analyse des misères de la religion constitue la critique psychanalytique des éléments morbides qui se glissent presque inévitablement dans l'attitude religieuse.

Nous pouvons répartir sous deux chefs les misères pulsionnelles de la religion : le narcissisme et l'obsession.

Nous avons déjà analysé l'illusion narcissique d'une religion qui tire son origine d'une confiance infantile, attendant du Père tout-puissant la délivrance de l'angoisse et des privations existentielles. Il est une autre forme de satisfaction narcissique dont Freud a pu montrer la vanité et le danger : celle du peuple qui se croit l'enfant chéri de son Dieu. Il y a beaucoup à retenir de ces pages pour une psychologie de l'intolérance religieuse dont la menace pèse toujours sur les fidèles qui se croient fils aînés et héritiers privilégiés du Père. Cette analyse projette une vive lumière sur l'étonnante persistance du sémitisme et de l'antisémitisme.

Mais les critiques psychanalytiques en matière de religion, celles de Freud tout au moins, gravitent autour de l'autre pôle : celui de la culpabilité, par laquelle la religion s'apparente à la névrose obsessionnelle.

Ritualisme

La religion s'exprime dans un système de rites. A ce propos, l'article de 1907, « *Actes obsédants et exercices religieux* », rappelle le cérémonial des obsédés[77]. Qu'il s'agisse de la conduite religieuse ou de la conduite obsessionnelle, l'acte rituel est imposé par une *contrainte intérieure* dont le mécanisme échappe à la conscience : c'est le mécanisme de la *culpabilité inconsciente*. Dans l'obsession, elle procède de la pulsion sexuelle; dans la religion, des pulsions agressives, antisociales, qui ne trouvent à se libérer que par un acte compulsif de réparation et de défense contre cette même pulsion. Incontestablement, la religion de certains croyants garde une ambivalence plus ou moins inconsciente à l'égard du Père législateur; leur révolte inconsciente contre le Père tend alors à se racheter par un ritualisme compulsif mais vide de sens vécu. Le ritualisme compulsif est un des symptômes de la névrose obsessionnelle. L'obsession est à base d'une ambivalence insurmontable puisque proprement inconsciente, qui s'installe dans tous les rapports à autrui. Tout autre est le ritualisme du geste religieux conscient : il peut même se faire qu'exprimant envers Dieu une certaine ambivalence affective, il trouve à l'assumer avec regret, et la dépasse de quelque façon dans ce regret même. Le sacrifice qui est alors offert avec pleine conscience de la condition pécheresse de l'homme, se présente, bien entendu, comme un rite marqué par *la culpabilité consciente et la reconnaissance du Père*. Et c'est ici que la théorie freudienne de la religion se manifeste dans toute son ambiguïté. Freud postule la nécessité du refoulement actuel, pour rendre compte du comportement rituel. En fait, il ne cite que le rite compulsif. Bien sûr, la religion est toujours menacée de dévier vers le ritualisme, mais le sens véritable du rite religieux réside dans l'acte par lequel la personne assume lucidement son destin d'homme révolté et réconcilié.

La psychanalyse réduit l'écart entre le normal et le pathologique, entre religion et obsession : « la névrose obsessionnelle semble ici la caricature mi-comique, mi-lamentable d'une religion privée. Cependant, c'est justement cette différence la plus tranchée entre le cérémonial névrotique et le cérémonial religieux qui disparaît lorsque, grâce à la technique d'investigation psychanalytique, on pénètre assez avant pour comprendre les actes obsédants »[78]. Les actes obsessionnels ont un sens, qui les apparente à la religion. La psychanalyse nous a ainsi révélé les antécédents de la religion dans l'inconscient. Devant cette découverte, deux attitudes sont possibles : ou bien on ramène la religion à une forme d'excroissance de la névrose obsessionnelle. Mais c'est là méconnaître un élément fondamental, constitutif de la religion : la prise de conscience; celle-ci mesure la distance entre religion et obsession au même titre que le principe freudien « là où c'était, je dois devenir », opère le clivage entre le pathogène et le normal. Une deuxième attitude admet la spécificité irréductible de la religion en vertu même des principes analytiques. *Le ritualisme obsessionnel* apparaît alors comme *une tentative avortée d'instaurer l'ordre éthique ou religieux.* Au début, la position de Freud n'est pas claire; mais dès sa première publication sur la psychologie religieuse, il pressent que son caractère universel distingue radicalement la religion des rites privés de l'obsédé. S'il a le souci de rapprocher les deux phénomènes, c'est que la question du père leur est fondamentalement commune à l'un et à l'autre.

Légalisme répressif

Une autre faiblesse de la religion est son légalisme répressif, qui de nouveau l'apparente à la névrose obsessionnelle. Freud avait surtout en vue l'Eglise catholique telle qu'elle se présentait dans son milieu, avec ses institutions, son autoritarisme moral, son puritanisme et la répression qu'elle exerçait à l'égard des pulsions sexuelles. Nous avons suffisamment insisté sur le rôle nécessaire de la loi pour la spiritualisation de l'humanité sous le règne du Père. Une note brève pourra donc suffire ici : la grandeur de la religion, comme de la civilisation, comporte le risque d'un légalisme qui le rend finalement antihumain, et devient source de nombreuses névroses.

Freud stigmatise aussi *le féminisme de l'attitude religieuse*[79]. Une fois qu'il a porté son idée du Père jusqu'à l'absolu, il ne reste plus au croyant que la soumission de l'esclave ou de la femme (et dans la mentalité patriarcale de Freud, celle-ci est strictement soumise à l'homme). Fatalement donc, l'homme religieux est passif, dépendant, soumis. Freud en a donné des exemples saisissants dans

« *L'homme aux loups* » et dans « *le Président Schre-ber* »[80].

Il ne fait pas de doute que la religion peut déviriliser le comportement humain : le rendre craintif, coupé de l'esprit de conquête, méfiant envers la raison. D'autre part, Freud lui-même n'a pas manqué d'exalter l'esprit d'autorité et de force paternelle chez Moïse et chez les prophètes. Et c'est bien en eux que le croyant trouve les modèles de l'attitude authentiquement religieuse. De nouveau, nous sommes ici au point délicat où la psychanalyse freudienne n'a pas estimé à sa juste valeur l'attitude nouvelle de celui qui, formé par la culpabilité, assume consciemment ses rapports au Père, et accède ainsi à *une forme d'esprit infiniment plus complexe que les ambivalences inconscientes : autorité - soumission, virilité - féminité, maître - esclave.*

Le fond du problème est là : est-ce que l'étude des lois de l'inconscient permet à elle seule de saisir l'attitude religieuse dans sa totalité ? A le prétendre avec Freud, on est forcé de négliger des doctrines et des attitudes vécues que la religion considère comme absolument essentielles. C'est ainsi que l'on voit Freud passer continuellement des doctrines, présentées de façon tronquée, à l'étude de processus inconscients qui n'ont qu'une simple parenté de structure avec les doctrines vécues. Rappelons quelques-unes de ces inconséquences : la démarche de la culpabilité consciente est identifiée à celle de la culpabilité inconsciente; la reconnaissance du Père est tantôt estimée à sa juste valeur de civilisation, tantôt jugée attitude dévirilisée et serve; la répression pulsionnelle est située à l'origine de la civilisation aussi bien que de la religion, mais d'autres textes la jugent profondément malsaine. Le rite est interprété comme une intégration symbolique de la paternité, mais ailleurs on le range parmi les compulsions obsessionnelles.

Il est des psychanalystes et anthropologues qui croient pouvoir résoudre ces antinomies, en rappelant que Freud a approfondi toutes les catégories de pensée, et que de ce fait, il a effacé les limites qui séparent le normal et le pathologique; toute œuvre de civilisation serait dans une certaine mesure viciée par une névrose qui l'affecte fatalement. Et d'invoquer la thèse hégélienne de l'homme, animal malade. Cette réponse nous semble un peu trop simple, car Freud posait au moins en principe, que la civilisation évoluait vers un temps où la raison, débarrassée de ses liens infantiles, aurait acquis la pleine maîtrise d'elle-même. Cette réponse contient cependant une vérité : elle relève la portée anthropologique de la psychanalyse. On mutilerait sûrement la psychanalyse en lui imposant des limitations territoriales, et en la cantonnant dans la réserve de la pathologie. Mais on commet une erreur aussi grave en la prétendant exhaustive de chacune des formes de l'esprit, considérées en toutes leurs dimensions.

L'hypothèse du meurtre du père primitif

L'ambiguïté que Freud laisse ainsi planer sur les possibilités de la psychanalyse, éclate dans sa théorie du meurtre du père primitif. On se satisfait parfois bien vite, aujourd'hui, d'une vague déclaration sur le caractère mythique de cette histoire. Elle constitue pourtant une pièce maîtresse dans la tentative freudienne d'expliquer totalement la religion par la seule psychanalyse.

Freud reconnaît l'extraordinaire puissance spirituelle de la religion juive du Père. Aucune recherche proprement spirituelle ne peut en rendre compte, dit-il. Il exclut également comme nulle et non avenue, l'hypothèse d'une parole révélée. Il ne lui reste donc que les mécanismes de l'inconscient. Ils relèvent de la psychologie individuelle; mais comme l'individu est façonné par la civilisation qui s'élabore en lui plus qu'il ne la crée lui-même, Freud se voit obligé d'appliquer les lois paychanalytiques aux traditions historiques, à l'histoire religieuse en particulier, pour pouvoir pleinement comprendre les phénomènes de civilisation[81]. C'est la question litigieuse du rapport entre philogenèse et ontogenèse, avec appel à l'hérédité psychologique, et donc, puisqu'il s'agit de question religieuse, avec l'équivoque des glissements entre les domaines du conscient et de l'inconscient.

La reconnaissance dynamique du Père ne peut s'expliquer que par le retour de ce qui a été historiquement refoulé : le meurtre du premier père. Passons sur les multiples analyses de phénomènes religieux qui foisonnent dans *Totem et Tabou*, où Freud a assurément approfondi les théories héritées d'autres anthropologues. Limitons-nous à la structure fondamentale dans laquelle il les a toutes reprises : celle du complexe d'Œdipe dans son émergence première, lors de l'événement historique décisif, qui fournit la clé de notre psychologie éthique, et de la religion monothéiste : le meurtre du père primitif. Freud a reconstitué cet événement en réunissant la théorie de Darwin sur la horde primitive et celle de Smith sur le sacrifice totémique. Nous citons quelques textes essentiels, non seulement pour l'intérêt historique des démêlés de Freud avec la religion, mais surtout en vue d'une reprise démythisée de la théorie freudienne.

La description du père primitif est déjà un portrait pulsionnel, bien significatif, pour qui a l'œil un peu exercé : « Cette histoire ainsi racontée paraît très condensée comme si ce qui avait mis des années à s'achever, ce qui s'était répété sans cesse ne s'était en réalité, produit qu'une seule fois. Le mâle vigoureux, seigneur et père de toute la horde, disposait à son gré et brutalement, d'un pouvoir illimité. Toutes les femelles lui appartenaient, les femmes et les filles de sa propre horde, ainsi sans doute, que celles ravies aux autres hordes. Le sort des fils était pénible : quand il leur arrivait de susciter la jalousie de leur père, ils étaient massacrés, châtrés ou chassés, se voyant contraints de vivre en petites communautés et ne pouvant se procurer de femmes que par le rapt »[82]. Le drame, avec ses conséquences historiques immenses, est déjà décrit dans *Totem et Tabou,* et rappelé avec force dans *Moïse et le Monothéisme,* sans aucune concession à l'égard des nombreuses critiques très pertinentes que les anthropologues avaient déjà opposées à la première évocation freudienne. Nous reproduisons un passage-clé de *Totem et Tabou :* « Un jour, les frères chassés se sont réunis, ont tué et mangé le père, ce qui a mis fin à l'existence de la horde paternelle... Qu'ils aient mangé le cadavre de leur père, il n'y a à cela rien d'étonnant, étant donné qu'il s'agit de sauvages cannibales. L'aïeul violent était certainement le modèle envié et redouté de chacun des membres de cette association fraternelle. Or, par l'acte de l'absorption, ils réalisaient leur identification avec lui, s'appropriaient chacun une partie de sa force. Le repas totémique, qui est peut-être la première fête de l'humanité, serait la reproduction et comme la fête commémorative de cet acte mémorable et criminel qui a servi de point de départ à tant de choses : organisations sociales, restrictions morales, religions. » Et Freud explique cette hypothèse fabuleuse : « Après l'avoir supprimé, après avoir assouvi leur haine et réalisé leur identification avec lui, ils ont dû se livrer à des manifestations affectives d'une tendresse exagérée. Ils le firent sous la forme du repentir; ce que le père avait empêché autrefois, par le fait même de son existence, les fils se le défendaient à présent eux-mêmes, en vertu de cette obéissance rétrospective caractéristique d'une situation psychique que la psychanalyse nous a rendue familière. Ils désavouèrent leur acte en prohibant la mise à mort du totem, substitution du père, et ils renonçaient à recueillir les fruits de cet acte, en refusant d'avoir des rapports sexuels avec les femmes qu'ils avaient libérées »[83].

Voilà, pour Freud, la part de vérité contenue dans les dogmes religieux. Absurdes en eux-mêmes, ils s'imposent comme une résurgence du refoulé, et rappellent, à qui sait les interpréter, le crime primordial. Si les Juifs en particulier sont devenus les témoins zélés du monothéisme, c'est que, pense Freud, ils ont renouvelé ce crime sur le père du peuple juif, en l'assassinant à leur tour. La culpabilité s'est emparée d'eux avec une véhémence exceptionnelle : ils ont renié leur acte, mais pour reconnaître, plus que tout autre peuple, le Père éminent.

Inutile de rappeler qu'aucun ethnologue n'a jamais admis la vérité de cette proto-histoire. Plusieurs lui ont cependant reconnu une vérité symbolique. Ainsi pour le grand anthropologue qu'est Kroeber[84] l'interprétation freudienne de l'histoire primitive par le complexe d'Œdipe est seule capable d'expliquer que toutes les civilisations reposent sur une unique loi fondamentale : celle de l'exogamie. On peut donc dire avec Cl. Lévy-Strauss que la fresque de *Totem et Tabou* est un mythe : elle figure, en des formes dramatisées, un devenir intérieur de l'humanité. « Ces faits traduisent peut-être sous une forme symbolique un rêve à la fois durable et ancien. Et le prestige de ce rêve, son pouvoir de modeler à leur insu les pensées des hommes, proviennent précisément du fait que les actes qu'il évoque n'ont jamais été commis parce que la culture s'y est, toujours et partout, opposée »[85].

Mais Freud allait plus loin : seule la vérité historique de ce récit peut rendre raison, selon lui, de l'avènement insistant et progressif du monothéisme qui est la reconnaissance de la Paternité absolue. C'est par la répétition historique de cet acte, sur Moïse, sur d'autres prophètes, sur le Christ, que les Juifs et les chrétiens auraient intensifié leur culpabilité et par suite leur spiritualisation, leur agrandissement, et leur divinisation de la figure paternelle.

Comme nous l'avons montré plus haut, la profonde ambiguïté de Freud dans ses considérations sur la religion, réside dans *la confusion entre le domaine de l'inconscient et celui des intentions conscientes.* Cette ambiguïté contamine toute la théorie freudienne du meurtre historique du père. En effet, il est essentiel au refoulement que la haine du père reste inconsciente et s'insinue dans tout le comportement. Par contre, la doctrine du péché constitue justement la prise de conscience de cette haine, et le passage à une reconnaissance plus pure du Père. L'acceptation inconsciente de la loi du Père réduit l'homme à une attitude d'esclave et passive. Mais l'adhésion qui lui est consciemment donnée par les prophètes, leur vaut, ainsi qu'à leurs disciples, cette souveraine assurance et cet esprit combatif que Freud admirait tant chez Moïse.

REMARQUES CRITIQUES : RECONCILIATION ET FILIATION

En se limitant aux seules lois de l'inconscient Freud a manqué une dimension essentielle de la paternité : celle de la filiation. Le père en effet, une fois reconnu dans sa vérité, n'apparaît plus comme le père terrible, castrateur, maître d'esclaves, écrasant ses fils. Il est celui qui reconnaît les fils comme siens, et les fils participent à sa dignité en consentant à sa parole. La doctrine de la réconciliation entre le Père et les hommes est au cœur même de la Bible et du christianisme. Le père prend l'initiative de cette réconciliation d'abord et principalement en attestant, par son Verbe, sa paternité à l'égard des hommes et la filiation de ceux-ci par rapport à Lui. Le Christ ne remplace pas le Père comme Freud le prétend. Au contraire, il est le premier-né, Le Fils en qui toute filiation s'accomplit, par l'initiative du Père qui envoie son Fils pour se réconcilier avec les hommes. Le mot extraordinaire de Hegel dit bien cet *achèvement de la paternité : la « Versöhnung »** est la « réconciliation » des fils, par leur « filiation » reconnue en vérité.

Au fond, *l'idée freudienne du père reste prisonnière de la mythologie propre à l'inconscient.* Il est le rival, le

---

* Le mot *Sohn* (= fils) est inclus dans le terme allemand *Versöhnung* (= réconciliation).

maître tout-puissant et abusif, tel qu'il est projeté par l'imagination narcissique des fils qui cherchent à le supplanter. Il est le corrélat du désir narcissique de divinisation inscrit dans la pulsion libidinale, et que la révolte, la culpabilité, la reconnaissance de la loi et l'identification doivent précisément dépasser dans leur progression dialectique.

La vérité de l'étude psychanalytique de la religion réside donc dans ses analyses de la base pulsionnelle qui sert d'assiette à l'attitude religieuse. Le meurtre du père est un mythe intérieur, préparant l'accès à la structuration œdipienne, en vertu de laquelle le père pourra être reconnu dans sa vérité. Le complexe d'Œdipe promeut justement cette démythisation d'un père tyrannique et répressif, comme il résout l'agressivité à l'égard du père, inspirée par le désir imaginaire de tout avoir et de tout être à sa place. A ce moment de l'Œdipe accompli, le dialogue de reconnaissance mutuelle pourra s'instaurer entre le Père et ses fils. Ce dialogue sera toujours marqué par les structures œdipiennes : de révolte et de reconnaissance. Mais en passant par la médiation de la parole, comme la cure analytique elle-même, il se frayera progressivement l'accès au consentement explicite et réciproque entre deux sujets s'acceptant dans leur altérité vraie, par-delà toutes les projections imaginaires, issues de la vie pulsionnelle.

Le croyant croit à la réalité existentielle de cette paternité absolue et accorde sa foi à la parole de filiation échangée entre le Père et les fils. L'incroyant de son côté, y reconnaît une structure symbolique de l'ordre de la parole, de la même manière qu'il juge vraie la parole échangée entre l'homme et la femme dans un pacte d'amour, ou qu'il met son espoir dans la vérité en acte de la parole libératrice que le malade adresse à son psychanalyste.

CONCLUSION

Nous l'avons dit, le rapport entre psychanalyse et philosophie est circulaire, parce que le rapport entre inconscient et conscient l'est lui aussi. Philosophie et psychanalyse ne sont ni identiques ni contradictoires. Souvent, ces deux branches de l'anthropologie sont en rivalité; la philosophie a tendance à penser l'homme à partir de l'esprit; la psychanalyse tend à l'enfermer dans ses lois propres. Elles sont donc appelées à se contester l'une l'autre et à souligner la discordance de leurs points de vue; et cependant, à la condition très précise de les maintenir solidairement l'une et l'autre, une chance peut s'offrir de penser l'homme réel, grâce à elles. Aussi leur rapport n'est-il pas seulement de lutte mais également d'échange. La psychanalyse présente à la philosophie une science des structures fondamentales de l'humain : dès lors, il n'est plus permis de penser l'homme, son langage, sa création artistique, son éthique, ou sa religion, ni contre la psychanalyse, ni même sans elle. La philosophie garde cependant son autonomie par rapport à la psychanalyse, une fois qu'elle en a reçu les lois structurantes de l'humain. La psychanalyse peut se borner à évoquer cette conscience et ce moi qui ont à devenir, « là où c'était ». En vertu même de ce devenir, les articulations de l'esprit et de ses œuvres ne sont plus assujetties à l'inconscient. Sur le devenir de l'esprit, ses formes variées, et son histoire originelle, la philosophie est seule en mesure de dispenser la clarté de sa lumière naturelle : celle d'une pensée de l'être.

QUATRIEME PARTIE

PSYCHANALYSE
ET PSYCHOLOGIE

par W. HUBER

Situer l'une par rapport à l'autre, la psychanalyse et la psychologie est une tâche complexe qui peut être abordée selon des perspectives multiples et variées. Etant des sciences relativement jeunes, voire même au statut qui se cherche, ni la psychologie ni la psychanalyse n'ont encore atteint la forme d'un système scientifique unifié et cohérent, mais évoluent à travers une multiplicité de recherches qui, bien que se cristallisant autour de quelques lignes de force et présentant des lieux de rencontre et de convergence, ne se caractérisent pas encore par la communauté de leur objet ou de leur méthode. Ainsi, plutôt que de parler de La psychologie comme on parle de la physique ou de la chimie qui se présentent sous forme de systèmes beaucoup plus cohérents et formalisés, serait-il peut-être plus exact de parler d'une pluralité de sciences psychologiques qui, selon des objectifs et des méthodes différents étudient chacune le comportement, ce terme étant pris ici au sens large, incluant les sentiments et la pensée. La psychologie animale et l'éthologie, la psychophysiologie, la psychologie de la perception, de l'apprentissage et de l'intelligence, la psychologie génétique, la psychologie sociale, la psychologie pathologique, la psychologie des tests, etc., sont autant de domaines dans lesquels des théories différentes éclairent des faits dégagés par des méthodes différentes. La psychanalyse de son côté n'est pas non plus une et immuable, fût-elle « orthodoxe ». Moins encore que la psychologie académique elle a trouvé jusqu'à présent une expression théorique cohérente, mais elle évolue selon au moins trois tendances principales : la psychanalyse dite orthodoxe, la tendance culturaliste et le courant qui s'inspire de la dialectique et de l'anthropologie phénoménologique, chacune de ces tendances accentuant un aspect différent de la « chose » analytique.

Devant la variété de points par rapport auxquels on pourrait comparer la psychologie académique et la psychanalyse, nous avons choisi d'esquisser trois thèmes autour desquels la discussion semble évoluer depuis quelques années : le rapprochement et les différences des deux disciplines, le problème de la « validation » de la psychanalyse et celui des effets et processus thérapeutiques de la psychanalyse.

1. Rapprochements et différences

« *Il est certain que, sur notre chemin tortueux, nous ne sommes pas seulement poussés en avant par nos actes, mais toujours attirés par quelque chose qui apparemment nous attend toujours quelque part et est toujours voilé.* »

(H. v. Hofmannsthal[1].)

(Calderon.)

La multiplicité dont il était question plus haut se retrouve dans le domaine plus restreint des théories de la personnalité et de la motivation, même si l'on n'envisage que les théories basées sur des recherches expérimentales systématiques et proposant en même temps des méthodes thérapeutiques, comme celles d'Eysenck, de Dollard et Miller, et de Mowrer qui, pour ces deux raisons, sont les seules auxquelles nous penserons dans la suite en parlant de la psychologie par opposition à la psychanalyse. Celle-ci propose de son côté des théories différentes comme on vient de l'indiquer et comme en témoigne l'ouvrage toujours valable de G. Blum (*Les théories psychanalytiques de la personnalité*[2]). Parmi les théories psychanalytiques nous nous en tiendrons à celles qui procèdent de la pensée freudienne dans son originalité.

Pour les situer par rapport à la psychanalyse, faisons abstraction des divergences parfois considérables que présentent entre elles les théories de la personnalité basées sur des recherches expérimentales et qu'on a convenu d'appeler « théories stimulus-réponse » (S-R) parce qu'elles se fondent sur le modèle behaviouriste du comportement. Ces différences portent à la fois sur la théorie de l'apprentissage proprement dit, sur la conception de la structure de la personnalité dans laquelle se réalise ce dernier, et sur la conception des troubles névrotiques Ainsi, pour nous borner aux deux derniers aspects, Dollard et Miller[3] et, dans une moindre mesure, Mowrer[4] se réfèrent dans leur conception de la personnalité à des notions psychanalytiques qu'ils essayent de relier à leur théorie de l'apprentissage, ce que Eysenck leur reproche en faisant remarquer, à juste titre, que ce qu'il y avait de rigoureux dans leur travail sur l'apprentissage proprement dit et sur le conflit se perdait par leur façon de le relier aux concepts psychanalytiques. La théorie de la personnalité d'Eysenck[5] est d'inspiration typologique, rejetant les conceptions psychanalytiques en matière de personnalité et de névrose. Pour ne pas alourdir le texte, nous n'en parlerons pas dans ce chapitre. Mais faisons seulement remarquer qu'étant beaucoup plus behaviouriste que les théories de Mowrer, Dollard et Miller, elle présente moins de points communs avec la psychanalyse que ces théories et accuse des différences plus tranchées.

Considérant d'abord quelques points de rencontre avec la psychanalyse, nous pouvons relever quelques concepts, principes et conceptions communs. La psychanalyse comme les théories S-R conçoivent le comportement à partir du schéma de la réduction de la tension créée par les besoins primaires d'origine organique et les besoins secondaires dérivés, par le jeu des processus d'apprentissage, de ces besoins primaires, et accordent ainsi une grande importance aux besoins enracinés dans l'organisation biologique de l'homme. Dollard et Miller insistent également sur l'importance des premières années de la vie pour le comportement adulte et tout particulièrement des époques critiques de la première enfance (nourrissage, éducation à la propreté, etc.) Les psychanalystes comme les théoriciens S-R accordent une place capitale à l'angoisse comme facteur de motivation et présentent une théorie élaborée du conflit et de ses mécanismes. C'est ainsi qu'on retrouve dans les deux théories des concepts tels que conflit, angoisse, frustration, régression, fixation, substitution, déplacement, etc., qui, bien que n'ayant pas toujours les mêmes contenus et connotations pour les deux théories, se rejoignent cependant sur plusieurs points.

Si l'on peut dire d'une part que ces théories expérimentales sont devenues plus dynamiques et ont accordé de plus en plus d'importance aux processus symboliques et inconscients négligés par le behaviourisme américain à ses débuts, et d'autre part que la psychanalyse ne réduit plus la motivation au jeu des processus primaires des deux instincts de vie et de mort, mais y fait une place aux processus secondaires de la pensée rationnelle et réaliste relativement autonome et aux automatismes, et enfin que ces deux évolutions ont abouti à des recoupements et à une vue plus compréhensive dans les deux groupes de théories, de la hiérarchie motivationnelle de la personnalité, il faut remarquer également que des différences considérables persistent entre les deux approches.

Ne pouvant développer ici une analyse critique comparative des notions de besoin, pulsion, conflit, angoisse, etc., employées communément par Mowrer, Dollard et Miller et la psychanalyse, nous nous limiterons à esquisser quelques différences de style d'approche indiquant l'horizon par rapport auquel ces notions s'élaborent dans les deux perspectives.

La différence entre les théories de Mowrer, de Dollard et Miller, et celle de la psychanalyse ne tient pas tellement à l'emploi par les premiers de la méthode expérimentale et par la seconde de la méthode clinique, la

méthode expérimentale s'appliquant à des situations relativement peu complexes permettant le contrôle de toutes
les variables selon le modèle enregistrant les variations
de variables dépendantes en fonction de la variable indépendante, et aboutissant à des lois générales, alors que
la méthode clinique n'atteint qu'à l'explication d'un cas
individuel parce que s'appliquant à une situation complexe et particulière dont les variables ne peuvent pas
être contrôlées selon le modèle expérimental précité. En
effet, en essayant de prédire un comportement particulier, les théoriciens S-R ont également recours à la
méthode clinique. Pour prédire un comportement il ne
suffit effectivement pas de connaître les principes et les
lois générales (supposées universelles) de l'apprentissage,
mais il est également nécessaire d'en connaître les conditions ou, comme dit encore Miller[6], « la localisation des
récompenses, punitions et autres conditions du labyrinthe
social ».

La source des différences principales semble plutôt
se trouver dans certaines caractéristiques de la tradition
behaviouriste dont procèdent les théories S-R et dont
elles partagent les forces et les faiblesses car, tout en
essayant d'opérer une synthèse avec la psychanalyse, elles
restent behaviouristes dans leurs forme et façon de voir
et n'en reprennent que les contenus. Parmi ces caractéristiques nous pensons à la position que prennent les
behaviouristes devant le problème « nature-culture »,
« maturation-apprentissage » et l'effort vers l'objectiva-
tion de la vie psychique.

Si l'on considère la conduite et le développement de
la personnalité comme étant la résultante de l'interaction
de facteurs biologiques (innés, se développant de façon
relativement indépendante du milieu à travers des phases
de maturation, et soumis à des lois de fonctionnement
biologiques) et de facteurs de milieu, il faut dire que la
psychanalyse reste plus près du « biologique » en thématisant la pulsion alors que les théoriciens S-R accentuent

l'importance de l'apprentissage et du milieu. Mais en thématisant la pulsion qu'elle conçoit comme le point d'articulation de ces facteurs biologiques au registre psychique, comme point d'émergence dans le psychisme de l'organisme, point où la tension de ce dernier commence à prendre forme dans un corps vécu-vivant et devient non seulement besoin, mais aussi désir et demande, la psychanalyse n'insiste pas simplement sur une description différenciée de stades de maturation et de complexions organiques, mais à la fois sur les structures de signification que ces stades et ces complexions rendent possibles et dont la réalisation effective est conditionnée par le milieu culturel*. Ce n'est donc pas que la psychanalyse méconnaisse la plasticité du donné organique et l'importance du milieu social, ni d'ailleurs que les théoriciens de l'apprentissage nient le rôle des facteurs biologiques innés, mais il faut reconnaître une importante différence de thématisation. Dans une certaine mesure les deux perspectives semblent d'ailleurs appelées à se compléter car, alors que la psychanalyse n'a toujours pas de théorie de l'apprentissage, les théories de la personnalité basées sur les principes de l'apprentissage manquent encore d'une description satisfaisante des structures pulsionnelles et du « moi », expliquant pourquoi telle chose est apprise (et se fixe de façon permanente) plutôt que telle autre, le recours à « l'habitude » comme variable intermédiaire et à la description des conditions d'apprentissage en termes de psychologie ou d'anthropologie sociales étant insuffisant parce que ne faisant que reculer le problème. La reprise à la psychanalyse par Mowrer de certains concepts structuraux et l'essai d'interprétation de la théorie freudienne en termes d'appren-

---

* Il peut être utile d'attirer l'attention sur le très grand intérêt que présentent pour la problématique des pulsions les idées de L. Szondi et ceci malgré leur caractère souvent discutable et controversé.

tissage par Dollard et Miller n'ont cependant pas encore réussi cette intégration complémentaire.

Quant à la seconde différence, la tradition behaviouriste et le fait que leurs « sujets » d'expérience de prédilection sont surtout des animaux expliquent que les théoriciens S-R aient le souci de décrire la conduite en termes de variables objectives, directement observables, relativement simples, et d'accentuer l'étude de la connexion stimulus-réponse plutôt que de s'intéresser à l'approfondissement de ces deux termes. Cette façon de voir est adéquate et utile au niveau d'organismes ou de conduites relativement simples où la correspondance stimulus-réponse est relativement directe et se fait pour ainsi dire « de point à point », mais elle devient problématique lorsqu'il s'agit de conduites de la nature (symbolique) et de la complexité que montrent la plupart des conduites humaines. Ici on constate en effet que des stimuli différents provoquent une même réponse et qu'un même stimulus suscite des réponses différentes. Cela soulève la question : stimulus pour qui et par rapport à quoi ? C'est le problème de la *signification* et du *sens* qui est ainsi posé. L'introduction dans ce schéma S-R de « l'habitude » comme variable intermédiaire (spécifiant le stimulus) et du langage — sans que celui-ci se trouve lui-même considéré dans sa nature profonde et selon toute l'ampleur de sa problématique — ne fait que le compliquer, mais ne change rien à sa limitation pour la compréhension des conduites humaines tant qu'ils ne sont pas intégrés à une psychologie claire et cohérente du « moi » et de ses relations avec autrui, faisant en même temps la distinction des trois ordres : du réel, de l'imaginaire et du symbolique*. C'est pour cette raison qu'au niveau

---

* C'est le grand mérite de J. Lacan d'avoir insisté sur la distinction de ces trois ordres et introduit ainsi à une conception cohérente de la « fonction et (du) champ de la parole et du langage en psychanalyse. » Cf. [7] et les autres travaux de Lacan.

de la signification et du sens, la psychanalyse est infiniment plus pénétrante et nuancée que les théories S-R qui s'intéressent plutôt aux mécanismes et aux conditions générales de l'apprentissage qu'aux structures de signification et de sens dans lesquelles il se fait. Il est vrai que Mowrer, Dollard et Miller s'efforcent de combler cette lacune en se rapportant à la psychanalyse, mais comme le note Rapaport[8] c'est une psychanalyse telle qu'elle était vers 1922, c'est-à-dire antérieure aux vues métapsychologiques sur « le Moi et le Ça » et au renouvellement du problème de l'angoisse.

Une autre conséquence de cette attitude objectivante est d'amener les théoriciens S-R à envisager la conduite humaine surtout sous son aspect de réaction à un monde « extérieur » ou ensemble de stimuli décrits en termes d'événements objectifs, points de départ de la détermination de la conduite, et de négliger ainsi, jusqu'à une date très récente, l'étude de la spontanéité de la conduite, et des processus imaginaires et de pensée qui étaient le thème central de la psychanalyse dès ses débuts. Les théoriciens S-R proposent bien des notions comme « réponse anticipative », « raisonnement », « prévoyance », « planification » et parlent même d'« espoir », mais ces notions renvoient à des phénomènes relativement segmentaires et « périphériques », ce qui a conduit J. Nuttin[9] à souligner la nécessité d'étudier des phénomènes plus larges tels que ce qu'il appelle le processus de « formation de but », analogue à celui de « formation de projet ». C'est là certainement élargir le cadre d'analyse, mais il est possible d'aller encore plus loin, car, sous-jacents à la « formation de but » — telle l'idée d'une esquisse conduisant à l'élaboration structurante du tableau — se trouvent les fantasmes* et la fantasmatique, supports du désir,

---

* On appelle fantasme la fantaisie inconsciente, et fantasmatique le système de ces fantasmes organisés non selon les lois de la pensée rationnelle, mais selon celles qui régissent les processus inconscients.

qui constituent le champ propre de la psychanalyse. Bien que moins saisissables que les phénomènes imaginaires et inconscients tels qu'ils sont décrits par les théoriciens S-R, moins saisissables aussi que la « formation du but », puisque pouvant seulement être inférés à partir du *dialogue* psychanalytique, les fantasmes ne sont pas moins importants dans la détermination de la conduite car, comme le remarquait encore récemment D. Lagache[10], en ce domaine «la réalité apparaît ainsi comme un corrélatif de la fantaisie, mais un corrélatif infiltré par la fantaisie ».

Abordant ainsi les phénomènes imaginaires surtout dans leur surgissement, leur développement et leur vie spontanés selon le principe du plaisir, la psychanalyse pourrait être appelée une psychologie du désir tandis que les théories S-R, en les étudiant surtout comme échos et anticipations d'événements objectifs seraient des psychologies du besoin. Et, en les analysant de cette façon (et selon une méthode empiriquement définie, par quoi elle se distingue d'une phénoménologie) la psychanalyse va plus loin que la description behaviouriste d'unités dynamiques, plus loin aussi que l'étude de la « formation du but » et remonte aux sources du *sujet*, là où s'esquisse le projet qui constitue ce sujet même, projet « existentiel » dont chaque « formation de but » n'est qu'un moment particulier. C'est la différence radicale entre la psychanalyse et des auteurs néo-behaviouristes comme Mowrer, Dollard et Miller : la psychanalyse s'efforce de comprendre un homme qui dit « *je* », un sujet qui a des intentions et une histoire au-delà de tout pur « développement », le néo-behaviourisme s'efforce d'expliquer le fonctionnement d'unités dynamiques plus ou moins intégrées. Mowrer[11] exprime clairement cette position lorsqu'il dit que devant le dilemme d'une approche globale de la conduite par l'étude des phénomènes de « conscience » relativement inanalysables, et d'une approche segmentaire à partir de l'étude des connexions stimulus-réponse, permettant une analyse et maniabilité plus poussées, fût-ce au risque de négliger l'aspect organisateur et intégrateur si caractéristique de l'organisme vivant, le néo-behaviouriste choisit l'approche segmentaire parce que malgré sa limitation elle aurait fourni des résultats plus solides.

Ce qui distingue la psychanalyse d'une psychologie dynamique non behaviouriste ne rejetant pas les données subjectives et envisageant la conduite comme celle d'un sujet faisant des projets (qui dépassent la « planification » des néo-behaviouristes), c'est l'importance accordée par la psychanalyse aux processus imaginaires dans la « formation du projet » et la description de leur articulation avec les ordres du « réel » et du « symbolique ».

2. Le problème de la « validation » de la psychanalyse

> « Comme série d'hypothèses, c'était une grande réalisation il y a cinquante ans; en tant que simple série d'hypothèses c'est une grande disgrâce aujourd'hui. La raison logique est que le dessein expérimental est difficile dans ce domaine. Il est loin d'être impossible... »
>
> (M. Scriven[12].)

Nombreux sont les écrits critiques sur la psychanalyse et plus d'une fois déjà elle a été déclarée définitivement établie et, plus souvent, dépassée, au nom d'arguments de tout ordre. A partir de conceptions philosophiques ou d'analogies rencontrées dans d'autres sciences, mais dont l'articulation avec les faits psychanalytiques reste finalement assez vague, ou d'observations de « cas », ceux qui lui sont favorables ont souvent considéré comme « scientifiquement établi » ce qui est peut-être exact, mais pas encore prouvé. Parmi ceux qui lui sont défavorables les uns lui reprochent son « biologisme » alors que d'autres l'accusent de négliger la réalité biologique de l'homme et de verser dans le psychologisme, certains la condamnent au nom d'une anthropologie philosophique, d'aucuns la relèguent au rang de la psychologie intro-

spectionniste ou d'une « psychologie compréhensive »
dont le statut scientifique serait celui du sens commun
parce qu'il se trouve dans la littérature psychanalytique
des études où la spéculation et la généralisation hâtive
l'emportent sur l'élaboration méthodique rigoureuse.
Quoique ces critiques, intéressantes parce qu'elles sti-
mulent et attirent l'attention sur des points faibles et
restés obscurs, contiennent souvent des grains de vérité,
elles ne peuvent confirmer ou infirmer la psychanalyse.
Souvent elles s'appuient sur une interprétation aujour-
d'hui dépassée de l'œuvre de Freud (qui se prête effectivement à des interprétations diverses et même contradictoires), ou se réfèrent à des travaux qui ne représentent pas la psychanalyse dans son état actuel, ou encore
elles n'explicitent pas suffisamment en quoi elles portent
sur la théorie psychanalytique dans son ensemble à partir
de l'étude de points particuliers. Pour ces raisons et parce qu'elles sont trop générales, elles n'apportent pas
grand-chose au problème de la validation de la psychanalyse contemporaine. Actuellement celui-ci se pose en effet
de façon plus spécifique, les efforts se centrant autour
des problèmes de la nature et la valeur de la structure
théorique de la psychanalyse, de la validité des propositions particulières, et de l'interprétation. Car valider
(ou invalider) une théorie scientifique, c'est démontrer
selon les critères de la méthodologie scientifique en
cours, que ses propositions se réalisent effectivement
(ou ne se réalisent pas) dans l'expérience.

Mais quelle expérience, celle du laboratoire ou celle
du divan ? Cela dépend des phénomènes et des propositions que l'on désire vérifier; les unes, celles, par exemple, qui concernent la dynamique du conflit, peuvent
être étudiées au laboratoire et par la méthode expérimentale plus facilement que d'autres, qui portent sur
des phénomènes difficiles ou impossibles à reproduire
au laboratoire, comme celles qui concernent la phase et
le complexe d'Œdipe ou la sublimation, et qui doivent

être abordées par l'observation directe du comportement d'enfants ou par inférence à partir de comportement de sujets en analyse ou de sujets appartenant à d'autres civilisations.

Que l'on aborde les problèmes au laboratoire ou à travers la situation analytique et la méthode clinique, on rencontre d'abord la question de la nature des propositions formulées et de leur articulation avec l'expérience, c'est-à-dire la question de la structure théorique de la psychanalyse; car c'est la théorie qui définit le contenu des concepts et leur rapport à l'expérience, ce qui est précisément l'objet de la validation.

La structure théorique de la psychanalyse n'a pas été explicitement formulée par Freud, ni pour nous en tenir à cet unique exemple, par un Fenichel dont l'ouvrage « La théorie psychanalytique des névroses » passe habituellement pour un exposé classique. On trouve chez Freud et chez ses successeurs des considérations générales et des propositions particulières, des ébauches théoriques qui ont amené des psychologues soucieux de méthodologie et des philosophes qui s'attachent surtout à la critique des sciences à faire remarquer la faiblesse de la structure formelle de la psychanalyse. On peut ainsi déplorer le manque de précision dans la description des variables et des lois qui gouvernent leur relation mutuelle, on dénonce l'absence de définitions « opérationnelles » et de règles indiquant comment les concepts théoriques qui n'ont pas de rapport direct avec l'observation, tels que « libido », « inconscient », « charge affective », etc., se relient à des variables empiriquement constatables. On regrette le langage pseudo-quantitatif utilisant des notions comme « énergie », « force », « seuil d'excitation », des modèles énergétiques de transformation analogues aux modèles physiques alors que les problèmes les plus élémentaires de quantification et de mensuration n'ont pas encore été résolus.

Il ne s'agit pas bien entendu d'exiger de la psychanalyse qu'elle fournisse une définition opérationnelle de tous ses concepts et qu'elle se présente sous forme de système hypothético-déductif hautement formalisé, dans lequel toutes les propositions sont dérivées d'un certain nombre d'axiomes comme dans la géométrie euclidienne. Cet idéal possible de la science positive, même la physique ne l'a pas encore atteint et, alors que sous l'influence de Hull beaucoup de psychologues ont eu de très grandes exigences en matière de systématisation et de formalisation, on semble mettre en question de plus en plus, depuis une quinzaine d'années environ, l'opportunité en l'état actuel de la psychologie d'une théorie hypothético-déductive très formalisée.

Mais la structure de la théorie doit être telle qu'elle permette une validation empirique. A cet effet il est nécessaire, comme le remarque E. Nagel[18], que la théorie ait un contenu théorique explicite et précis. Et si ce dernier fait intervenir des notions sans référence empirique explicite, au moins quelques-unes d'entre elles doivent être liées à des repères empiriques définis, et spécifiées par des règles de procédure appelées aussi « règles de correspondance », « définitions opérationnelles », sans quoi la théorie n'a pas de contenu empirique déterminé et n'importe quel événement pourra être considéré comme confirmant les prévisions de la théorie moyennant des explications post factum et des hypothèses ad hoc.

Pour une grande partie des concepts et des hypothèses psychanalytiques ces deux conditions sont loin d'être réalisées. C'est d'ailleurs une des raisons pour lesquelles tant de travaux de validation sont décevants. Des notions théoriquement et cliniquement aussi importantes que « force du moi », « angoisse », « anxiété », etc., sont définies avec une approximation qui ne compromet pas leur utilité clinique, mais qui limite fortement leur valeur théorique. Pour illustrer ces lacunes au niveau de la formulation des hypothèses, ne donnons qu'un exemple, choisi parmi ceux que présente E. Nagel en se rapportant à l'exposé contenu dans le même livre, du psychanalyste H. Hartmann. Etant posé que a) « Les pulsions (en particulier « sexuelles » et « agressives ») sont les sources d'énergie principales dans l'appareil mental, b) la régulation des énergies dans l'appareil mental suit le principe du plaisir (« la tendance à la décharge immédiate »), le principe de réalité (c'est-à-dire « des considérations de la réalité ») dérivé sous l'influence du développement de l'ego, et une tendance à maintenir constant ou à un minimum le niveau d'excitation »; est-il possible, demande E. Nagel, de déduire aucune conclusion déterminée concernant ne fût-ce que les conditions générales dans lesquelles la pulsion sexuelle déchargera son « énergie » plutôt que de se combiner avec la pulsion agressive pour former un « compromis » ou d'élever son « seuil d'excitation » par suite de « considérations de la réalité » ? Même si l'on tient compte en même temps d'autres principes psychanalytiques, ces conditions générales ne peuvent être déduites, c'est-à-dire cette proposition n'a pas de contenu théorique explicite et défini*.

Si, comme nous l'indiquons plus haut, l'explication d'un contenu théorique précis et de sa référence à des variables directement observables sont les conditions de possibilité de toute validation empirique, elles doivent aussi être remplies lorsqu'on procède à la validation sur matériel clinique. Classiquement et la plupart du temps celle-ci s'est faite non pas par prédiction comme cela se fait généralement dans les autres sciences, mais par postdiction. Ceci est dû principalement au fait que les variables intervenant dans les phénomènes étudiés par la psychanalyse ne peuvent pas être manipulées et contrôlées avec la même facilité que celles qui jouent dans les phéno-

---

* Les termes entre guillemets sont ceux de l'exposé de H. Hartmann.

mènes abordés par les sciences à procédure expérimentale*. Alors que dans ces dernières on conclut à partir
d'un réseau de relations causales définies par l'hypothèse
et réalisées dans un schéma expérimental à la production
d'un phénomène X, dans une étude psychanalytique de cas
on conclut à partir du phénomène X, la névrose par exemple, aux conditions qui lui ont donné naissance. Comme le
remarque D. Rapaport[14], cette procédure par postdiction est logiquement aussi valable que celle de la prédiction, à condition toutefois que l'on montre ne pas avoir
eu recours à des explications post factum. Mais cela suppose précisément que les deux conditions mentionnées
plus haut soient remplies, et qu'existe un canon d'interprétation clinique non contesté explicitant à la fois ce
qui se trouve dans les données sur lesquelles la postdiction sera basée, et ce qui n'est pas donné et peut
seulement être inféré par postdiction. Aussi longtemps
que cela n'est pas réalisé, et dans cette mesure, on ne
pourra pas conclure à la validité de la théorie à partir
d'études cliniques de cas.

En ce qui concerne la prédiction, notons que les psychanalystes en ont fait dès le début en posant des indications et des pronostics de traitements psychanalytiques.
Ces prédictions formulées en termes d'indication et de
pronostic n'avaient cependant pas la rigueur et la précision nécessaires pour permettre une validation de la
théorie et ce n'est que récemment qu'on a entrepris des
études de prédiction plus systématiques et contrôlées.
D. Malan[15], entre autres, a fait une étude dans laquelle,
après investigation du cas, il s'efforce de formuler,

---

* Vu le caractère personnel et relativement unique d'une névrose et
des conditions dans lesquelles elle se développe, il est également
très difficile de constituer des groupes où chaque cas pourrait être
considéré comme une répétition de l'expérience faite dans les
autres.

avant le début du traitement, une hypothèse psychodynamique concernant son développement à plus ou moins
long terme. Ces prédictions sont de toute évidence relativement peu spécifiques et, vu le grand nombre de facteurs en jeu et surtout le caractère historique des lois
psychologiques, elles ne sont que des prédictions « de
possibilités » du type « si tel ou tel facteur vient à jouer
et si telle situation se présente, alors tel événement est
susceptible de se produire ». Ce procédé peut cependant
être élaboré et devenir capable de confirmer des hypothèses non seulement cliniques, mais aussi théoriques, dans
la mesure où l'on explicite le fondement théorique de
chaque prédiction.

Avant de terminer ces quelques considérations sur la
méthodologie de la validation en psychanalyse, il convient
d'envisager un point essentiel omis dans les lignes qui
précèdent : le problème de la falsification des hypothèses,
de « l'expérience cruciale » ou des « tests critiques ».
Une théorie cohérente ne pouvant donner lieu à deux
prédictions incompatibles, elle ne doit pas seulement pouvoir être confirmée, mais également infirmée par l'expérience, elle doit présenter la possibilité de décider entre
des hypothèses alternatives et mutuellement exclusives.
A ce propos Rapaport[14] remarque que cela n'est pas possible en psychanalyse parce que, d'une part, en psychanalyse les hypothèses alternatives ne sont pas mutuellement exclusives, mais plutôt équivalentes (ce qui est, en
partie, dû au manque de spécificité des hypothèses et
par-là à l'immaturité de la théorie), et que d'autre part,
dans le domaine dont s'occupe la psychanalyse les théories non psychanalytiques (théories de l'apprentissage,
conceptions de Rogers et des culturalistes) ont peu d'alternatives à présenter aux propositions psychanalytiques.
Il faut cependant aussi noter, avec A. Ellis[16] que l'opéra-
tionalisme moderne sous sa forme modifiée n'exige plus
que les hypothèses scientifiques puissent être totalement
confirmées ou infirmées, mais estime plus réaliste d'exi-

ger qu'elles le soient au moins partiellement. Cela n'empêche toutefois pas qu'un minimum doive être réalisé en
matière d'explicitation théorique.

De tout ce qui précède faudrait-il donc conclure à
l'invalidation de la théorie psychanalytique dans son ensemble ? Certainement pas, car une théorie ne peut être
invalidée que dans la mesure où elle existe (comme ensemble de propositions explicites et articulées de manière
plus ou moins cohérente) ce qui n'est malheureusement
pas le cas de la psychanalyse qui, par suite de toutes les
lacunes que nous venons de voir, n'accède pas encore
au statut d'une théorie scientifique arrivée à maturité.
En tant que théorie définie par les critères cités plus
haut, elle est effectivement encore dans sa prime enfance,
comme la plupart des théories psychologiques d'ailleurs,
mais elle se trouve en excellente compagnie puisqu'on a
formulé les mêmes critiques à l'égard d'une œuvre de
l'importance et de l'envergure de celle de J. Piaget qui,
elle aussi, est pourtant orientée « dans la direction de
l'expérience »*.

Cet état de choses dont un théoricien aussi autorisé
de la psychanalyse que D. Rapaport ne fait pas de
secret est dû au fait non seulement que la psychanalyse
est une science jeune et que la systématisation et la formalisation surviennent tardivement dans l'histoire de toutes les sciences, mais encore à celui de la complexité
des phénomènes dont elle s'occupe, complexité qui se
réduira probablement au fur et à mesure que la théorie
évoluera, mais qui restera toujours plus grande que celle
des phénomènes mécaniques ou thermodynamiques dont la
relative simplicité peut expliquer le succès, en matière de
formulation théorique, des sciences qui s'en occupent. Les
phénomènes du monde physique sont en effet plus stables,
plus facilement décomposables en variables simples, plus

---

* A ce sujet cf. aussi à la préface de Piaget à l'ouvrage de Gouin
Décarie[17].

indépendants de l'observateur, moins individuels et peuvent plus facilement être contrôlés et reproduits.

C'est cette complexité de la conduite humaine au niveau où l'étudie la psychanalyse qui fait que, dans l'état actuel de la théorie, elle éprouve de grandes difficultés à définir d'une façon précise ses variables dépendantes, indépendantes et intermédiaires et qui l'a conduite à formuler le principe de surdétermination ou de détermination multiple selon lequel tout phénomène comportemental peut avoir plusieurs facteurs déterminants simultanés. Ceci ne pose alors pas seulement la question de la détermination des facteurs en jeu, mais encore celle de leur importance relative. La relation entre le patent et le latent, entre le comportement manifeste et sa motivation sous-jacente, est un autre aspect des problèmes posés par la complexité des phénomènes psychiques et qui vient compliquer la description des variables et rendre nécessaire l'interprétation des données observées. On peut, par exemple, avoir le souvenir d'une tâche interrompue, parce que le système de tension créé par cette tâche n'a pas pu être résolu à cause de cette interruption ou parce qu'on a une motivation particulière à la retenir. Nous assistons alors à la production d'un même effet par deux déterminants différents. Mais on peut aussi « oublier » une tâche interrompue, malgré la persistance de la tension créée par la tâche, parce que l'interruption est vécue comme échec, cas où la tension persistante reste le déterminant majeur, mais produit un effet différent (Rapaport[14]).

La mathématisation, nécessaire à la description précise de l'importance relative des variables, se heurte aussi à ces difficultés de déterminer les variables et au fait que le comportement manifeste sur lequel doivent s'effectuer les mensurations ne reflète souvent que très indirectement les processus psychiques qui le produisent. Que faire, par exemple, dans la situation suivante, citée par D. Rapaport[14] : lorsqu'on se trouve devant des différences individuelles constatées dans les histoires de T.A.T.

racontées lors d'une expérience de privation de nourriture, différences qui consistaient en ce que, à degré de
privation égal de tous les sujets, certaines histoires contenaient beaucoup de matériel se rapportant à la nourriture de façon distante alors que d'autres contenaient peu
de matériel en rapport avec la nourriture, mais que le
peu qu'il y avait y était étroitement lié; peut-on addi-
tionner les estimations de ces produits individuellement
différents ? Quelle est la relation entre l'intensité d'un
besoin ou d'une pulsion et la fréquence et l'intensité de
ses manifestations ? Cette question fondamentale qui débouche finalement sur le problème des relations entre
quantité et qualité, reste ouverte.

La solution de cette question pose celle des dimensions selon lesquelles doit se faire la quantification, question à laquelle la maturité insuffisante de la théorie psychanalytique n'a pas encore permis de répondre. Aussi
longtemps que ces dimensions n'auront pas été précisées,
la signification de certains résultats quantitatifs reste ambiguë et l'on ne saurait décider si certaines différences
quantitatives statistiquement assurées correspondent à des
différences psychologiques réelles et confirment ou infirment l'hypothèse à prouver.

Une seconde façon d'envisager le problème de la validation de la psychanalyse consiste à considérer non plus
sa structure théorique et ce que l'on pourrait appeler sa
logique de validation, mais à examiner dans quelle mesure
et quels cas ses propositions particulières ont été vérifiées
par des recherches entreprises à cet effet jusqu'à présent.

Les recherches faites dans ce domaine ont été nombreuses, comme en témoignent déjà les recueils classiques
de Hilgard[18], D. Rapaport[19] et R.R. Sears[20]. Pour en
apprécier la valeur il convient de distinguer les propositions descriptives des propositions constructives et de
se demander si les méthodes et techniques utilisées pour
les valider sont adéquates.

Ainsi, lorsqu'il s'agit de valider les propositions descriptives concernant le développement psycho-sexuel de l'enfant (intérêts et conduites sexuelles infantiles, conduites de tendresse et de rivalité pendant la phase œdipienne, imitation des parents, etc.) vaut-il sans doute mieux recourir à l'observation directe plutôt que de faire confiance à des questionnaires remplis par « l'adulte normal » ou à des déclarations de mères ou de patients en analyse dont les souvenirs concernant les faits du passé ne sont pas nécessairement fidèles. Et lorsqu'il s'agit d'une proposition constructive comme par exemple celle énonçant le complexe d'Œdipe qui n'est pas une donnée d'observation, mais une construction rationnelle visant à structurer les données d'observation, il ne suffit pas pour la réfuter de dire que l'observation directe ne montre rien de tel. Il faudrait plutôt analyser le matériel d'observation avec la méthode qui a donné lieu à la construction de l'hypothèse, la méthode psychanalytique, et voir si les faits observés trouvent une explication cohérente. Alors on trouvera peut-être un complexe d'Œdipe mal résolu chez tel adulte et les observations de Malinowski censées réfuter l'universalité du complexe d'Œdipe paraîtront moins concluantes et ne rien réfuter du tout (cf. Valabrega[21]). Refuser la légitimité de l'application de la méthode psychanalytique (d'interprétation) aux données d'observation en question serait équivalent à refuser les hypothèses de la physique concernant la structure de la matière sous prétexte que l'observation directe à l'œil nu ne les confirme pas.

Si une grande partie des propositions descriptives concernant le développement psycho-sexuel a pu être confirmée par des études adéquates (utilisant une judicieuse observation directe) il n'en est pas de même des propositions constructives, du moins si, en se référant au schéma méthodologique traditionnel et pour des raisons citées plus haut, on refuse la valeur de confirmation aux travaux cliniques.

Les recherches expérimentales qui constituent une troisième voie d'approche du problème de la validation ont souvent donné lieu à un enthousiasme candide prenant un résultat expérimental positif pour la confirmation de la psychanalyse, ou du moins le considérant comme un point en plus en sa faveur, et à l'attitude opposée, non moins naïve, qui voit dans chaque résultat d'expérience négatif un élément supplémentaire pour la réfutation définitive de la psychanalyse, mais elles n'ont finalement pas encore fourni les éléments qui permettraient de se prononcer sur la validité de l'ensemble des propositions constructives de la psychanalyse.

Les raisons de cet échec des travaux expérimentaux à produire des éléments concluants pour la validation des propositions constructives de la psychanalyse sont nombreuses. D'abord ils ne portent que sur une partie relativement restreinte des hypothèses psychanalytiques et leur issue ne préjuge pas nécessairement de la partie restante. Ensuite un grand nombre de ces travaux expérimentaux n'éprouvent pas tellement une hypothèse psychanalytique que l'interprétation, incorrecte, qu'ils en donnent. Dans son travail «*A critique of sublimation in males : a study of forty superior single men* » W.S. Taylor croit, par exemple, réfuter l'hypothèse psychanalytique de la sublimation « en montrant que 40 jeunes hommes célibataires, d'intelligence et de caractère remarquables, obtenaient tous habituellement, d'une façon ou d'une autre, une satisfaction génitale directe » (Blum[2]) alors que, selon la théorie psychanalytique, la sublimation n'est pas du tout liée à l'absence de satisfaction génitale. Un autre exemple de l'incompréhension de l'hypothèse psychanalytique, choisi cette fois parmi les travaux proprement expérimentaux, est constitué par la majorité des expériences sur le refoulement. Dans ces expériences on concevait ce dernier comme une tendance à « oublier » ce qui est désagréable, alors que le concept psychanalytique ne vise pas le caractère agréable ou désagréable du souvenir, mais sa possibilité de donner lieu à un conflit en surgissant à la conscience. Les auteurs dont les travaux ne prêtent pas à cette critique et qui se sont efforcés non seulement d'expliciter le concept théorique du refoulement, mais encore à en donner une définition opérationnelle (Keet, Korner, Zeller) ne sont pas encore parvenus à tenir compte de façon satisfaisante de toutes les exigences impliquées dans une définition acceptable du refoulement (cf. Blums, Madison[22], Rapaport[19]).

Une troisième raison pour laquelle les travaux expérimentaux stricts ne recourant pas à l'interprétation n'ont jusqu'à présent qu'une valeur relative de confirmation ou d'infirmation, réside en ce qu'ils démontrent l'existence et les mécanismes généraux plutôt que le mécanisme spécifique de la symbolisation dans le rêve, du conflit, de la régression, de la fixation, du déplacement, etc. Or ce n'est pas tellement l'existence de ces phénomènes qui est en question, que précisément leur fonctionnement spécifique. Cette restriction vaut surtout pour les expériences faites sur les animaux où la question reste toujours posée de savoir à quelles conditions et dans quelle mesure les résultats obtenus sont transposables en psychologie humaine, question dont l'importance et la complexité sont bien reflétées par les récents articles de S. Levine[23] et de M.D. Ainsworth[24] sur le problème de l'effet des expériences infantiles. Mais elle vaut également pour les expériences faites sur sujets humains. Pour ne donner qu'un exemple parmi beaucoup, prenons celui de la régression étudiée dans la fameuse expérience de Barker, Dembo et Lewin[25], où les auteurs constatent une « primitivation » de la conduite suite à une « frustration ». Cette étude démontre bien l'existence du mécanisme général de la « régression du moi », mais, comme le remarque Kris[26], elle ne nous dit pas dans quelles conditions et pourquoi un individu réagira à la frustration par la régression plutôt que par l'agression ou un autre mécanisme de défense, question à laquelle il est difficile de répondre sans connaissance de l'histoire individuelle du sujet. Celle-ci relève nécessairement d'une *interprétation* au sens plein de ce terme : c'est-à-dire non seulement dans celui où l'expérimentateur en science physique « interprète » les données fournies par l'expérience, mais surtout dans celui où au cours de ce qui doit s'appeler *histoire* le sujet même déjà sans cesse s'interprète, vivant comme il le fait dans un *champ de language*.

Ces dernières perspectives introduisent d'ailleurs à de toutes autres possibilités de théorisation de la psychanalyse que celles, positivistes, dont nous avons parlé en confrontant plus haut la discipline freudienne et la psychologie générale, expérimentale : que ce soient celles qu'indique L. Binswanger dans ses divers articles inspirés d'abord de l'opposition de Dilthey entre les sciences de la nature et la science de l'esprit, et de la phénoménologie husserlienne, et puis de l'analyse existentiale de Heidegger, ou celle que J. Lacan développe actuellement en s'inspirant de l'exemple d'autres sciences humaines, telles que la linguistique ou l'ethnographie de type structuraliste. Cela repose également tout le problème d'une « validation » de la psychanalyse sur des bases différentes.

3. Le problème des effets et processus thérapeutiques

« Ce que nous pouvons dire, nous l'avons déjà dépassé. »

(Nietzsche[27].)

« Celia :

Mais même si j'arrive à sortir de la forêt,
Il me restera le souvenir inconsolable
Du trésor que j'allais y chercher,
Et que je n'ai jamais trouvé, et qui n'y était pas,
Et qui n'est nulle part, peut-être.
. . . . . »

(T.S. Eliot[28].)

La psychanalyse ne présente pas seulement une méthode d'investigation, une théorie de la personnalité et un ensemble de propositions concernant la dynamique du comportement, elle se veut aussi une méthode thérapeutique. Pour se justifier en tant que telle elle devra établir que sa méthode de traitement aboutit à des changements thérapeutiques du comportement et que ceux-ci sont dus à l'action de facteurs spécifiques expliqués par la théorie et non à des influences incontrôlables telles que des événements extérieurs intervenant dans la vie du patient, l'intervalle sans symptômes d'un trouble à évolution ou manifestation cycliques, la rémission spontanée, etc. En bref il s'agit d'établir qu'il y a des changements et qu'ils sont dus à l'analyse.

Quels sont les effets et la valeur thérapeutique de la psychanalyse ? Lorsqu'on pose cette question à des thérapeutes, ils vous disent que c'est une question complexe qui demande à être nuancée, mais que leur expérience clinique leur a montré, à côté d'un certain nombre d'échecs ou de cas peu ou moyennement améliorés, des cas où la cure psychanalytique avait abouti à des résultats tels que, dans l'ensemble, la valeur thérapeutique de la méthode leur paraissait être satisfaisante. Eventuellement ils citeront quelques chiffres tirés d'une étude statistique faite sur ce sujet. Si l'on s'adresse à un psychologue rompu aux méthodes statistiques et partisan de la « Behaviour Therapy », il se montrera au contraire beaucoup plus sceptique quant à l'efficacité thérapeutique de la psychanalyse et vous renverra pour justifier sa réserve, à une étude récente d'Eysenck[29a] dont les conclusions sont défavorables à toutes les formes de psychothérapie qui ne sont pas basées sur les principes des théories de l'apprentissage, et en particulier à la psychanalyse.

Dans son travail passant en revue un grand nombre d'articles et précieux parce que précisant quelques exigences méthodologiques et statistiques indispensables pour qu'une étude sur l'effet thérapeutique soit valable, Eysenck aboutit en effet à des conclusions surprenantes que l'on pourrait résumer comme suit : 1) Lorsque des groupes de contrôle de patients névrotiques (ou d'enfants souffrant de désordres émotionnels) sont comparés avec des groupes expérimentaux de patients névrotiques traités par psychothérapie, les deux groupes guérissent approximativement dans la même mesure; 2) « des patients névrotiques traités par des procédures psychothérapeutiques basées sur la téorie de l'apprentissage s'améliorent significativement plus vite que des patients traités par une psychothérapie psychanalytique ou éclectique, ou pas traités du tout; 3) des patients névrotiques traités par la psychothérapie psychanalytique ne s'améliorent pas plus vite que des patients traités par psychothérapie éclectique et pourraient bien s'améliorer moins rapidement lorsqu'on tient compte de la grande proportion de patients qui interrompent le traitement; 4) à la seule exception des méthodes psychothérapeutiques basées sur la théorie de l'apprentissage, les résultats des recherches publiées sur des névrosés militaires et civils, sur des adultes et des enfants, suggèrent que les effets thérapeutiques de la psychothérapie sont minces ou inexistants, et, d'aucune façon démontrable, n'ajoutent rien aux effets non spécifiques d'un traitement médical de routine ou des événements qui peuvent survenir dans l'expérience quotidienne des patients ».

Commentant ses conclusions, Eysenck note qu'après son étude antérieure sur ce sujet[29b], étude qui n'avait pas permis d'infirmer l'hypothèse d'une différence nulle entre la « guérison spontanée », l'effet d'un traitement médical de routine et celui de la psychothérapie, on pouvait penser que de meilleures méthodes de recherche aboutiraient à des résultats plus positifs. Mais, continue-t-il, les études parues depuis et particulièrement celles qui utilisent un groupe de contrôle ont été si uniformément négatives que des conclusions moins optimistes s'imposent, qui amèneraient psychiatres et psychologues à reconnaître le fait que les procédés psychothérapeutiques courants n'ont pas tenu leur promesse et devraient être remplacés, du moins provisoirement, par ceux qui sont basés sur les principes de la théorie de l'apprentissage.

Ces conséquences s'imposeraient effectivement si l'analyse attentive des données et arguments qui ont conduit à ces conclusions ne faisait surgir quelques réserves, réserves qui n'ont d'ailleurs pas échappé à l'auteur. Celui-ci n'en tient cependant pas suffisamment compte dans ses conclusions, bien qu'elles semblent essentielles et susceptibles de nuancer quelque peu ces dernières. Ces réserves découlent d'ailleurs immédiatement de l'application aux données et arguments fournis par Eysenck des exigences méthodologiques minima qu'il pose lui-même en matière d'évaluation du résultat thérapeutique. Bien qu'il ne reprenne pas directement les exigences de Zubin[30], celles-ci semblent se situer dans la ligne des siennes, et de ce fait, et surtout parce qu'elles sont vraiment essentielles, elles peuvent être retenues ici comme critère pour l'appréciation de la validité des conclusions d'Eysenck.

En matière d'évaluation de l'effet thérapeutique Zubin[30] résumé dans les termes de Cremerius[31] exige comme minimum : 1) un groupe homogène de patients, 2) un groupe de contrôle non traité, 3) une catamnèse après un laps de temps suffisant, 4) des critères spécifiques de l'effet thérapeutique. A ces quatre points nous ajouterions une remarque précisant le premier dans ce sens que l'homogénéité ne devrait pas seulement porter sur la symptomatologie, mais également sur l'étiologie, l'âge, la gravité et la durée de l'affection, l'appartenance sociologique et d'autres facteurs susceptibles de jouer un rôle dans l'évolution des troubles. Tout clinicien sait en effet que sous des sympomatologies semblables peuvent se cacher des étiologies et des structures psychopathologiques très différentes. Et lorsqu'on veut comparer l'efficacité des divers procédés thérapeutiques, il y a lieu de tenir compte du fait qu'en psychothérapie, plus encore qu'en médecine somatique, on ne traite pas des affections, mais des patients ayant des caractéristiques qui font qu'ils répondent peut-être mieux à un type de traitement qu'à un autre, et que le thérapeute, de son côté, n'est pas une variable simple se définissant par l'appartenance à telle école, mais que son action est également fonction de caractéristiques autres telles que, par exemple, son « expérience clinique ».*

---

* Les travaux de F.E. Fiedler[32] par exemple semblent indiquer qu'en ce qui concerne la relation thérapeute-patient, les différences entre thérapeutes expérimentés de trois écoles différentes

Lorsqu'on examine le travail d'Eysenck à la lumière de ces exigences, on voit que les groupes comparés ne sont pas comparables, l'homogénéité des groupes et la similitude des critères étant loin d'être garanties et les catamnèses de valeur peu comparable.

De ce fait les conclusions tirées de ces comparaisons (différence nulle entre l'effet d'une psychothérapie éclectique ou d'une psychanalyse et celui d'un traitement médical de routine ou la « rémission spontanée »; différences d'efficience thérapeutique entre différentes méthodes de traitement) ne peuvent avoir que la valeur d'hypothèses qui restent à vérifier par des travaux futurs plus adéquats. Mais il reste que si ces hypothèses ne sont pas confirmées par son travail, elles ne sont pas non plus infirmées par d'autres travaux, et qu'Eysenck a soulevé des problèmes d'importance capitale qui sont trop souvent considérés comme résolus.

Cet échec des travaux publiés jusqu'à présent à établir statistiquement la supériorité de l'effet psychothérapeutique sur la « guérison spontanée » implique-t-il l'inefficacité et l'inutilité de la psychothérapie et de la psychanalyse ? Aucunement. Car le phénomène de « guérison spontanée » des troubles névrotiques est encore trop peu connu ni cerné d'assez près, et les critères de changement thérapeutique trop peu précisés pour permettre des comparaisons valables[*]. Les effets d'une psychanalyse ne sont certainement pas entièrement saisis par les critères thérapeutiques tels qu'on les a formulés jusqu'à présent, mais les débordent. Puis on peut se demander dans quelle mesure des améliorations cliniques réelles ont pu trouver une expression et un traitement statistiques adéquats, et

---

(adlérienne, non directive et psychanalytique) sont moins grandes que celles entre « experts » et « non-experts » d'une même école. Les travaux de H.H. Strupp aboutissent à des résultats similaires.
[*] Au sujet de l'amélioration thérapeutique cf. Cremerius[31] et Malan[15].

se demander aussi si des méthodes plus subtiles ne permettraient pas de les objectiver et, finalement, si l'effet
thérapeutique d'une psychanalyse qui ne porte pas seulement sur des symptômes, mais également sur « l'existence » entendue comme réalisation de possibilités d'être
du patient est entièrement objectivable. Il faut bien admettre que non, mais il faut admettre aussi que la clinique
et la psychothérapie, en tant que sciences empiriques,
exigent de pousser aussi loin que possible cette objecti-
vation de l'effet thérapeutique. En ce qui concerne la
« guérison spontanée » il faut remarquer encore la plus
étroite interdépendance, en médecine somatique comme
en psychothérapie, entre la tendance à la « guérison
spontanée » et l'acte thérapeutique, en ce sens que ce
dernier n'est efficace que dans la mesure où il déclenche
ou renforce la tendance de l'organisme à la « guérison
spontanée » qui elle non plus n'est pas une variable simple et totalement indépendante. Avant que les phénomènes de la « guérison spontanée », de la substitution, du
changement et de la suppression des symptômes ne soient
mieux connus, il est incorrect de conclure de l'approxima-
tive égalité des pourcentages de ce qu'on appelle la
« guérison spontanée » et de l'effet psychothérapeutique
à l'inefficacité thérapeutique de la psychothérapie. Une
autre question qui reste ouverte est aussi de savoir si
l'effet de la psychothérapie n'est pas d'accélérer le processus de « guérison spontanée », comme certaines thérapeutiques antidépressives accélèrent la rémission d'une
dépression qui se serait de toute façon améliorée après un
certain temps et de pousser la « guérison » à un degré
auquel elle ne serait peut-être pas parvenue « spontanément ».

Ces réflexions faites, il reste à expliquer la constatation d'Eysenck, confirmée par d'autres auteurs, que le
succès thérapeutique immédiat sous forme de « guérison » ou d'« amélioration » est sensiblement le même
quels que soient la méthode et les symptômes névrotiques

traités, et de l'ordre de deux tiers. Cremerius[81] à qui l'on doit une étude remarquable tant par sa richesse clinique que par la rigueur avec laquelle il pose le problème de l'effet thérapeutique, propose trois interprétations. Selon la première, les symptômes névrotiques seraient des parties tellement mobiles d'un trouble fondamental sous-jacent que les interventions les plus diverses pourraient entraîner leur disparition ou leur amélioration, sans que cela implique nécessairement une guérison du trouble fondamental. Cette hypothèse pourrait s'appuyer sur la constatation de la variabilité spontanée et l'influençabilité des troubles névrotiques par des mesures non médicales telles que des voyages, des changements de situation, impositions des mains, régimes, pratiques dévotes. Une seconde interprétation est celle d'Eysenck selon laquelle le pourcentage de succès thérapeutiques s'expliquerait par la « guérison spontanée ». Certains travaux cliniques sur l'évolution spontanée des névroses confirment cette hypothèse, d'autres, surtout ceux qui portent sur l'effet thérapeutique à long terme et sur des névroses à symptomatologie corporelle, l'infirment au contraire (Cremerius[81]). Il est à remarquer que, selon la théorie psychanalytique, et aussi, nous semble-t-il, selon les théories de l'apprentissage, la « guérison spontanée » des troubles psychonévrotiques est peu probable, que les travaux sur lesquels Eysenck appuie son hypothèse ne sont pas très rigoureux au point de vue méthodologique, mais que le problème qu'il soulève est d'une grande importance et devrait être approfondi non seulement sur le plan théorique, mais surtout par des recherches empiriques rigoureuses dont on peut se représenter les énormes difficultés. La troisième interprétation de cette constatation que les procédés thérapeutiques les plus divers atteignent tous à un pourcentage sensiblement égal de guérisons reposerait sur la considération que ce résultat ne serait pas dû à un facteur spécifique propre à chaque procédé, mais à un ou des facteurs qui à travers leurs différences leur seraient communs. En médecine somatique Jores* trouve par exemple, en ce qui concerne le traitement de l'ulcère et des troubles gastriques, 315 procédés thérapeutiques différents et il montre qu'à côté des différences, ils présentent tous quelques caractéristiques communes peu nombreuses. En psychologie, c'est P.R. Hofstätter[33a] qui a récemment insisté sur la conception selon laquelle l'effet thérapeutique des différentes méthodes de traitement serait dû à un petit nombre de facteurs communs plutôt qu'aux facteurs spécifiques postulés par les différentes écoles. Parmi ces facteurs communs on trouverait entre autres : le fait de briser l'isolement du patient, la croyance (du thérapeute et du patient) à la réversibilité des troubles névrotiques, la croyance à l'efficacité de la méthode appliquée, la restructuration de soi à travers l'entretien thérapeutique (« interprétatif » ou « non directif »). Cela nous conduit à envisager le deuxième point mentionné au début de ce paragraphe : le problème de la nature du processus thérapeutique et celui de la démonstration du *propter hoc* du changement survenu en cours et à la suite d'une psychothérapie.

Jusqu'à présent le problème de la nature du processus thérapeutique a surtout été abordé par des descriptions du but thérapeutique, des études décrivant les changements constatés en cours ou après la thérapie et, plus récemment, par des études faisant des hypothèses précises concernant la dynamique conflictuelle et les mécanismes supposés être en jeu lors de la résolution du conflit.

Les descriptions du but thérapeutique (rendre l'inconscient conscient, rétablir les relations humaines et sociales, rééducation à la communication, etc.) sont souvent prises pour des explications du processus thérapeutique alors qu'en fait elle ne décrivent que le but de la thérapie et non les moyens et mécanismes par lesquels ce but est atteint. Dire ainsi que la psychanalyse rend l'inconscient

---

* Cité par Cremerius.

conscient ne fait que poser le problème du comment, les problèmes du transfert, de la résistance et de l'*insight*.

Les nombreux travaux décrivant les changements survenus pendant ou après une psychothérapie (analyse par des techniques bien établies, de la conduite verbale, des interactions thérapeute-patient) ont le grand mérite d'expliciter et de préciser un certain nombre de phénomènes se produisant à l'occasion d'une psychothérapie. Ce qui manque cependant à ces études, au point de vue qui nous intéresse ici, c'est qu'elles mettent bien en évidence des interactions et des changements mais ne montrent pas si et de quelle manière ceux-ci sont des agents thérapeutiques.

La comparaison statistique n'étant pas encore applicable à cause de la difficulté de constituer des groupes homogènes comparables, le seul procédé actuellement utilisable pour établir qu'une amélioration est bien due à la méthode thérapeutique employée ou à tel ou tel facteur considéré comme agent thérapeutique est l'analyse qualitative du processus thérapeutique. Cela n'exige pas seulement un modèle décrivant les processus de formation et de résolution des « névroses », mais aussi et surtout la description explicite des opérations spécifiques supposées avoir donné lieu au changement thérapeutique et de critères permettant de juger dans quelle mesure ce dernier peut ou ne peut pas être expliqué par une hypothèse alternative. Les deux seuls modèles quelque peu satisfaisants à ce point de vue sont le modèle psychanalytique et le modèle de la Behaviour Therapy.

Selon le modèle général que propose la psychanalyse pour l'explication de la conduite psychonévrotique, celle-ci est le résultat de l'élaboration d'un conflit pulsionnel inconscient plongeant ses racines dans l'enfance et donnant lieu aux symptômes qui sont une solution de compromis réalisant à la fois la défense contre cette pulsion, la satisfaction de la pulsion et la punition pour cette satisfaction. Devant le danger que présente la satisfac-

tion de la pulsion, le névrosé la « refoule » dans l'inconscient en l'ignorant ou en la méconnaissant, manœuvres
qui n'anéantissent cependant pas cette pulsion qui « continue à chercher une issue » et la trouve dans le symptôme
où le conflit trouve une solution cependant inadéquate.
Dans ce modèle le symptôme est conçu comme étant le
résultat d'un refoulement et déterminé par les mécanismes
de défense et, surtout, comme n'ayant pas d'existence
propre, mais étant la manifestation relativement périphérique d'un conflit sous-jacent inconscient. Le traitement
consistera donc à faire prendre conscience au patient de
la pulsion refoulée et à l'amener à l'intégrer dans son
psychisme. Cette prise de conscience et cette intégration
des pulsions refoulées se réalisent dans la situation analytique grâce au transfert où la dynamique conflictuelle
resurgit et peut être amenée à l'affrontement et l'élaboration consciente rendus possibles par l'interprétation. On
ne saurait cependant pas assez insister sur le fait qu'à
travers le transfert et l'interprétation le conflit ne se
résout pas quasi automatiquement et mécaniquement par
le surgissement de ce qui a été refoulé. Le transfert et
l'interprétation confrontent le sujet avec une décision
personnelle à prendre et l'éclairent dans sa réalisation
qui n'aboutit pas à la suppression de tout problème mais
les formule en les articulant. Sans résolution du conflit
sous-jacent il n'y a pas, pour la psychanalyse de « guérison » de la névrose, mais seulement une amélioration
symptomatique fortement menacée de rechute.

Pour qu'il prouve valablement qu'un changement comportemental est dû à l'intervention analytique, ce modèle
général est cependant insuffisant et doit être complété
dans le sens de la spécification, pour un cas clinique
particulier, des changements et interventions thérapeutiques et de leur articulation. Cela peut être fait a posteriori
par l'analyse, en termes de clinique psychanalytique, du
déroulement d'une cure. Ce procédé classique et habituel
ayant été trouvé discutable pour les raisons que nous

avons mentionnées précédemment, on a commencé à formuler dès avant le traitement pour chaque patient une hypothèse psychodynamique, en accordant une attention particulière moins à la symptomatologie qu'à l'étiologie du trouble et à la description du processus conduisant à la résolution, et des interventions thérapeutiques qui y mènent. En l'état actuel de la psychanalyse, c'est surtout cette dernière tâche de description, en termes de conduites directement observables, des processus de résolution du conflit et d'intervention thérapeutique, qui fait problème. En précisant à l'avance à quelles conditions et dans quelle mesure un changement prévu peut être considéré comme thérapeutique et surtout en déterminant des critères permettant d'exclure la possibilité d'action, de facteurs autres que ceux postulés par l'hypothèse (détermination jusqu'à présent impossible dans beaucoup de cas), on peut montrer qu'il s'agit effectivement d'une amélioration thérapeutique et non d'un simple changement de la symptomatologie et qu'elle est due aux agents postulés (restructuration suite à l'interprétation plutôt qu'à la suggestion, par exemple).

Les processus que fait intervenir le modèle psychanalytique (transfert, résistance, interprétation, élaboration du conflit, etc.) peuvent dans une certaine mesure, être interprétés en termes de théorie de l'apprentissage tels que généralisation, discrimination, gradient d'approche et d'évitement, comme l'ont montré, entre autres, Dollard Miller[8], et P.R. Hofstätter[33b].

Le second modèle décrivant le processus de formation et de résolution des « troubles névrotiques » est celui de la Behaviour Therapy, adopté par Eysenck[34] et ses disciples. Comme on le verra, il ne s'agit pas ici d'une traduction en termes de théorie d'apprentissage du modèle psychanalytique, mais d'une conception très différente des troubles névrotiques et de leur traitement.

Pour la Behaviour Therapy la conduite névrotique n'est pas déterminée par un conflit inconscient dont les symptômes seraient la manifestation. Les symptômes ne renvoient pas à un conflit sous-jacent, mais constituent la névrose elle-même et sont considérés comme des habitudes apprises et inadaptées dont la forme n'est pas déterminée par l'histoire personnelle et les mécanismes de défense du moi, mais par des événements accidentels et des différences individuelles dans l'aptitude à la formation de réponses conditionnelles. Le traitement consistera donc à désapprendre les habitudes inadaptées que sont les symptômes, et à les remplacer par des habitudes plus adéquates. Le symptôme disparu, la névrose est guérie. Le traitement ne recourt donc ni au transfert ni à l'interprétation au sens psychanalytique, mais s'opère selon les principes régissant la formation et le déconditionnement des réponses conditionnées et des habitudes.

Le grand avantage de ce modèle est d'avoir donné lieu à des formulations en termes de conduite directement observables et expérimentalement vérifiables, comme en témoignent les descriptions des différentes procédures d'application à des cas cliniques que l'on peut trouver dans l'ouvrage de Wolpe[85] et celui édité par Eysenck[84]. Cela ne doit cependant pas faire oublier qu'étant appliquées dans une situation interhumaine ou « sociale » : la situation thérapeutique, l'effet thérapeutique de ces procédures peut, dans certains cas, être déterminé par cette situation et ne pas s'expliquer uniquement par les mécanismes invoqués par Eysenck et Wolpe. Mise à part la discussion à laquelle pourrait prêter la position théorique de la Behaviour Therapy, la question à laquelle les travaux faits dans cette perspective ne nous semblent pas avoir répondu de façon convaincante, est de savoir dans quelle mesure les procédés invoqués par ce modèle ne conviennent pas seulement pour le traitement des névroses « fonctionnelles », mais s'appliquent également aux « psychonévroses » et les améliorent par un mécanisme autre que celui de la persuasion et suggestion. La question reste ouverte et devra être abordée par des études de cas comparables traités par les deux méthodes (psychanalytique et conditionnement), cas soigneusement analysés et suivis dans leur évolution postthérapeutique. Pour beaucoup de cas de névroses « fonctionnelles », cependant, ce modèle paraît s'être montré adéquat.

Pour terminer ces quelques considérations sur le problème de l'effet et du processus psychothérapeutiques nous voudrions non seulement souligner que les travaux existants ne permettent pas de conclure à l'inefficacité *thérapeutique* de la psychothérapie et de la psychanalyse, mais encore remarquer avec J.H. Dijkhuis et W.J.P. Isarin[36] que ce n'est pas seulement dans le domaine de la psychothérapie, mais dans celui, plus général, des relations interhumaines en psychologie et en psychiatrie, que jusqu'à présent la recherche scientifique a formulé les problèmes d'une façon très unilatérale et qui néglige la richesse qualitative des relations humaines.

Au cours de ces pages nous avons entrevu le problème du général et de l'individuel, celui du réel, de l'imaginaire et du symbolique, la difficulté que rencontre la science à saisir la personne, et nous aimerions conclure par la parole du poète qui, entre tous, nous dit de la façon la plus aiguë, ce dont il s'agit, Hölderlin :

« Le feu divin travaille également, de jour comme de nuit,
A rompre la contrainte. Viens donc ! que nous contemplions l'ouvert,
Que nous allions, et si loin soit le lieu, chercher notre bien propre.
Assurément, reste ceci : soit qu'on s'approche de midi, soit qu'on s'avance
Jusque dans la mi-nuit, toujours existe une mesure
Commune à tous, mais à chacun aussi échoit ce bien particulier
Vers lequel il s'avance et dont chacun s'approche autant qu'il peut... »[37].

NOTES

INTRODUCTION

[1] G.W., XIV, pp. 97-100; *Die Widerstände gegen die Psychoanalyse.*
[2] Cf. G. BACHELARD, *Les intuitions atomistiques*, Paris, 1933, *La formation de l'esprit scientifique*, Paris, 1947.
[3] G.W., V, pp. 27-145; G.W., V, pp. 160-286.
[4] Cf. également L. BINSWANGER, *Erinnerungen an Sigmund Freud*, pp. 38-41.
[5] G.W., VI.
[6] G. BACHELARD, *La formation de l'esprit scientifique*, Paris, 1947, pp. 13-19.

PREMIERE PARTIE

[1] G.W., I, p. 252.
[2] G.W., I, p. 255.
[3] G.W., I, p. 265.
[4] G.W., I, p. 87.
[5] G.W., I, p. 268.
[6] G.W., I, p. 269.
[7] J. LACAN, in : *La Psychanalyse*, N° 6, P.U.F., p. 159.
[8] Ibid., p. 131.
[9] G.W., I, p. 272.
[10] G.W., I, pp. 279-280.
[11] Cf. aussi J. LACAN, in : *La Psychanalyse*, N° 2, P.U.F., *L'instance de la lettre dans l'inconscient*, pp. 64-68.
[12] G.W., I, p. 302.
[13] G.W., X, *Das Unbewusste*, pp. 264-305.
[14] G.W., I, p. 250.
[15] G.W., I, p. 251, note.
[16] Ibid.
[17] G.W., VII, p. 411.
[18] G.W., I, p. 281.
[19] G.W., I, p. 283.
[20] G.W., I, p. 283.

21 G.W., I, p. 285 - « Man wirkt, so gut man kann, als Aufklärer, wo die Ignoranz eine Scheu erzeugt hat, als Lehrer, als Vertreter einer freieren oder überlegenen Weltauffassung, als Beichthörer, der durch die Fortdauer seiner Teilnahme und seiner Achtung nach abgelegtem Geständnisse gleichsam Absolution erteilt, man sucht dem Kranken menschlich etwas zu leisten, soweit der Umfang der eigenen Persönlichkeit und das Mass von Sympathie, das man für den betreffenden Fall Aufbringen kann, dies gestatten. »
22 G.W., I, p. 307.
23 G.W., I. p. 308.
24 G.W., I, p. 309.
25 G. BALLY, Einführung in die Psychoanalyse Freuds, Ro-Ro-Ro, p. 27.
26 G.W., I, p. 309.
27 G.W., I, p. 309.
28 G.W., I, p. 303.
29 G.W., I, p. 301.
30 G.W., I, p. 294.
31 L'Inconscient, in : Temps Modernes, juillet 1901, p. 87, note.
32 J. LACAN, in : La Psychanalyse, N° 1, p. 104.
33 G.W., I, pp. 377-403.
34 G.W., I, p. 387.
35 G.W., I, p. 498.
36 G.W., I, p. 525.
37 G.W., I, p. 551.
38 G.W., I, p. 546.
39 G.W., I, p. 525 - « ... das Redressement der Verdrängungen und Verschiebungen... »
40 G.W., V, p. 7.
41 Ibid.
42 Ibid.
43 G.W., V, p. 26.
44 G.W., vol. II-III, et vol. IV.
45 G.W., XIV, p. 59.
46 G.W., II-III, pp. 344-355; Die Rücksicht auf Darstelbarkeit.
47 G.W., V, p. 152.
48 G.W., V, p. 154.
49 G.W., V, p. 156.
50 Ibid.
51 G.W., V. p. 157.
52 G.W., V, p. 158.
53 G.W., V, p. 169.
54 R. FLACELIÈRE, L'amour en Grèce, Hachette, 1960, p. 26.
55 G.W., II-III, p. X.
56 In : L'Auto-Analyse : Didier Anzieu, P.U.F., 1959, pp. 45-46.
57 Aus den Anfängen der Psychoanalyse, Imago Publishing, p. 182.

57bis *Freud and the 20th Century*, Meridian Books, New York, p. 88.

58 G.W., II-III. pp. 267 et suiv.

59 Cl. LEVY-STRAUSS, *Anthropologie structurale*. Plon, p. 326.

60 G.W., XVII, p. 89.

61 G. BALLY, op. cit., pp. 131-132.

62 Ibid., p. 86.

62bis G.W., XIV, p. 281.

63 A.J. WESTERMAN-HOLSTIJN, *Hoofdstukken uit de Psycho-analyse*, Ed. Bijleveld, p. 81.

64 *Aus den Anfängen der Psychoanalyse*, Imago Publishing, p. 187.

65 J. LACAN, in : *La Psychanalyse*, N° 1, P.U.F., pp. 93 et suiv.

66 G.W., XII, p. 190.

67 G.W., XIV, pp. 111-207.

68 G.W., XIII, p. 225.

69 G.W., X, *Die Verdrängung*, pp. 248-263.

70 G.W., XIII, p. 241.

71 G.W., XVII, p. 60.

72 G.W., VI, p. 127.

73 Cf. J. LACAN, in : *La Psychanalyse*, N° 6, *La direction de la cure et les principes de son pouvoir*.

74 *Revue française de Psychanalyse*, tome XVI, 1952, N° 1-2.

75 G.W., XVII, p. 101.

76 G.W., XVII, p. 100.

77 G.W., VIII, p. 475.

78 Ibidem.

79 *Bulletin de la Société Française de Philosophie*, 51e année, N° 2, 1957, Ed. A. Collin, p. 73.

80 G.W., XVI. *Konstruktionen in der Analyse*, pp. 41-56.

81 G.W., VIII, p. 473.

82 G.W., VIII, p. 454.

83 G.W., XVI, p. 99.

84 G.W., XVI, p. 99.

85 SOPHOCLE : *Œdipe à Colone*, 393,
 Ὅτ' οὐκέτ' εἰμί, τηνικαῦτ' ἄρ' εἴμ' ἀνήρ ;

86 *Trois essais sur la théorie de la sexualité*, 1962, p. 18; G.W., V. 44.

87 *Cinq psychanalyses*, 325 - 420; G.W., XII, 29 - 157.

88 G.W. X, 161 (Narcissisme).

89 G.W., X, 435 (Deuil et Mélancolie).

90 G.W. XV, p. 77.

91 G.W., XIII, p. 244.

92 « Formations » est employé ici dans le sens que lui donne J. Lacan dans son enseignement.

93 G.W., XI, p. 304.

94 M. MAUSS. *Sociologie et anthropologie,* Introduction par Cl. Lévy-Strauss, Paris, 1950 P.U.F.. p. xxx.

95 M. ELIADE, *Aspects du mythe,* Paris, 1963, Ed. Gallimard, pp. 97-98, note 1.

96 J. LAPLANCHE et S. LECLAIRE, *op. cit.,* p. 88.

97 G.W., X, p. 285.

98 Ibidem.

99 Ibid.

100 Ibid.

101 G.W., X, p. 250.

102 G.W., X, p. 280.

103 G.W., XV, p. 86.

104 L. BINSWANGER, *Erinnerungen an Sigmund Freud,* Francke Bern, 1956, p. 98.

105 Marthe ROBERT, *La Révolution Psychanalytique,* 2 vol., Ed. Payot, Paris, 1964.

106 G.W., V.

107 G.W., p. 33.

108 D. LAGACHE, *La Psychanalyse,* Coll. « Que sais-je », Paris, P.U.F., p. 26.

109 *L'inconscient,* in : *Temps Modernes,* juillet 1960, pp. 102-103.

110 Ibidem, p. 102.

111 Ibid., p. 106.

112 G.W., VIII, II *(Cinq leçons sur la Psychanalyse).*

113 G.W., VII, 196.

114 G.W., V, 200.

115 Jacques LACAN, *Fonction et champ de la parole et du langage en psychanalyse,* dans : *La Psychanalyse,* vol. I, 1956, p. 113.

116 G.W., II - III, 104, 283; *La science des rêves,* pp. 76, 207.

117 G.W., II - III, 246, 365; XI, 152; *La science des rêves,* pp. 181-182, 267.

118 G.G. JUNG, *Psychologie et religion,* 1958, p. 49.

119 G.W., V, 163 - 286; *Cinq psychanalyses,* I-91.

120 G.W., II - III, 104; *La science des rêves,* p. 76.

121 J. LACAN, *Fonction...,* pp. 153-55.

Nous avons également utilisé, pour les paragraphes, sur le moi et le symbole :

Textes de Freud :

— 1914 : *Contribution à l'histoire du mouvement psychanalytique.*

— 1914 : *Pour introduire le narcissisme.*

— 1914 : *Métapsychologie.*

— 1916-1917 : *Conférences d'introduction à la psychanalyse.*

— 1920 : *Psychologie collective et analyse du moi.*

— 1923 : *Le moi et le ça.*

En outre :

— J.H. PHILLIPS, *Psychanalyse und Symbolik,* Bern - Stuttgart, 1962.
— E. JONES, *The Theory of Symbolism,* dans : *British Journal of Psychology,* vol. IX, 1916, pp. 181-229; repris dans : *Papers on Psychoanalysis.*
— J. LACAN, *Fonction et champ de la parole et du langage en psychanalyse,* dans : *La Psychanalyse,* I, 1956, pp. 91-166. *A la mémoire d'Ernest Jones : Sur la Théorie du Symbolisme,* dans : *La Psychanalyse,* V, 1959, pp. I-20.

DEUXIEME PARTIE

[1] G.W., XI, p. 439.
[2] G.W., XIII, pp. 361-369.
[3] G. BALLY, *Einführung in die Psychoanalyse Freuds,* Rororo-aschenbuch, p. 214.
[4] J. LACAN, in : *Revue Française de Psychanalyse,* Tome XVI, p. 155.
[5] H.G. RÜMKE, *Studies en Voordrachten over Psychiatrie,* Amsterdam, 1943, p. 19.
[6] Ibidem, p. 23.
[7] Ibid.
[8] H. EY, *Le problème de la psychogénèse de la névrose et de la psychose,* p. 20.
[9] LIEPMANN, *Wernickes Einfluss auf die Klinische Psychiatrie,* in : Monatschrift f. d. ges. Psych. und Neurol., Bd. 30, 1911, cité par L. Binswanger : Ausgewählte Vorträge und Aufsätze, Bd. 1, p. 50, Ed. Francke Bern.
[10] L. BINSWANGER, *Erinnerungen an Sigmund Freud,* p. 49.
[11] A.A. FISCHER, *Nosologisch Denken in de Psychiatrie,* Utrecht 1963, p. 148, etc.
[12] Ibidem.
[13] V. von Weiszäcker, *Studien zur Pathogenese,* p. 9, etc.
[14] La Psychanalyse n° 4, *Les Psychoses,* P.U.F., 1958, p. 268.
[15] J. LACAN, in : La Psychanalyse n° 6, p. 185.
[16] M. MERLEAU-PONTY, *La phénoménologie de la perception.* Introduction.
[17] K. JASPERS, *Psychopathologie générale,* Alcan, p. 47.
[18] E. MINKOWSKI, *Le Temps Vécu,* Paris, 1933. p. 375.
[19] L. BINSWANGER, cf. 9.
[20] Ibidem, p. 52.
[21] G.W., XVI, p. 69.
[22] G.W., I, p. 74.

23 A. AICHORN, *Verwahrloste Jugend*, 1° ed. 1925.
24 Anna FREUD, *The Psychoanalytical Treatment of Children*, Imago Publishing.
25 Melanie KLEIN, *Die Psychoanalyse des Kindes*, Wien 1932.
26 E. GLOVER, *The Technique of Psychoanalysis*, N.Y. International University Press, 1955, p. 185.
27 K. BIRNBAUM, *Der Aufbau der Psychose*, Springer, 1924, pp. 6-7.
28 G.W., I, p. 515, où il est question de « eingeschaltete Manie oder Melancolie ».
29 G.W., XVI, p. 66.
30 G.W., XIII, pp. 361-369.
31 BONHOEFFER, *Die Symptomatische Psychosen in Gefolge von Akuten Infektionen und Inneren Krankheiten*, 1911.
32 G.W., XIII, p. 363.
33 G.W., XIII, p. 365.
34 G.W., XIII, p. 367.
35 G.W., I, p. 387.
36 G.W., XIII, p. 363-364.
37 Ibid.
38 Ibid.
39 G.W., XI, p. 465, « ... damit wir unsres Leben danach einrichten können. »
40 A.J. WESTERMAN HOLSTIJN, *Grondbegrip der Psychoanalyse*, Bijleveld, p. 209.

TROISIEME PARTIE

1 Voir surtout : G.W., XV, 170 ss.; *Nouvelles Conférences sur la Psychanalyse*, 7ᵉ conférence, p. 215 ss.
2 E. JONES, *Sigmund Freud, Life and Work*, I, p. 31 ss.
   — *Aus den Anfängen*, p. 151, p. 173; trad. : *La naissance de la psychanalyse*, p. 125, p. 143.
3 S. MOSCOVICI, *La Psychanalyse, son image et son public*, Paris, 1961, pp. 528 - 590.
4 G.W., XIV, 123.
5 G.W., XIV, 377, *L'Avenir d'une Illusion*, p. 145.
6 G.W., XV, 84.
7 G.W., XIV, 288.
8 G. POLITZER, *Critique des fondements de la psychologie*, Paris, 1928, p. 78.
9 G.W., XI, 55; *Introduction à la Psychanalyse*, p. 10.
10 G.W., VII, 381 ss.; *Cinq psychanalyses*, le cas de « L'homme aux rats ».

[11] Selon Freud ces théories philosophiques ou psychologiques ne proposent jusqu'ici rien d'utile pour éclaircir le sens des expériences de plaisir ou de déplaisir; voir : G.W., XIII, 3; *Essais de Psychanalyse*, pp. 12-13.

[12] MERLEAU-PONTY, *Signes*, p. 294.

[13] G.W., II-III, 324; *Science des rêves*, p. 238.

[14] G.W., XII, 128; *Cinq Psychanalyses*, p. 397.

[15] J. LACAN, *Fonction et champ de la parole et du langage en psychanalyse*, dans : *La Psychanalyse*, vol. I, Paris, 1956, p. 138.

[16] G.W., II-III, 493; *Science des rêves*, p. 437.

[17] J. LACAN, art. cit., p. 145.

[18] G.W., II-III, 618; *Science des rêves*, p. 499.

[19] G.W., XIII, 280 (souligné par nous).

[20] G.W., VIII, 211; *Un souvenir d'enfance de Léonard de Vinci*, pp. 215-216.

[21] *Der Wille zur Macht*, XV, p. 317; trad. : *La volonté de puissance*, 1909, vol. II, p. 74.

[22] G.W., XIII, 12; *Essais de Psychanalyse*, p. 14.

[23] G.W., XV, 84.

[24] *Menschliches - Allzumenschliches*, IX, 392.

[25] G.W., XV, 101-102; *Nouvelles Conférences sur la Psychanalyse*, pp. 130-131 (notre traduction, souligné par nous).

[26] G.W., I, 272; XIV, 456; XVI, 168; *Moïse et le Monothéisme*, p. 100.
— Au Chap. III nous verrons que les considérations sur la culture apportent des nuances à ce sujet de toute finalité supérieure.

[27] G.W., VII, 205.

[28] G.W., X, 68.

[29] *La structure de l'organisme*, 1951, p. 266 ss.

[30] Voir J. LACAN, *Fonction et champ de la parole et du langage en psychanalyse*, dans : *La Psychanalyse*, t. I, p. 146; voir également :
A. DE WAELHENS, *La philosophie et les expériences naturelles*, pp. 196, 122 ss.

[31] G.W., XIV, 456, 481, 499.

[32] G.W., IX, 188; *Totem et Tabou*, p. 215.

[33] G.W., VIII, 79-80, 82.

[34] *Passim* dans l'œuvre de Freud; citons seulement un texte qui répond à Jung : G.W., X, 143-144.

[35] Voir R. KUHN, *Daseinsanalytische Studie über die Bedeutung von Grenzen im Wahn*, dans *Monatschrift für Psychiatrie und Neurologie*, 124 (1952), pp. 354-383.

[36] G.W., VII, 450-451; *Cinq Psychanalyses (L'homme aux rats)*, p. 252.

[37] G.W., X, 140-141.

[38] *Passim;* e.a. : G.W., VIII, 235, 323-324.
[39] G.W., XVI, 173.
[40] G.W., II, 312.
[41] G.W., VIII, 58; XI, 16.
[42] G.W., V, 100.
[43] G.W., XIII, 44.
[44] *Aus den Anfängen der Psychoanalyse,* p. 112; trad. fr. *La naissance de la Psychanalyse,* p. 101.
[45] Affirmé dès le début : G.W., I, 269.
[46] A. HESNARD, *L'univers morbide de la faute,* p. 15.
[47] G.W., VIII, 380-381; X, 365.
[48] *Du côté de chez Swann,* 1919. vol. I, p. 39.
[49] Pp. 232-236.
[50] L. BINSWANGER, *Erinnerungen an S. Freud, p. 98* (souligné par nous).
[51] G.W., XIV, 492-493.
[52] G.W., VII, 145.
[53] G.W., VII, 155.
[54] G.W., VIII, 209; *Un souvenir d'enfance de Léonard de Vinci,* p. 212.
[55] G.W., XVI, 194; *Moïse...,* p. 134.
[56] G.W., XVI, 240; *Moïse..., p. 196.*
[57] FREUD-PFISTER, *Briefe,* 1909-1939, p. 12. Nous reproduisons la traduction de MARTHE ROBERT, *La révolution psychanalytique,* II, pp. 23-24.
[58] G.W., XIV, 431-432.
[59] G.W., XIV, 352-353; *L'Avenir d'une illusion,* pp. 79-80.
[60] G.W., XIV, 223; *Moïse...,* p. 174.
[61] G.W., XIV, 168-169; *Moïse...,* p. 100.
[62] G.W., XIV, 236-237; *Moïse...,* pp. 192-193.
[63] Ibid.
[64] G.W., XIV, 421 ss.
[65] W. JAMES, *L'expérience religieuse;* A. WESTERMAN-HOLSTIJN, *Hoofdstukken uit de psychoanalyse,* pp. 155-167.
[66] G.W., XVII, p. 152; notice écrite le 22 août 1938.
[67] Voir H. et KR. SCHJELDERUP, *Ueber drei Haupttypen der religiösen Erlebnisformen und ihre psychologische Grundlage,* 1932. Voir aussi les travaux de O. PFISTER.
[68] Sur le rapport entre civilisation, langage et paternité, voir G.W., VII, 449-450; *Cinq psychanalyses,* pp. 250-251; G.W., XVI, 220-221; *Moïse...,* pp. 170-171.
[69] G.W., XVI, 236-237; *Moïse...,* p. 192.
[70] G.W., XIV, 330, 332; *L'Avenir...,* pp. 21, 24 ss.
[71] D'abord Freud refuse de se prononcer sur l'expérience marxiste : G.W., XIV, 330; *Avenir...,* p. 22. Ensuite il dénonce dans le communisme « l'illusion effrénée » : G.W., XIV, 473.

M. BROWN, *Life against Death,* 1959, a bien montré que les deux visions de l'homme sont irréconciliables.

72 G.W., XIII, 317; *Essais de psychanalyse appliquée (Une névrose démoniaque au XVII° siècle),* p. 213.

73 Voir GOLDSTEIN, *La structure de l'organisme,* 1951.

74 Voir *L'Univers morbide de la faute,* 1949, et *Morale sans péché,* 1954.

75 G.W., XVI, 215-216; *Moïse...,* p. 165.

76 G.W., XVI, 221; *Moïse...,* p. 172.

77 G.W., VII. 129-139; trad. française en annexe à *L'Avenir d'une illusion.*

78 G.W., VII, 132; *L'Avenir... (Actes obsédants),* p. 164.

79 G.W., XIII, 381-382.

80 G.W., VIII et XII; *Cinq psychanalyses.*

81 G.W., IX, 183 ss.; *Totem et Tabou,* p. 221 ss.; XVI, 237 ss.; *Moïse...,* p. 193 ss.

82 G.W., XVI, 186-187; *Moïse...,* pp. 124-125.

83 G.W.,IX, 171-172; *Totem et Tabou,* pp. 195-197.

84 A.L. KROEBER, *Totem and Taboo in Retrospect,* dans *American Journal of Sociology,* XLV (1939), pp. 446-451.

85 CL. LEVI-STRAUSS, *Les structures élémentaires de la parenté,* 1949, p. 609.

QUATRIEME PARTIE

1 HOFMANNSTHAL, H., *V. Wege und Begegnungen.*

2 BLUM, G.S., *Les théories psychanalytiques de la personnalité,* traduction française, Paris, 1955.

3 DOLLARD J. and MILLER, N.E., *Personality and Psychotherapy : an Analysis in Terms of Learning, Thinking, and Culture,* New York, 1950.

4 MOWRER, O.H., *Learning Theory and Personality Dynamics,* New York, 1950.

5 EYSENCK, H.J. :
 a) *Les dimensions de la personnalité,* traduction française, Paris, 1950;
 b) *The Dynamics of Anxiety and Hysteria, An Experimental Application of Modern Learning Theory to Psychiatry,* London, 1957.

6 MILLER, N.E., in Psychology, *A Study of a Science,* Vol. 2, Ed. by S. Koch, New York, 1959.

7 LACAN J., *Fonction et champs de la parole et du langage en psychanalyse,* in La Psychanalyse, I, Paris, 1956.

8 RAPAPORT, D., Book Review : J. DOLLARD and N.E. MIL-
LER, « Personality and Psychotherapy : An Analysis in Terms of
Learning, Thinking and Culture. » Amer. J. Orthopsychiat., 23,
204-208, 1953.

9 NUTTIN, J. :
  a) *Origine et développements des motifs*, in La motivation, Sym-
  posium de l'Assoc. de psych. scientif. de langue française,
  Paris, 1959;
  b) *La motivation*, in Traité de Psychologie Expérimentale, Paris,
  1963.

10 LAGACHE, D., *Fantaisie, Réalité, Vérité*, in Bull. de Psychol.,
222, XVI, 17-18, Paris, 1963.

11 MOWRER, O.H., *Lerning Theory and the Symbolic Processes*,
New York, 1960.

12 SCRIVEN, M., *The Experimental Investigation of Psychoanalysis*, in Psychoanalysis, Scientific Method and Philosophy, Ed.
by S. Hook, New York, 1959.

13 NAGEL, E., *Methodological Issues in Psychoanalytic Theory*, in
Psychoanalysis, Scientific Method and Philosophy, Ed. by S.
Hook, New York, 1959.

14 RAPAPORT, D., *The Structure of Psychoanalytic Theory,
A Systematizing Attempt*, New York, 1960.

15 MALAN, D., *On Assessing The Results of Psychotherapy*, Brit.
J. med. Psychol., 32, 86-105,1959.

16 ELLIS, A., *An Operational Reformulation of Some of the Basic
Principles of Psychoanalysis*, in *Minnesota Studies in the Philosophy of Science*, Minneapolis, 1956.

17 GOUIN DÉCARIE, Th., *Intelligence et affectivité chez le jeune
enfant*, Neuchâtel, 1962.

18 HILGARD, E.R., *Experimental Approaches to Psychoanalysis*,
in*Psychoanalysis as Science*, ed. by E. Pumpian-Mindlin, Stanford, Cal., 1952.

19 RAPAPORT, D., *Emotions and Memory*, New York, 1942.

20 SEARS, R.R., *Survey of Objective Studies of Psychoanalytic
Concepts*, Soc. Sci. Res. Counc., Bull. N° 51, 1943.

21 VALABREGA, J.P., *L'anthropologie psychanalytique*, in *La
Psychanalyse*, vol. 3, Paris, 1957.

22 MADISON, P., *Freud's Concept of Repression and Defense, Its
Theoritical and Observational Language*, Minneapolis, 1961.

23 LEVINE, S., *The Effects of Infantile Experience on Adult Beha-
vior, in Experimental Foundation of Clinical Psychology*, ed. by
A.J. Bachrach, New York, 1962.

24 AINSWORTH, M.D., *Les répercussions de la carence maternelle : faits observés et controverses, dans le contexte de la stratégie des recherches*, in *La Carence de soins maternels, Rééva-
luation de ses effets*, OMS, Genève, 1962.

25 BARKER, R., DEMBO, T., and LEWIN, K., *Frustration and Regression*, Univ. Iowa Stud. Child Welf., 18 N° 1, 1-314, 1941.
26 KRIS, E., *Psychoanalytic Propositions*, in *Psychological Theory*, ed. by M.H. Marx, New York, 1951.
27 NIETZSCHE, F., *Crépuscule des dieux*.
28 ELIOT, T.S., *La Coctail Party*, trad. H. Fluchère, Paris, 1952.
29 EYSENCK, H.J. :
   a) *The effects of psychotherapy*, in Eysenck H.J., ed. Handbook of Abnormal Psychology, London, 1960.
   b) *The effects of psychotherapy : an evaluation*, in *J. Cons. Psychol.*, 16, 319-324, 1952.
30 ZUBIN, J., *Evaluation of psychotherapeutic outcome in mental disorders*, in *J. nerv. ment. Dis.*, 117, 95-111, 1953.
31 CREMERIUS, J., *Die Beurteilung des Behandlungserfolges in der Psychotherapie, 523 acht-bis zehnjährige Katamnesen psychothe-rapeutischer Behandlungen von organneurotischen und psycho-somatischen Erkrankungen*, Berlin-Gottingen-Heidelberg, 1962.
32 FIEDLER, F.E. :
   a) *The concept of an ideal therapeutic relationship*, in *J. Cons. Psychol.*, 14,`239-245, 1950.
   b) *A Comparison of Therapeutic Relationship in Psychoanalytic Non-directive and Adlerian Therapy*, *J. Cons. Psychol.*, 14, 436-445, 1950.
   c) *Factoranalysis of psychoanalytic, non-directive and Adlerian therapeutic relationships*, *J. Cons. Psychol.*, 15, 32-38, 1951.
33 HOFSTÄTTER, P.R. :
   a) *Der gegenwärtige Stand und die gesellschaftlichen Vorausset-zungen von Neurosenlehre und Psychotherapie*, in *Handbuch der Neurosenlehre und Psychotherapie*, Bd. I, München-Ber-lin, 1958.
   b) *A hypothetical model for the psychotherapeutic process*, *J. Psychol.*, 34, 18-23, 1952.
34 EYSENCK, H.J., ed. Behaviour Therapy and the Neuroses, Lon-don, 1960.
35 WOLPE, J., *Psychotherapy by Reciprocal Inhibition*, Stanford, Cal., 1958.
36 DIJKHUIS, J.H., en ISARIN, W.J.P., *Het wetenschappelijk onderzoek van de psychotherapie. Een samenvattend overzicht en een critische nabeschouwing*, in Mededelingen van het Insti-tuut voor Clinische en Industriële Psychologie van de Rijksuni-versiteit te Utrecht, 1963.
37 HÖLDERLIN, F., *Pain et Vin*, trad. A. Guerne, Paris, 1950.

TABLE DES MATIERES